# 海洋成语名言典故漫话

郭振 ◎ 著

海洋出版社
2024年·北京

图书在版编目(CIP)数据

海洋成语名言典故漫话 / 郭振著. —— 北京：海洋出版社, 2024.6

ISBN 978-7-5210-1249-1

Ⅰ.①海… Ⅱ.①郭… Ⅲ.①汉语－成语－普及读物 Ⅳ.①H136.3-49

中国国家版本馆CIP数据核字(2024)第068831号

责任编辑：高显刚　杨　明
责任印制：安　淼

海洋出版社 出版发行
http://www.oceanpress.com.cn
北京市海淀区大慧寺路8号　　邮编：100081
涿州市般润文化传播有限公司印刷　新华书店经销
2024年6月第1版　2024年6月第1次印刷
开本：787 mm×1092 mm　1/16　印张：20.5
字数：285千字　定价：80.00元
发行部：010-62100090　　总编室：010-62100034
海洋版图书印、装错误可随时退换

# 前　言

中国是文明古国，又是海洋大国。

五千年来，在中华民族文明史的长卷上，在中华民族文化的宝库中，流传下来许多以海洋为意象的成语、名言、典故，它们像一颗颗璀璨的明珠，嵌络在人们的心中，大到治国，小到修身，都给人以智慧的启迪。这些成语、名言、典故，至今在书籍文章和民间话语中仍广泛地应用，显示强大的生命力。

海洋成语、名言、典故，可以说是我国海洋传统文化的积淀和升华，更是中华民族传统文化的重要组成部分。

为什么要选释海洋意象的成语、名言、典故专门成书？基于如下考虑：

其一，我国是文明古国，传统文化源远流长，体系丰富庞大，其中提炼和升华出的成语、名言、典故浩如烟海，任何一部总括式的常用词典，都不可能将海洋意象方面的成语、名言、典故详尽囊括其中，本书所辟的这方面内容的条目，要多于常用词典，可以说是对常用词典具有海洋意象传统文化词条的丰富和补充。况且，本书书名最后两个字是"漫话"。所谓"漫话"，就是以聊侃闲谈的方式，围绕每一个成语、名言、典故，不仅完成一般词典探其源流、释其含义的功能，也不仅完成一般成语故事书单纯讲成语故事的功能，还要进一步"漫"出去，多说一点并非多余的"话"。比如，广征博引，举其古今应用的事例；比如，穿插进生动的历史故事、文学故事、海洋故事、神话传说和其他趣闻轶事；比如，讲述中加以方方面面的品评，间或表达作者独到的认识和见解等等，一些篇章长达三千多字。可以说，其他词典和成语故事书，不可能有这么大的内容空间和文字容量。从这个角度看,本书具有鲜明的自身特色。

其二,我国是一个海洋大国,生活学习工作在北、东、南部沿海地区的人群非常庞大,还有一支庞大的专门从事海洋工作的队伍,更有一支庞大的海防驻军特别是海军部队,他们都对海洋有一种自然的贴近感和亲切感,甚至依恋感,对海洋文化有着特殊的兴趣。说起我国古今形成的成语、名言、典故,琳琅满目,俯拾即是,数不胜数;但要选择只有水的意象的,可选范围就大大缩减;而在水的意象中,限定只选海洋的那部分,可选面就更加狭窄了。写成这样一本书,就需要费点时日,广加搜罗,深入发掘,拿出不少新鲜的内容奉献给沿海读者。早就有人预言,新世纪是海洋的世纪,人类的生活,科技的发展,将会向海洋延伸。笔者深信,出版这样一本书,能让沿海的工农商学兵,尤其是青年人,更深切地熟悉、了解我国海洋传统文化,激发热爱祖国海洋、开发海洋资源、捍卫祖国海疆的热情,更好地为强国强军强海而努力奋斗。他们,肯定很需要这种氛围熏陶和精神营养,成为本书的主要读者。就是内陆之人,只要对海洋和海洋传统文化感兴趣,也一定对本书有所关注。

其三,出版专一内容的成语词典,提供给特定人群阅读,满足特定人群需要,早有先例。例如,多年前我国就出版了军事成语词典,深受军人群体欢迎。还有其他分类别出版的词典,某些地方出版的本地风土人情的词典、书籍等。本书说不上是词典,只是"漫话"之类的书,但写作立意与上述词典、书籍相同,它的主要对象就是沿海庞大的读者群体。

作者希望,读者通过阅读这本书,沟通古今,再览一览祖国壮阔而丰富的大海,再嗅一嗅海风吹来的亲切的海腥味,在多彩生活中再添一抹海水的墨绿色!

成语,是人们长期以来相沿成习、简洁精辟的定型词组或短句,多以四个字为主组成。名言,著名的言论或话语,许多名言比成语的字数要多些,一般以较为完整的句式出现。典故,诗词或文章等引用古书中的故事或词句。具体来说,典故有两大类,事典和语典。事典,即古书所载的历史故事或传说故事,包括神话故事,这些故事情节生动,含义深刻,引人深思,可资借鉴;语典,即古书中精警的词语,它本身无故事情节,但它像金子一样闪光,当世特别是后世经常被人引用,运用它的本义或引申义阐明道理,分析事物,久传不衰。成语、名言基本上是由典故凝缩提炼而成,可以说典故是成语、名言之源,成语、名言也可以统称为典故。

成语和名言一般能区分得开,比如本书中的海纳百川是成语,"海不辞水,故能成其大"是名言。但有一般就有个别。成语以四个字为主,有时也可以是短句,突破四个字的限制。比如"八仙过海各显神通",我们首先可以认定它是名言,名言词典肯定收录;但成语词典也将它收入,视为成语。可以说,它既是名言又是成语,二者没有明显的界限,都源自古代神话八仙过海的故事。类似的还有"海阔凭鱼跃,天空任鸟飞"及"海水不可斗量"等。

本书的选目,成语、名言、典故三者中,优先选成语、名言作篇目名,因为它们最为广大读者所熟知;然后,由成语、名言带出源自它们的典故。值得注意的是,有一些典故尚未凝缩并升华为成语、名言。尚未凝缩并升华为成语、名言的海洋典故,好多不被读者所熟知,本书自拟题目加以挖掘、展示、演绎、漫话。从某种意义上说,新发掘出来的这部分海洋典故,更有新鲜感,更有发挥和运用的潜力,说不定在某一时段,会形成新的成语或名言。发掘这部分尘封在古籍中的海洋典故,应该说具有开创意义。

海洋意象的成语、名言、典故,虽内容专一,但条数同样繁多,本书只能有选择地加以"漫话"。同一个典故,有时升华出数个不同说法的成语、名言,笔者尽量多选多说,实在不能如愿,只能择其一二加以展开,否则内容就交叉重复了。比如由大海深广、容纳万水升华出的成语、名言,选择了"天下之水,莫大于海""海不辞水故能成其大""不积小流无以成江海"和百川归海、海纳百川之后,汪洋大海等类同的成语、名言，就不好再独辟篇章了。同样，选用了天涯海角，山南海北、海北天南等也只能割舍，依此类推。在阐释某些不同成语、名言过程中，由于它们"异流同源"，出于同一个典故，探源时互相"撞车"，造成文字上稍有重复，也是难以避免的，但本书尽量加以控制。

我们学习中国海洋传统文化，肯定要阅读海洋意象的诗词歌赋，如不懂得海洋典故，那是万万读不进去的。举清朝著名词人纳兰性德的《浪淘沙·望海》为例："蜃阙半模糊，踏浪惊呼。任将蠡测笑江湖。沐日光华还浴月，我欲乘桴。 钓得六鳌无？竿拂珊瑚。桑田清浅问麻姑。水气浮天天接水，那（哪）是蓬壶？"这首词中，每一句都或明或暗运用了海洋典故。上阕的"蜃阙"，用了海市蜃楼的典故；"蠡测"，用了以蠡测海的典故；"笑江湖"，典出《庄子·秋水》，涉及黄河之神与北海之神的对话，有"见笑于大方之家"之语；"乘桴"，用了孔夫子"乘桴浮于海"的典故。下阕的"钓得六鳌"，用了《列子》龙伯钓鳌的典故；"竿拂珊瑚"，出于唐代杜甫"钓竿欲拂珊瑚树"的诗句，涉及大海；"桑田清浅"，用了仙女麻姑述说沧海桑田的神话故事；最后一句的"蓬壶"，用了古籍关于海上三神山的神话传说典故。这首词，充分显示了纳兰性德丰厚的海洋典故知识涵养，特别是他将这么多典故，巧妙自然地编织、糅合于短短的望海词中，一气呵成，天衣无缝，很有文采地表达了他望大海的印象和感受，也使我们领略了海洋传统文化的博大精深。

多年来，笔者查阅了大量文史典籍，比如诸子百家，诗词歌赋，戏曲小说以及古今出版的史书、类书、志书、辞书，有的还查阅了网络提供的各种资料，本着雅俗共赏、以普通大众为主要读者对象的原则，写成《海洋成语名言典故漫话》一书。本书资料丰厚，引证力求准确有据。解说论述方面，根据自己多年的海洋亲历和知识积累，表达独立的见解，开发新意；同时，参考古今学者的注释、观点，择其善者而从之。引证较长者注明出处，博采众长者不再一一标出。在此，对专家学者的研究成果表示钦佩。文字追求通俗生动。某些典故、词语，古今理解有争议，本书点到为止，不再作烦琐考证和枯燥冗长的学术探讨；相反，能联系现实的，尽量给予倾斜，使古典故得以"激活"，焕发生机，有新鲜感、贴近感。每篇必须引用古文古诗时，难懂的给予白话文翻译解释，省却读者翻阅词典的时间。文风方面崇尚严谨。既曰"漫话"，有的地方难免细侃闲聊，轻松活泼，但绝不虚构情节、生编硬造或漫无边际、离题万里。

古人由于不具备现代宇宙观和缺乏科技知识，把大海出现的一些不好解释的自然现象，比如海市蜃楼、钱塘大潮、沧海桑田、合浦还珠等，演绎为迷人的神话传说故事，这充分反映了我们先人丰富的想象力和积极探索精神。本书在漫话这些海洋传统典故过程中，也注意用一定文字，对大海这些费解的自然现象，用现代理念和科技知识稍加点拨，起到海洋科普的作用。

本书收集的大量资料，涉及古今中外，有兴趣学习或研究海洋传统文化者，可用作参考。

本书引用的习近平总书记的重要讲话，出自《习近平谈治国理政》第三、四卷。

本书引证的海洋成语比较多，为求文字干净简约，凡读者熟知、应用广泛、书中出现频率较高的海洋成语，特别是四个字成语，除了引文中原有引号之外，只要不特殊需要，不再添加引号。

本书引用的古代和近现代诗文、戏剧、小说名言及语句，查阅中发现，由于版本不同，有些字词互有差异，确定选择一种版本（力求权威版本）而从之。

我国语言文字中，专用于女性第三人称的"她"字诞生较晚。本书引证的元杂剧、明清小说，许多专指女性时仍用"他"。为忠实于原著，也为读者阅读方便，凡遇这种情况，在"他"字后加括号注明女性"她"。另外，"那"与"哪"也遇到类似问题。"那"应为"哪"的，皆在"那"字后加括号注明为"哪"。古籍"太山"与

"泰山"写法不一致，本书统一为"泰山"。如此等等，不一而足。

笔者是海洋传统文化的热爱者和研究者，多年前曾出版《古代诗人咏海》专著，出版后《人民日报》（海外版）《新闻出版报》《北京日报》《文史知识》等报纸杂志分别发表书评并获全国性奖项，该书与现在出版的《海洋成语名言典故漫话》一书，内容互有联系，共同构成海洋传统文化系列书籍。本书的部分篇目，曾于20世纪90年代末和本世纪初，分别在《中国海洋报》和《人民海军》报辟专栏发表。

笔者才疏学浅，采撷的篇目可能挂一漏万，剖析的观点难免存在谬误，望专家和读者赐教！

本书承蒙中华书局资深编审、中国敦煌吐鲁番学会顾问柴剑虹先生审阅全稿，海洋出版社刘义杰总编为此书质量把关作出很大努力，在此一并表示诚挚的谢意！

郭　振

2023.12

# 目　录

天下之水　莫大于海 / 001
海不辞水故能成其大
不积小流无以成江海 / 007
百川归海 / 012
海纳百川 / 018
"善下"方为百谷王 / 022
曾经沧海难为水 / 027
望洋兴叹 / 031
井蛙难与语海 / 035
鲲鹏变化 / 039
海阔凭鱼跃　天空任鸟飞 / 045
海阔天空面面观 / 049
以蠡测海 / 054
海水不可斗量 / 058
浩如烟海 / 063
天涯海角 / 067
排山倒海
倒海翻江 / 072
沧海横流 / 077
河清海晏 / 082

海市蜃楼 / 087
沧海桑田 / 093
沧海一粟
大海浮萍 / 099
沧海遗珠 / 103
珠还合浦 / 107
海枯石烂
海誓山盟 / 111
海屋添筹 / 116
海上仙山缥缈间 / 122
徐巿载秦女　楼船几时回 / 126
八方巨海话十洲 / 132
八仙过海　各显神通 / 139
海客乘槎泛天河 / 144
巨海茫茫说海客 / 149
孔夫子"乘桴浮海" / 153
鲁连不帝秦　田横刎颈死 / 159
四海为家
五湖四海 / 164
纵横古今说"四海" / 170

"海外"指哪里 / 175

海外奇谈 / 179

精卫填海 / 184

泥牛入海

石沉大海 / 188

苦海无边　回头是岸 / 192

沧海不能实漏卮 / 196

千古"子胥潮" / 201

射潮与弄潮 / 205

海上"鸥鸟盟" / 209

"鞭石入海"为哪般 / 214

大海能"煮"吗 / 217

"放火烧海"世称奇 / 221

海为龙世界 / 225

瞒天过海 / 232

"海大鱼"三字成典故 / 237

说"海量" / 241

宦海浮沉 / 247

侯门似海 / 251

封侯非我意　但愿海波平 / 256

陆海潘江

韩潮苏海 / 262

龙伯钓灵鳌　任公获巨鱼 / 268

南海"美人鱼"——鲛人 / 273

山珍海味之"海味" / 279

海上逐臭 / 284

大海捞针

海中捞月 / 288

"瀚海",是浩瀚的海洋吗 / 294

地名里面观大海 / 298

海字拾趣 / 307

# 天下之水　莫大于海

说到"海",必先言及"水"。地球是蓝色的星球,水的星球。

我国古人早就认识到水是万物之源的道理。比如诸子百家中的《管子》一书,就有这样精辟的论述:"水者何也?万物之本原也,诸生之宗室也。"水是什么?它是世上万物的本原,是各种生命的植根之处,万物都依水而生啊!

那么,地球上的水,是以什么形态存在的呢?小的有汩汩的小溪,大的有滔滔的江河,还有那波平如镜的湖泊。但是,天下之水,没有比海更大的了!

按照我们今天的定义,最广阔的水域应该是"洋",大洋靠近陆地的部分,才叫"海"。但是,"洋"在我国古人眼里,还是一个比较模糊的概念。

我国第一部字典——东汉时期许慎著的《说文解字》,对"海"的解释是:"天池也,以纳百川者。"就是说,什么是"海"?它是上天用神力运作、天然形成的最大最大的池子,是汇纳陆地百川流水的最大水域。而《说文解字》对"洋"的解释,则是"水,出齐临朐高山,东北入钜定"。可见,至少在东汉,还没有"大洋"的概念,所谓"洋",只是从齐国临朐这一带高山流出来的一条水的名字。

东汉时期刘熙撰写了我国第一部解释事物命名缘由的专著《释名》,在"释水"篇中对"海"的解释是:"海,晦也,主承秽浊,其水黑如晦也。"此外还提及江、河、川、涧、泉、泽等,并未提及"洋"。

我国古书中早就有"洋洋"一词,但都用作形容词,与今天科学定义的"大洋"无关。举《诗经》为例,有"万舞洋洋"(形容众多），"牧野洋洋"（形容宽广），"河水洋洋"（形容河水盛大盈满）等。西汉王褒写《九怀》，有"临渊兮汪洋"的句子，此"汪洋"也类似于"洋洋"，水深广的样子。年代晚一点的古人，有将"洋"视为"海水众多处"之说。宋代赵令畤所著《侯鲭录》卷三，讲到"洋"的时候，说："洋者，山东谓众多为洋。……今谓海之中心为洋，亦水之众多处。"此说的海与洋已经很接近了。但是，书中说的"水众多处为洋"，与今天大洋的概念和范围也不同。宋、元时期，航海者将今黄海按水域分为黄水洋、黑水洋等，此海中之"洋"，更不是今天的大洋。至于"海"和"洋"连用为"海洋"一词，清朝人编的大型类书《骈字类编》"海洋"条、今人编的大型辞书《汉语大词典》"海洋"条，选的例句都是《元史·食货志五》："里河则与两淮邻接，海洋则与辽东相通。"这是不是"海洋"一词的最早出现，两部书都没有说。实际上，早于《元史》的《宋史》，"海洋"一词就出现了。《宋史·志第十五·五行一下》："（绍兴）二十四年四月，海盐县海洋有巨鳅，群鰕（虾）从之，声若讴歌。""海洋"一词比这句（绍兴二十四年）出现更早的，当属南宋人李心传撰写的记述宋高宗一朝时事的《建炎以来系年要录》（卷三十九），南宋初建炎四年："秦桧奏，臣昨者迁避江路，不归本乡，径泛海洋来赴行在……"稍早一点的还有南宋人洪迈所著《夷坚志》："泉州杨客……绍兴十年泊海洋……"有专家披阅古籍，认定宋代的"洋"已经有了"海洋""海域"义，出现了连用的"海洋"一词。上述的多条引用，可以印证这一认定。

全球最广阔的水域，由"海"向"洋"转变，《汉语大字典》对"海"字的解释，说得很精当："本指承受大陆江河流水的地球上最大的水域；后指邻接大陆而小于洋的水域。"一个"本指"，一个"后指"，一句先说海最大，一句后说洋最大，意思清楚明了。

覆盖地球表面最广大的水域叫洋，或叫大洋，那是世界某些发达国家远程航海有了可能，环球航海探险家发现这片大水后所形成的概念。现在全球公认的四大洋,即太平洋、大西洋、印度洋、北冰洋,其命名是逐渐固定下来的。实际上,因四大洋之水相通,它们的统称仍然可以概括为一个字:"洋"。

总之,在我国古人那里,至少在春秋战国秦汉典籍中,我们是找不到最广阔的水域是洋或大洋这种现代概念的语句的,那时视海水为天下最大之水。战国时期的庄子(庄周)留给后世的一句名言,就是"天下之水,莫大于海"。此名言出于《庄子·秋水》:

天下之水,莫大于海。万川归之,不知何时止,而不盈。尾闾泄之,不知何时已,而不虚。春秋不变,水旱不知……

《庄子》一书告诉我们,天下凡是有水存在的地方,没有比海更大的了。万千条江河流注到这里,一时一刻不停地流啊、注啊,大海总也是流注不满,海水更不会溢出来。这是什么原因呢?原来大海深处有个奇特的地方叫"尾闾",是专门排泄海水的,"尾闾"一刻不停地排啊、泄啊,而大海之水也不会被泄得亏与虚,更不会干涸。有注有泄,不盈不虚,大海之水就是这样保持着平衡,不因春秋季节而变化,也不受旱涝气候之影响……

今天看来,在科学不发达的古代,庄子能发现大海之水自然保持平衡,永不溢满,永不干涸,已经很不简单了。

庄子"海水至大"的思想,还有多处论述。比如同在《秋水》篇,有"千里之远,不足以举其大;千仞之高,不足以极其深"的句子,用"千里之远"和"千仞之高",来比喻海的广和深。在《天地》篇说:"注焉而不满,酌焉而不竭,吾将游焉。"又一次重复了大海是注也注不满、舀也舀不干的。在《徐无鬼》篇更感叹说:"故海不辞东流,大之至也。"——大海正是不拒绝从陆地向东流进自己怀抱的众水,才大到极点了!

当然,话又说回来,从庄子描绘的浩无涯际的大海来看,再加上他神奇的想象，恐怕早就包括我们今天所说的大洋或大洋的一部分了。他所说的海，实际上可能等于"海+洋"！为避概念混淆，也为了尊重历史，我们只能仍顺着他的笔端，就"海"说"海"啦。

后人在发挥庄子这些思想时，也面对大海慨叹：

"言夫海也，为沧为瀚，森森茫茫，浮天载地，吞淮纳江。百川注之，亘古今何曾增夫杯勺；尾闾泄之，历年岁曾不减夫毫芒！弥漫无际，浩荡难量，天地之间，诚莫有巨于此者也！"（明·王悦《威海赋》）这里的"巨"，即"大"的意思。

"壮矣沧溟，号之曰海，浩荡弥漫，谁为之宰？"（明·王亮《观海赋》）大海，这样壮阔无比，浩荡弥漫，谁是它的主宰啊？

南北朝时期出了一部字典《玉篇》，对海的解释第一句话，干脆就说："大也。"

《隋书·志第十四·天文上》在发挥庄子大海之水不盈不虚、保持平衡的观点时，这么说："是故百川发源，皆自山出，由高趣（趋）下，归注于海。日为阳精，光曜炎炽，一夜入水，所经焦竭。百川归注，足以相补，故旱不为减，浸不为益（溢）。"

《隋书》认为，大海没有多余的水溢出来，是太阳把它所经过的海水烧干了。太阳早晨从东方海上出，晚上在西方海上落，每一昼夜从上天到入海走一大循环，那么夜间它在海中由西向东走这半圈时，就因"炎炽"烧干了所经路径的海水。不过别担心，整个大海不会干涸，还有"百川归注"进行补充哩！所以海水总是平衡的，旱不减，涝不溢。

《隋书》的这个说法，仍是不科学的。

其实，太阳确与海水减少有直接关系。阳光照射海面，海水大量蒸发，海水就自然减少了。可惜古人想到"炎炽"的太阳入海烧干海水，却没有观察到太阳照射海面使海水大量蒸发的自然现象。这是离正确的解释已近在咫尺了。如果这层窗户纸那时就被捅破，科学价值可就高多啦！历史有局限，不能苛求古人。古人不懈的探索研究精神，是难能可贵的。

"海水至大"的思想,历代文学作品用夸张的手法展示,最有名的,当属汉魏时期曹操《观沧海》中的这一句子:

日月之行,若出其中;星汉灿烂,若出其里。

曹公的笔下,太阳和月亮的运行,群星灿烂的银河的运转,仿佛都包容在这浩无涯际的大海之中了。天上天下,还有比海更大的么?

清朝《渊鉴类函》这部类书,也引了古人的一段精彩的话:"夫水者,天地之本也。吐元气,发日月,经星辰,皆由水而兴。九州之外皆水也。"此言同曹公的诗句一样夸张,认为日月的升降,星辰的运行,"皆由水而兴",也就是借助于大海的力量,不出大海的怀抱。是无边的动荡的大海,给了日月星辰升降运行以动能!大海,真是"吞天沃日"啊!

南北朝时期齐朝的谢朓,站在海边,极目望海,看到了什么?他写的诗,第一句就是:"沧波不可望,望极与天平!"面对这浩阔无比的大海,真是不可望、不敢望啊,望到海面那极远极远的水线,与天都齐平啦,海边与天边都合成一条线啦!

北宋有个著名词人秦观(字少游),看到春天去了,面对广阔大地上落花万点,抒发无尽的愁闷:"春去也,飞红万点愁如海。"他的这句词,被当时一个人看到后,不禁感叹:秦少游悲万点落花,竟说出"愁如大海",这样的人还能久存于世吗?不长时间,果然传来秦观去世的消息。古人说,这叫"诗谶",即人在去世前,受疾病和精神的折磨,写的诗词中偶露不祥之语。这有时还挺灵验,往往不幸言中。秦观悲花伤春,把愁说得如同大海一样无边无际,暗示他已有点绝望于人世了。这是用"海水至大"意象,状写人的心态感情的一个事例。

"海水至大"的思想,也影响到民俗口语。用于形状大之义——民间吃饭用的大碗,叫"海碗"。用于东西众多之义——贪官贪赃受贿钱物多得不可计数，人们常说："海啦！"用于容量大之义——一个人酒量大，称"海量"；办错了事，损伤了别人，请受损的一方大度宽容，常道一声"海涵"。用于无边无沿之义——花海，林海，人山人海。说大话，称"夸海口"；不指名道姓漫无边际地骂大街，称"海骂"。乱花钱无节度，就叫海来海去的。杨朔《三千里江山》："在过日子方面，李春三是有个毛病，钱到手就光了，海来海去，没个计算。"

词典名、书名也有拿海作比喻的，取其广、多之义。《辞海》，大型工具书，收入的词太多了，涵盖面太广了，厚厚一部书如词的海洋，就叫《辞海》吧！《古今说海》，看书名别误会，此书不是收集从古到今人们对海的描绘和认识，而是由明朝人陆楫编纂而成的文人笔记小说和传奇小说的总汇、总集，因收集得太多太广，就取名"说海"吧，意为小说之海。

最令今人不可理解的是，古代小说中竟直接将"海"代指为大的饮器，"海"后不加任何别的字，常在描写饮酒中出现。形象一点说，就把这个"海"，视同大的酒杯吧。若不懂这个"海"的意思，四大名著里有的文字都不一定读得懂。请看《红楼梦》第二十八回的这段描写：

宝玉笑道："听我说来：如此滥饮，易醉而无味。我先喝一大海，发一新令，有不遵者，连罚十大海，逐出席外与人斟酒。"……宝玉拿起海来一气饮干。

因海"大"，人们再夸张地形容、比喻"无限大"的景象或事物时，就往往先拿海作参照物，古今中外概莫能外。"世界上最广阔的是海洋，比海洋更广阔的是天空，比天空更广阔的是人的胸怀。"此名言出自19世纪法国著名作家雨果。他把海洋视为世界水中最大、最广，与中国古人"天下之水，莫大于海"的认识基本相同。

# 海不辞水故能成其大
# 不积小流无以成江海

大海绝不计较哪一滴水来自大江，哪一滴水来自山溪。

——现代格言

上述格言既生动形象又富有哲理，说明海水之所以为至大，正是由于它具有汇聚小流、不弃涓滴、兼容并蓄的大者风度。

这一格言，与我国古代流传下来的海洋名言"海不辞水，故能成其大"和"不积小流，无以成江海"，含义是一脉相承的。

"海不辞水，故能成其大"，出于《管子·形势解》。《管子》相传是春秋时期大政治家齐国贤相管仲所作。不过，也有专家考证，实为后世人托管仲之名的集体创作。我们这里不作考证，只说《管子》中的名言警语是很多的，读之有益。

春秋战国时期世乱纷争，一些饱读诗书、满腹经纶的策论之士，穿梭于各国之间，为自己的强国主张和征伐战略展开游说，有时还引发激烈辩论。为了说服君王，策论之士就常以"海大山高"等形象打比方、讲道理。其中富有哲理性的警语，应推《管子》的"海不辞水，故能成其大"。全句是这么说的：

海不辞水，故能成其大；山不辞土石，故能成其高；明主不厌人，故能成其众；士不厌学，故能成其圣。

这句话中，"不辞"，是不拒绝、不排斥的意思。海不拒绝涓滴之水，才能成就其最大；山不抛舍一土一石，才能成就其最高；治国的明主不厌弃各种人才，才能成就其泱泱大国；士子不厌倦一点一滴地学习，才能成就为圣人。《管子》以"海"和"山"打比方，意在劝导国君广用人才。

这里要提一提管仲这位人物。《东周列国志》第十六回写了齐桓公与管夷吾（即管仲，名夷吾）谈论天下事三天三夜，字字投机，全不知倦，兴奋异常，欲拜管仲为相。没想到管仲辞而不受，齐桓公惊问其故。管仲就以"海不辞水，故能成其大"的道理说服齐桓公。意思是，不要只重视我一个人，要广纳群贤，组成团队，形成合力，才能成就霸业。他提出必须重用5个人，自己才敢任相。

管仲当时说的是："臣闻大厦之成，非一木之材也；大海之润，非一流之归也。"——臣子我听说大厦的建成，独木难支呀！大海的盈满，不靠一条河流注水呀！治国强国如同建大厦、聚海水，要用众木，要靠众流！

管仲荐举的5个人，分别是他了解到的外交、农业、军事、司法、监察方面的杰出人才。任用后，这5个人各自在分管的领域发挥独特优势，协助管仲治理齐国，发挥了重要作用。多年后，齐国成了当时最强大的国家。

《东周列国志》引用管仲的这句话，与上述《管子》中"海不辞水"的名言，含义是一致的。

没想到，"海不辞水"的道理，还帮助战国时期的秦始皇成就了统一中国的大业。

秦王（他统一中国后才称"秦始皇"）一度听信家族宗室大臣的建议，想把秦国的"客卿"，也就是来秦国当官的外国人，统统驱逐出秦国。家族宗室大臣认为，这些从外国来秦国做官的人，都是为了个人目的，绝不会真心实意为秦国强盛效力。这样，从楚国来的李斯，也被下了"逐客令"。李斯就写了《谏逐客书》，对"逐客"

这种做法进行劝谏，上呈给秦王。《谏逐客书》中有这么几句话：

泰山不让土壤，故能成其大；河海不择细流，故能就其深；王者不却众庶，故能明其德。

这句话中，"让""择""却"都是"辞却""舍弃"的意思。李斯劝秦王要像巍峨泰山不舍抔土、宽广河海不弃细流那样，明其王德，宽容大度，广纳"众庶"，不要排外拒才。

秦王看了《谏逐客书》，感到很有道理，深为悔悟，果然以泰山、大海为榜样，聚"土"纳"流"，收回了"逐客令"，恢复了李斯的官职。后来，他在李斯等谋士的辅佐下，连年征伐，纵横天下，终于灭掉了六国，成就了统一中国大业，他就是中国历史上第一位皇帝——秦始皇。李斯，也自然当上了秦朝的丞相。

历代寓以"海不辞水"道理的名言警句，典型的还有：

春秋时期道家著作《文子》："积石成山，积水成海。不积而能成者，未之有也。"

西汉人著的《韩诗外传》："泰山不让砾石，江海不辞小流，可以成其大也。"

"海不辞水，故能成其大"这句海洋名言，应用是很广泛的。

其一，它可以喻指国家做一项大事业，或者一个领导者成就一番大业绩，要敞开胸襟，广揽人才，容纳万物，形成一个战斗的团队。在用人方面，"大海绝不计较哪一滴水来自大江，哪一滴水来自山溪"。在我国古籍中，表达这方面的思想是很多的。

其二，它可以喻指在现代国际事务中，众多国家团结起来，秉持共商共建共享和开放包容理念，构建人类命运共同体，坚定走和平发展之路，才能对世界作出最大的贡献。

其三，它可以喻指进行一项伟大的事业，需要吸取各方面的营养，才能丰富发展。比如说我们建设中国特色社会主义，不仅要坚持中华民族优秀的文化传统，还要借鉴吸收一切人类优秀的文明成果，才能不断发展壮大。

当然，"海不辞水，故能成其大"作为比喻意义的应用，不限于上述这些，还可以拓展更广泛的领域。

再说"不积小流，无以成江海"。它出于《荀子·劝学》。荀子是战国时期儒学的代表人物。原文是：

不积跬步，无以至千里；不积小流，无以成江海。骐骥一跃，不能十步；驽马十驾，功在不舍。锲而舍之，朽木不折；锲而不舍，金石可镂。

这段话告诫人们，学习要循序渐进，一步一个脚印，由浅入深，才能达到理想境界；切不可心浮气躁，急功近利。大致意思是：不小步小步地积累（"跬"为半步），就不能达到千里之远；不汇聚细小流水，就不能成为广阔的江海。良马一跃，超不过十步远；而劣马拉车走十天，也能走得很远，成功在于不间断的努力啊。用刀子雕刻东西，如果刻几下就放下，腐朽的细木都刻不断；如果不间断地雕刻下去，金石那样坚硬的器物，都能雕刻成功！《劝学》的这几句话，比喻生动形象，富有哲理，被后世广泛引用。"不积小流，无以成江海"成为名言，"锲而不舍"成为成语。

"不积小流，无以成江海"，主要比喻由小积大、由少积多、由近及远、由浅入深、由易至难等，不仅用于学习，还应用于其他领域。

"海不辞水，故能成其大"和"不积小流，无以成江海"，大致意思相当，许多地方可以通用。但是，二者也有细微的区别。

"海不辞水"句，用的是"辞"，意思是大海之所以为大，是不拒绝、不舍弃来归的流水，哪怕涓滴之水；"不积小流"句，用的是

"积"，意思是不一点一点地将小流积聚起来，就不能汇成大江大海。这两句名言，恰恰是同一个道理两面说，各自切入角度略有不同。这样，它们在某些语境中，又是不通用的。比如讲学习，要一步一个脚印循序渐进，才能获得大收获，用"不积小流，无以成江海"很合适；而换用"海不辞水，故能成其大"，就显然不恰当，对不上号了。

# 百川归海

日月经天，江河行地。

我国地势西高东低，大海在陆地之东。以长江、黄河为代表的众多水系，滔滔奔流，向着东方的大海。可以说"江河东注，百川归海"，是中华大陆的一大景观。

展开中国大陆地形图，可以看到以长江、黄河为中心，一条条粗细不等、弯弯曲曲的深绿色线条，从西部的青藏高原通向东部蓝色的大海（个别的向南流入他国）。中间许多细线条（支流），曲曲折折连入粗线条（干流），由粗线条的干流汇总入海。一张中国大陆的水系图，就是百川归海的鸟瞰图，或者说百川归海的微缩景观。

可以这么形容：祖国大陆像一仰卧巨人袒露的胸脯，密布于陆地上长长短短、粗粗细细、曲曲弯弯的水流，就是胸脯上流动的血脉。

百川如何奔腾入海？我们仍以长江、黄河为例，引用众所周知、传唱不衰的歌词，一窥其貌。

电视专题片《话说长江》的主题歌《长江之歌》，是这么描绘长江入海的："你从雪山走来，春潮是你的风采；你向东海奔去，惊涛是你的气概。你用甘甜的乳汁，哺育各族儿女；你用健美的臂膀，挽起高山大海……"

著名抗日歌曲《黄河大合唱》中的第二乐章《黄河颂》，如此描述入海的黄河："我站在高山之巅，望黄河滚滚，奔向东南。惊涛澎湃，掀起万丈狂澜；浊流宛转，结成九曲连环；从昆仑山下，奔向黄海之边；把中原大地，劈成南北两面。啊！黄河……"历史上黄河曾改道入淮奔注黄海，今黄河入海口位于渤海。

由百川归海，可以联想起远古两则神话传说，在古籍《山海经》《淮南子》等书中都有记载。

一则是颛顼（传说是黄帝的后代）与共工（传说是炎帝的后代）为争帝而展开一场大战，共工失败，怒而用头触不周之山，支天的柱子折断了，系着大地的绳子绷断了，造成天空向西北倾斜，大地向东南塌陷，华夏国土西部隆起成高原，东部洼陷成大海，水往低处流，陆地上的众水竞相东流奔注大海。这就是我国地形西高东低、众水东流的由来。难怪唐朝诗人胡曾叹曰："共工争帝力穷秋，因此捐生触不周。遂使世间多感客，至今哀怨水东流！"

二则是大禹治水的故事。相传尧时连年洪涝灾害，大地一片汪洋，人民苦不堪言。鲧受命治水，他用"堵"的办法，结果越治洪水越大，人民更加苦难。鲧治水失败被杀，儿子禹受命继续治水。禹"疏""堵"结合，以"疏"为主，开山掘土，浚河筑堤，让小流汇入大流，引大流注入大海，终于使无处泄的洪水有了归宿之处，治水大获成功。禹治水时三过家门而不入，传为美谈。《孟子》说："禹疏九河，瀹济漯，而注诸海；决汝汉，排淮泗，而注之江……""瀹"，疏通，与前句的"疏"是同一个意思。济、漯、汝、汉、淮、泗，皆水名。禹用不同的治理手段，引它们归总入海。正是禹的疏浚之功，才有了今天华夏大陆百川归海的壮阔图景。元人写的杂剧，有句唱词唱得好："问甚么河汉江淮，是水呵，都归大海！"李白写诗赞大禹："大禹理百川，儿啼不窥家。"清朝人毛奇龄《禹庙》诗："一自百川归海后，长留风雨在江东。"后人在今浙江绍兴建有禹庙，故有"在江东"之语。西汉陆贾描绘大禹治水后的百川归海图："大小相引，高下相受，百川顺流，各归其所。"

当然，共工触不周之山，大禹治水，都是传说，给百川归海增添了不少神秘色彩。最本质的，是地壳亿万年的变化，造就了中国大陆西高东低的地形。

百川归海是最早形成、最早应用的海洋成语之一，又名百川会海、百川朝海、百川赴海。

　　检索古代典籍，百川归海的意象在我国"五经"中已见。《尚书》（即《书经》）的《禹贡》篇就有"江汉朝宗于海"的句子。所谓"江汉"，指长江、汉水，实则汉水汇入长江，长江东注入海，"江汉"只是合称而已。某地有一名联，上联云："汉水接苍茫，看滚滚江涛，流不尽云影天光，万里朝宗东入海"，正是对"江汉朝宗于海"的绝妙阐释和发挥。我国第一部诗歌总集《诗经》，其《沔水》篇，有"沔彼流水，朝宗于海"的诗句。"沔"，水流盈满的样子。那么两部经书中提到的"朝宗"，又是什么意思呢？原来，古代诸侯朝见天子，春见曰"朝"，夏见曰"宗"。看，大陆上的百川之水，滚滚奔注东方大海，就像诸侯朝见天子一样，竞相归附之！

　　象征百川归海最早的一句古语，是《尚书·禹贡》的"江汉朝宗于海"。《尚书》是最古老的史书。

　　概括百川归海最准确精当的一句古语，是西汉《淮南子·氾论训》的这句话："百川异源，而皆归于海。"

　　描述百川归海最形象生动的一句谚语，是"水流千遭归大海"！

　　百川归海，大都是冲破阻隔，曲曲折折向前奔流的。唐朝有两个人共同作了一首《瀑布联句》。一人吟出上两句："千岩万壑不辞劳，远看方知出处高。"生动描绘出高山瀑布奔流下泻的情景。另一人则想了：这高山奔泻下来的水，最后流向何方？灵机一动，续出下两句："溪涧岂能留得住？终归大海作波涛！"点出高山流水终归大海，是不可逆转的必然趋势。这首联诗，还有一段趣闻。据说此诗是由唐宣宗李忱与当地寺庙禅师黄檗联成的。李忱未当皇帝时，为避当权者猜忌陷害，远到山林隐姓埋名当了僧人。一天，他外出，遇到黄禅师，二人同观山间瀑布。黄禅师即兴吟出上两句，李忱当即连接了下两句："溪涧岂能留得住？终归大海作波涛！"这下两句不仅连接得好，而且一语双关。一是说水，自然奔流，终归流向大海；二是以水喻人，暗含说我李忱就像这瀑布之水，千溪万涧能留得住吗？我不能一辈子蜗居在山中当僧人,我要冲破重重阻力,终归大海,成大事业!他脱口续出的下两句,表达了争夺皇位、君临天下的雄心壮志。后来,李忱终于当上了皇帝,由山间"溪流",汇成了"大海"。

说到应用,百川归海成语,表达出什么意思呢?

一是表达人心所向,众望所归,或者朝一个方向努力。

东汉文学家蔡邕为名士郭泰写的碑文,有"犹百川之归巨海,鳞介之宗龟龙也"之句,是说百川流水都以广阔大海为最终归宿,鳞介水族都推崇膜拜神龟巨龙为首领。南北朝著名诗人谢灵运,写了"百川赴巨海,众星环北辰"之诗,是说大地百川流水都朝一个方向奔赴广阔大海,天上众多星辰都环绕北极星("北辰")这个中心运转。上述这些,无论是百川奔赴巨海,还是鳞介之宗龟龙,还是众星环拱北辰,都比喻一种现象和道理:人心所向,众望所归。

历史上有威望的领袖人物,众多贤士纷纷依附于他,常以百川归海的意象形容之。《三国志·诸葛亮传》写诸葛亮为达成孙刘两家联合抗曹的历史格局,游说孙权,在谈到刘备的威望时,他这样说:"刘豫州王室之胄,英才盖世,众士仰慕,若水之归海……""刘豫州"即刘备,刘备曾在豫州当过官。

现代诗文中,则常常把大海比作母亲、祖国,把百川比作海外众多游子,用百川归海意象,抒发心向祖国,眷恋故土,叶落归根,投奔母亲怀抱的情怀。比如全国解放初期,以钱学森、华罗庚为代表的一批科学家、数学家,纷纷放弃国外的优厚待遇,回到祖国,报效国家,作出了杰出贡献,这就可以说是人心所向,百川归海。我们还联想到,当今社会,学子出国留学,学成后不少人纷纷回国报效,俗称"海归"。所谓"海归",既可理解为"海外归来",又何尝不可理解为"归海",即百川归海呢?祖国,就是大海!他们是归心似箭,心向祖国啊!

二是把大海看成"老师",百川视为"学生",百川归海比喻学生到老师那里去学习取经。

这个意义的产生，大概源于战国时期庄子的《秋水》篇：以为天下唯有自己了不起的黄河之神，顺流而至大海，看到海水比自己统领的河水广阔得多，恭听了海神给他讲的一番深刻的道理，真正认识到自己眼界的狭窄和孤陋寡闻。这不就像学生去请教见多识广的老师吗？西汉辞赋家扬雄在《法言·学行》中，干脆把百川归海的"归"改成"学"，他说："百川学海，而至于海。"强调做学问要像百川"学"海那样，奔流不息，终能汇集成大海，使自己渊博起来。古人云，"百川并流，不注海者不为川谷"，"百川朝海，流行不止，道虽辽远，无不到者"，这已带有流至大海，才算取到真经、修成正果的意味了。我国宋朝咸淳年间左圭编纂了一部大型综合性丛书，就取名《百川学海》。

三是滚滚东去的江河之水，使人联想起时光如流水稍纵即逝，应抓紧今日努力，建功立业。

据《论语》记载，主张儒学治世的孔老夫子，曾临河感叹：光阴的消逝就如同这面前的流水啊！昼夜不停地流走了、流走了（流到大海里去了）。1956年，毛泽东畅游长江，写下著名的《水调歌头·游泳》，将《论语》的原句"子在川上曰：逝者如斯夫"嵌入词中："才饮长沙水，又食武昌鱼。万里长江横渡，极目楚天舒。不管风吹浪打，胜似闲庭信步，今日得宽余。子在川上曰：逝者如斯夫！"在此词的下阕，毛泽东更抒发了利用长江为人民造福的壮志豪情，描绘了"一桥飞架南北""高峡出平湖"的宏伟蓝图。毛泽东此词利用了流水易逝、时光易逝意象，表达的则是革命领袖惜时如金、夙兴夜寐、对党和人民的事业不敢稍加懈怠的情怀。

汉乐府《长歌行》有这么几句，现已成了众人皆知的儿歌了，是勉励青少年惜时读书、长大成材的："百川东到海，何时复西归？少壮不努力，老大徒伤悲！"是啊，百川没有回头水！寸金难买寸光阴！莫等闲白了少年头，空悲切……

四是百川归海意象，给人的联想太丰富了，古人还据此表达出种种更复杂的感情——

有慨叹青春易逝,壮志难酬的:"君不见黄河之水天上来,奔流到海不复回?君不见高堂明镜悲白发,朝如青丝暮成雪?"(唐·李白《将进酒》)

有临江怀古,追忆并感慨昔日英雄的:"大江东去,浪淘尽、千古风流人物……""滚滚长江东逝水,浪花淘尽英雄……"(前句为宋·苏轼《念奴娇·赤壁怀古》,后句为明·杨慎《临江仙》)

有慨叹山河破碎,立志收复故土,抒发爱国情怀的:"三万里河东注海,五千仞岳上摩天。遗民泪尽胡尘里,南望王师又一年!"这是南宋陆游写的一首诗。"注海"的"河"指黄河,"摩天"的"岳"指西岳华山,"三万里"和"五千仞"分别形容河流的辽远,山峰的高峻。宋朝这样壮美的山河,却落在南侵的金人手里,百姓遭受蹂躏。人民年年盼望宋朝军队打过来,收复失地,解救他们出苦海。陆游这一广为传诵的爱国诗篇,也引用了百川归海的意象。

百川归海成语,当今报刊上也有精彩的应用。我们知道,现在党的全国代表大会的报告,还有全国人民代表大会的政府工作报告,在起草过程中,都要广泛征求党员、干部、专家、人民团体、民主党派和普通百姓意见、建议。我们看到,这些来自四面八方不同层面的意见、建议,纷纷汇集中央,不就如同百川归海吗?有一年,新华社的报道就用了这一概念——

"百川归海,万言同宗。一条条意见、一个个建议如股股清泉,为报告的内容注入了鲜活的生机……"

# 海纳百川

海纳百川，有容乃大；
壁立千仞，无欲则刚。

近代民族英雄林则徐，以虎门销烟而著称。无论是为国为民的胸怀，还是个人的操守品德，他拟的上面这副自勉联，都是他一生的写照。

这副自勉联，以大海、峭壁作比喻，说明一个人立身处世必须胸怀大、意志刚。"海纳"一句的关键词是"有容"，"壁立"一句的关键词是"无欲"。此联已成为传世名联。

这副自勉联涉及一个海洋成语——海纳百川。需要说明的是，"海不辞水，故能成其大"，与海纳百川意思相近，但前者是名言，后者是成语。在一般情况下，成语流传、应用更广泛。海纳百川在当今语言文字中，使用的频率很高，有必要单独成篇一谈。

海纳百川，早在战国时期庄子的《秋水》篇中，就有"天下之水，莫大于海，万川归之"的句子，已有这种意象了。

我国第一部字典——东汉许慎的《说文解字》，对"海"的解释是："海，天池也，以纳百川者。"

南北朝时期的字典《玉篇》，综合了庄子和《说文解字》的解释："海，大也，受百川万谷流入。"

"纳百川"和"受百川万谷流入"的，是什么？大海！

晋代人袁宏写了篇《三国名臣序赞》，有"形器不存，方寸海纳"的句子，唐朝注释家对"方寸海纳"的注解是："方寸之心，如海之纳百川也,言其包含广也。""海之纳百川"与海纳百川,仅一字之差,可以视为海纳百川成语基本凝缩成形。

我们知道,陆地上有百川归海,那么,从另一个角度看,大海本身怎样对待众水的涌入,万流的来归呢?它真有"大者"的风度啊!来者不拒,涓滴必容,多多益善!

海纳百川的"纳",是纳入、容纳、包容的意思。大海容纳千百条江河流进来的水,常用来比喻领导干部的胸怀像大海一样广阔,能容万物,宽宏大度。

林则徐名联的"海纳百川"有来历,"有容乃大"也有来历。《尚书·君陈》:"有容,德乃大。"

围绕海纳百川及有容乃大,历来名言警句很多。

东汉王充《论衡·别通》:"大川相间,小川相属,东流归海,故海大也。海不通于百川,安得巨大之名?"

三国时期曹操那个最有文才的儿子曹植,拿江海(主要是海)与天、地、日月类比,赞扬它的有容乃大。他在《求通亲亲表》中说:"天称其高者,以无不覆;地称其广者,以无不载;日月称其明者,以无不照;江海称其大者,以无不容。"

明朝开国重臣刘基在其《郁离子·德量》中,慨然长叹:"大不如海,而欲以纳江河,难哉!"

这个刘基,字伯温,就是足智多谋的他,帮朱元璋统一天下,建立了大明王朝。他的名气没有三国时期的诸葛亮大,但他的功绩应该比诸葛亮大得多。所以后世有一流行语,"三分天下诸葛亮,一统江山刘伯温"。了解了刘基其人,就能掂出他说的那句话,分量有多重啦。

有一副养生联,是这么写的:"世事如棋,让一步不为亏我;心田似海,纳百川方见容人。"

此联劝导人们为人处事,特别是对待非原则性的小事小非问题,不要斤斤计较,各不相让,要显示出应有的宽阔胸怀和容人气度。比如对弈下棋，僵住了，你让对方一步，自己也不吃什么亏受什么损，世间不少事的处理，就如对弈下棋；推而广之，你的心田，要广如大海，容纳百川流水，有容人之量。这样的宽容大度，于人于社会有利，于己则有益于涵养性情，健康长寿。当然，面对大是大非原则问题，应立场坚定，态度鲜明，敢于斗争，那是另一类性质的问题了。

海纳百川这个成语现实应用，正如前面说的，用于领导干部特别是党的高级领导干部比较多。

一是作为一个领导者，无论领导能力的磨砺，还是个人品格的养成，都要有海纳百川的广阔胸襟，虚怀若谷的深厚涵养。这样的领导者能出以公心，撇开私念，容各种人，化万件事，听取不同意见，团结一切可以团结的力量，上上下下拧成一股绳，齐心协力完成党交给的各项任务。"君子坦荡荡，小人长戚戚"，具有"坦荡荡"胸怀和宽宏大度风范的领导者，有号召力，有凝聚力，有个人魅力！

二是领导者在选人用人方面，要有"海纳百川、胸容万壑"的精神。班子、队伍建设问题，是对领导干部素质的一种最实际的检验。有的领导者胸襟狭窄，心术不正，凭个人好恶用人，对德才兼备、廉洁奉公、仗义执言的好干部弃之不用，甚至打击报复；而对于吹吹拍拍、阿谀奉承、送礼行贿者则大加赞赏，搞小圈子，安插亲信。这样的领导者当权，单位岂能风清气正？

党和国家领导人，历来强调要具有海纳百川的胸怀和风范。

毛泽东在新中国成立前夕，就对民主人士柳亚子说过："海纳百川，才有其大。"（引自2004年4月18日《人民日报》第八版《海纳百川才有其大——读长篇纪实作品〈同舟共济〉》）仅拿毛泽东1949年9月，诚邀各界人士会聚北平，协商建国一事来说，就是一次海纳百川的伟大创举。这次政治协商会议，代表面之广泛，前所未有。既有以毛泽东为代表的中国共产党伟大而坚强的领导者，又有长期与中国共产党同舟共济、休戚与共的各民主党派、人民团体和无党派民主人士著名代表，以及各少数民族、海外华侨、宗教界的代表人物，还有从国民党营垒分化出来的原军政要员等。可谓海纳百川，包容万端，群英荟萃，济济一堂，团结了一切可以团结的力量。许多非共产党人士，自此担任了国家和政府的重要领导职务。建国前夕召开的政治协商会议，标志着中国共产党领导的多党合作和政治协商制度正式确立，集中展现出毛泽东无产阶级革命家"海纳百川、虚怀若谷"的博大胸怀和领袖风范。

# "善下"方为百谷王

"善下",善于、甘于处在最洼下的位置。"百谷"之"谷",指山泉涌出后在山谷中流淌的这段水流,又称"谷水","谷"出山后入"川"(江河)。"百谷",百条流水,即众多流水也。

"百谷王"的"王"字,很有意思。三横,意指天、地、人,中间一竖贯三横,就是顶天立地管人,这还不是"王"吗!"王"的最古的含义,就是"天下所归往也"。

"善下"方为百谷王,是春秋时期我国著名思想家老子(姓李名耳,字聃)对大海品格的由衷赞美。相传老子晚年不满周朝的统治,西出函谷关,被守关的关令留住,写《道德经》五千言,然后骑着青牛(一说乘青牛板车)飘然西去,不知所终。《道德经》又称《老子》。就在这本书的第六十六章开头,老子说:

江海所以能为百谷王者,以其善下之,故能为百谷王。

这句名言大概的意思是:大江河比许多小水流("百谷")甘于地处洼下,所以小水流纷纷注入大江河;大海比众条江河更甘于地处洼下,所以众条江河水统统归往大海。江海就成为"百谷之王"。

"百谷王"虽可以既指江又指海,但水流千遭归大海,所以这段名言中的"江海",我们可以重点理解是指大海。大海不拒涓滴,包容万端,古人认为有王者之风,水主之仪。大海之所以统领众水,成为众水归往的总汇,称"王"做"主",就是它善于将自己处在最洼下的位置。所谓"海与山争水,海必得之"。

接着，老子以大海作比喻，告诫当时的统治者："是以欲上民，必以言下之；欲先民，必以身后之。……以其不争，故天下莫能与之争。"看看善处最洼下，却能称"王"的大海吧！老子推论，圣人要想统治好人民，必须对他们言辞谦下；要想领导好人民，必须把自身的利益放在他们身后……正是圣人不与天下人争，所以天下也没有人能与他相争！老子这段话是开导君王如何统治人民的，要"善下""居后"，谦虚大度，吃苦在前享受在后，使天下人像百川归海那样归附于他、尊重于他。但在那个时代，高踞于人民头上作威作福的昏庸的统治者，是不会采纳老子开出的这一治世良方的。

大海"善下"方为百谷王，蕴含着这样深刻的道理：要想享誉崇高必须肯于"善下"；要想引领在前必须首先"居后"；只有"不争"才能换取众人不能与之争；只有"无为"才会做到"无不为"……这就是事物的辩证法。

大海"善下"方为百谷王的名言，对后世产生了深远影响。老子的弟子文子著《文子》一书，进一步发挥了这一思想："古之善为君者法江海，江海无为以成其大，洼下以成其广。"

西汉时期成书的《淮南子》，多次重复了老子的思想："江河所以能长百谷者，能下之也。""水下流而广大，君下臣而聪明。"

东汉文学家王粲观沧海，写下《游海赋》，面对浩荡的大海慨叹："总众流而臣下，为百谷之君王！"

三国（魏）文学家曹植写诗："东海广且深，由卑下百川。"东海为什么这么广、这么深？是由于它位"卑"（地处低下），才引百川之水滚滚来归啊！

清朝唐甄在《潜书·抑尊》中也说得极精辟："海唯能下，故川泽之水归之；人君唯能下，故天下之善（指贤人）归之。"

清朝著名诗人袁枚写的观海诗，有"善下斯为大，能虚自有容"的名句。

清朝诗人张维屏在湖北黄梅县当官的任上，遭遇大水灾，他为救灾奔忙，多盼望大洪水早早流入大海啊！他写诗祈盼："所望千里流，早注百谷王！"

清朝刊行的大型类书《古今图书集成》，收集了许多关于大海的言论，其中老子的这一名言多次出现："老子云，沧海所以能为百谷王者，以其下之，是百川以海为宗。""考夫海者，百谷之王、万水之宗也。"该书还对川、湖、海的水态，作了形象的概括：川则"流"，湖则"聚"，海则"潮"。"海则众流所钟，称百谷王。故说水，必详于海。"

后世许多大型辞书，已将"百谷王"收录为词条。诗文中更是以"水王""水宗""百川主""百谷王"等指代大海。

把"百谷王"的道理运用于治国实践的一个著名例子，是唐朝宰相魏徵对唐太宗李世民的劝谏。李世民奠定大唐基业后，思想逐渐骄傲，生活开始奢靡，魏徵深为忧虑，就写了《谏太宗十思疏》，其中就有"惧满盈，则思江海下百川"的名句。意思是说，深怕您就此"满"了、"盈"了，想想大海甘处洼下，才容纳百川流水永不盈满的道理吧！他在《群书治要·老子》中说："地洼下，水流之；人谦下，德归之！"唐太宗接受了魏徵的劝谏，大唐出现贞观之治。

说至此，笔者还想"翻新"一下社会中对一句俗语的理解，这就是"人往高处走，水往低处流"。许多人理解前半句是褒义，赞扬人胸怀大志，奋发上进；后半句则是贬义，"水往低处流"就是胸无大志，不求上进，混日子没出息，正如北方有句方言说的"下溜子钻"。一褒一贬，是这句俗语的本义，人们按照本义去理解和应用，没有问题。笔者在这里思考的是，"水往低处流"，是不是也可以提炼出一点可资借鉴的精神？以"向高走"和"向低流"来区分人的等次优劣，是不是还有可以探讨的地方？人往高处走，是为了步步登高，追求达到顶点的那种无限风光、辉煌成就，当然人人赞许；水往低处流，是为了最终汇入大海，追求浩瀚无涯、包容万端的理想境界——老子赞扬的大海，就处在最最低洼之处啊！人往高处走，要有一种精神，艰苦攀登；水往低处流，也要有一种精神，冲破重重阻碍。人们常说的一个词语"奔腾向前"，绝对是赞扬性的、褒义的，岂不知，正是水往低处流，才带来了不竭的动力！否则，怎么"奔"，怎么"腾"，怎么"向前"？社会上广泛流传的俗语"长江后浪推前浪""流水前波让后波"，也展现的是水往低处流的景观，给人以启迪。褒义性成语——百川归海，中华大地的百条流水，纷纷争相向低奔注大海，意象何等壮阔，气势何等浩大！人的向上和水的向下，特别是水的向下，也是对既定目标的一种积极追求，不能一棍子打死，一味贬"下"。这是笔者领悟老子"善下"思想，迸出的一闪念，权作行文中的一点闲聊。

"水唯善下能成海，山不争高自极天。"老子"善下"的海洋名言，以及后世由此生发出来的许多诗文警句，对我们今天的各级领导干部也不无启发。

当然，老子是两千多年前的古人，他的"善下"等许多言论、观点，是劝导、告诫当时的统治者，怎么更有效更长久地统治人民，带有明显的那个时代的烙印和思想局限。我们进行的是前无古人的无产阶级革命，我们的思想境界显然要大大高于老子那个时代。

我们的最终奋斗目标是实现共产主义。因此，由理想信念而决定，我们的各级领导不是高高在上当官做老爷，而是人民的公仆和勤务员。地位越高，越要防止脱离群众，越要深深植根于人民群众的沃土之中。吃苦在前，享受在后的领导定会受到人民的拥戴，成为有威望的领导者。

《人民日报》2007年6月14日第四版发表了一篇以《善下》为题的署名言论，文章开头举了老一辈无产阶级革命家周恩来"善下"的故事。一次，周恩来总理去某地视察工作，飞机着陆后，他同机组人员一一握手，表示感谢。这时，机械师正蹲在地上工作，周总理和其他同志握手后没有马上离开，就站在机械师身后耐心地等待，并示意别人不要惊动他。机械师忙完工作后转过身来，发现总理竟然站在身后，不禁大吃一惊，忙说："对不起，总理，我不知道您在等我。"总理却笑着说："我没有影响你的工作吧？"随即紧紧地握着机械师满是油污的双手，令这位机械师和在场的人感动不已。

文章评论说："'善下'是一种美德，一种胸怀。……'善下'，不仅是一种政治智慧、一种领导职责，更是一种为人为官的精神境界，也是以人为本的具体体现。"

笔者在北京，曾经见到某街道的墙上，张贴着一副大字标语式对联，拟得很精彩——

上善若水常处下，至德本在百姓家！

# 曾经沧海难为水

"曾经沧海难为水",是一句海洋名言;缩写后的曾经沧海,是一个常用的海洋成语。

这个名言、成语,最早源于《孟子·尽心上》:

孔子登东山而小鲁,登泰山而小天下。故观于海者难为水,游于圣人之门者难为言。

孟子的这段话是说,孔老夫子登上东山,便觉得鲁国(古鲁国在今山东一带)小了;登上泰山(比东山高),便觉得天下小了。所以,一个人观看了大海之后,其他地方的什么"水",都感到没看头了;一个人拜师圣门求经后,其他什么"家"的言论,都感到没吸引力了!

我们知道,春秋战国时期是诸子百家学说兴起、争鸣的时期,孔孟是儒家学派的创始人,此外还有道家、法家、墨家等重要学派并存于社会。孟子在这里说"山"而意不在山,说"水"也意不在水。他是把"大海"比作儒家学说,把"圣门"比作儒家之门。在他看来,只有儒学才像"大海",其他的"水"不足道;只有儒家之言才是"圣门"之言,其他家的"言"不足道。我们且不评论孟子这番只推崇儒家的话是否有点绝对,单说他用登"山"观"海"作比喻,阐明自己的观点,就很生动形象。特别是他提出"观于海者难为水"名言,足以流传后世。

为什么"观于海者难为水"?清朝有个叫王挺的人,他认为光在书斋里高谈阔论不行,独有到大海上游一游、看一看的人,亲自领略大海的广阔无边，才能真正体会、悟透"难为水"！他作了一首《观海篇》，接过"观海难为水"为话茬，写了这么几句："某言观海难为水，游者为能独解之。放眼始觉天地阔，且知逝者亦如斯。横襟遐览寻绝域，何必拘拘守咫尺。我欲纵观沧海东，沧海之东复何极？"诗的最后四句是说，我敞开胸襟，远眺大海，想到那极远极远的边缘寻找绝域，何必拘束于咫尺般的一地一水呢？我要到那大海之东饱览纵观，可是大海之东还有"之东"，哪有个边啊！我们读了他笔下的大海，领略了这样的大海水，是不是有所感悟，再谈起或看到天下其他的水，就不足挂齿啦！

同样，当今的海军舰艇官兵和轮船水手，常年航行在大海大洋之上，饱览那远连天边的无涯之水，可以说他们是大海骄子！他们再到陆地上，看那沟溪之水、江河湖水，是否也感到不太新鲜，激发不起兴奋点了呢？"观于海者难为水"，他们的感受，绝对比一般人要深得多。

那么，是谁把孟子的"观于海者难为水"的话，成功地改为我们现在常用的名言"曾经沧海难为水"的？这要归功于唐朝著名诗人元稹。

元稹的妻子亡故了，他写了《离思五首》悼念妻子，回忆那段美好的爱情。第四首的开头两句，就是：

曾经沧海难为水，除却巫山不是云。

很明显，第一句就是借用了孟子的话。不过孟子是把"大海"比喻成儒家博大精深的学说，而元稹却是偷换了概念，把"沧海"（大海）比喻成无可相比的最美好的爱情。第二句的"巫山云"，也是同一个意思。巫山云蒸霞蔚，相传其山的云彩为神女所化，当然美丽无比。

作者这两句诗的意思是：我和妻子的爱情有如深广的大海，与大海相比，其他的水相形见绌；我和妻子的爱情有如巫山美丽的云彩，与巫山云相比，别处的云彩黯然失色！看，作者对妻子的爱是多么地真挚，二人的爱情是多么地忠贞！由于这两句写爱情的诗，以"水"和"云"作比喻，形象生动，幽婉深沉，太精彩感人了，所以很快就传诵开来，"曾经沧海难为水"便成了名句，"曾经沧海"也成了一句常用的成语。

顺便说一句，在元稹之前，西晋著名诗人陆云已写出"浮海难为水，游林难为观"的名句，第一句也借用了孟子的话，但这两句终敌不过元稹的那两句"情诗"，所以后世只传元稹，而不晓陆云了！

元稹尽管将孟子的话，成功改造为"情诗"，又形成曾经沧海成语，但后人真正拿来描写爱情的却较少。涉及曾经沧海，大部分仍用孟子的原意。

对曾经沧海成语，现今辞书的解释是：比喻经历过大场面，眼界开阔，不把平常的一般的事物放在眼里。这就说明，此成语应用的范围，就不仅包括爱情，其他方面也涵盖很广。

下面就孟子的"观于海者难为水"、元稹的"曾经沧海难为水"以及曾经沧海成语的应用，再举些例子。

东晋葛洪《抱朴子·广譬》："浮溟海者，识池沼之褊。""溟海"，即大海。"褊"本指衣服狭小，这里代指池、沼的狭小。航行过大海的人，再看池、沼之水，就太狭小啦。唐初诗人王勃《八卦卜大演论》："据沧海而观众水，则江河之会归可见也；登泰山而览群岳，则冈峦之本末可知也。"这几句是说，立足大海观看陆地上江河等众条流水，就能看到江河等众水统统都到大海来汇聚的景象，大海真浩瀚广阔啊；登上泰山俯看周围的山岳，就看清这些冈峦矮小起伏的样子了，登高才能对群岳走势尽收眼底。这些都是孟子"观于海者难为水""登泰山而小天下"言论的发挥，不过到了文人的笔下，说得更形象生动罢了。

东晋的葛洪，唐初的王勃，都早于元稹，他们的言词中丝毫没有"情诗"味。

明清白话小说兴起后，一直到现代，"曾经沧海难为水"和曾经沧海运用更为频繁多样，含义更是多角度。

清代小说《儿女英雄传》第三十一回，写侠肝义胆、武艺高强的女英雄十三妹，夜间独寝时，有盗贼从外面烧着一支香，伸进窗来，用含药"香气的味"，欲熏人昏睡，以行窃财。文中写道："请教，一个曾经沧海的十三妹，这些个玩意儿可有个不在行的？"她展示独家本领，既动智又动武，进院的几个窃贼被她制伏。这句中的"曾经沧海"，把十三妹丰富的侠女经历全点出来了——你窃贼玩的这点把戏，在她眼里算得什么高招！茅盾名著《子夜》之九："我是亲身参加了五年前有名的五卅运动的……那时候，群众整天占据了南京路！那才可称为示威运动！然而今天，只是冲过！'曾经沧海难为水'，我老实是觉得今天的示威运动太乏！"钱锺书名著《围城》之六，写到陆子潇与鸿渐的对话时说："胡闹胡闹！我要结婚呢，早结婚了。唉，'曾经沧海难为水'！"

说到曾经沧海的应用，有人觉得它同成语望洋兴叹差不多。我们比较后不难发现，在说明细小的、浅陋的、狭隘的东西，在浩广的、渊博的、伟大的东西面前，是不可比拟的这一点，两个成语有共同之处。但若从形成成语的角度和具体应用来说，二者却有差别。曾经沧海，是说先观看了浩广的海水后，再看陆地其他的水，就觉得没意思了。它指开阔眼界在先，再看其他的，有点"不屑一顾"之意。而望洋兴叹，则是指起初感到自己所统领的河水够大了，很满足，甚至炫耀，等一旦观看了浩广的大海后，才深深感到惊异并叹服。它指狭小、浅陋、寡闻在先，开阔眼界在后，对浩广、渊博、伟大的东西有"兴叹佩服"之意。

曾经沧海与历尽沧桑在含义上也有相通之处，但也有区别。汉语丰富多彩，博大精深，我们应该根据所要表达的思想，以及所描写的场合、情节，准确选用海洋成语典故。

# 望洋兴叹

望洋兴叹，是现今仍在广泛使用的海洋成语，它出于战国时期庄子写的《秋水》篇。原文是：

秋水时至，百川灌河。泾流之大，两涘渚崖之间，不辩（辨）牛马。于是焉河伯欣然自喜，以天下之美为尽在己。顺流而东行，至于北海，东面而视，不见水端。于是焉河伯始旋其面目，望洋向若而叹，曰："野语有之曰：'闻道百，以为莫己若'者，我之谓也。"

上述文字尽管有些难懂，但要弄清望洋兴叹的来历，则非要粗知一点它的意思不可。古往今来，无论谁解释望洋兴叹典故的渊源，都至少要引《秋水》篇开头的这一点点文字（它下面文字还很多）。

这段文字的大意是：有一年秋天，雨水特别多，千百条小川都把水注入黄河，河面顿时开阔起来，隔河相望，对岸牲畜中哪个是牛、哪个是马，都分辨不清楚啦。河伯，这位黄河之神，看到自己的河面这么浩阔，沾沾自喜起来，以为天下没有比自己这儿更壮美的了！可是他顺流东行，到了北海，向东远眺，只见茫茫无际，不见水端——海水比河水又浩阔得多啦！河伯感慨万分，转过脸来向海神（海若），叹息道："有这么一句俗语，'听了许多道理，就以为谁的道理也没有自己的道理对'，说的就是我这样孤陋寡闻、固执己见的人啊！"

在下面的文字中，河伯接着很诚恳地对海若说："我今天如果不到您这儿来，那就危险啦，我因眼光狭窄，会永远被'大方之家'嘲笑呢！"

顺便说一下，由河伯的这句话，引出贻笑大方这一成语。这里的"大方"或曰"方家"，它的初始对象，是指比河神见识更渊博的海神。

具有大方之家风度的北海之神海若，很生动形象地回答了河伯的感叹。

海若说：井底之蛙，不可以同它谈论大海，是因为它拘于内陆居住地狭小的缘故；夏天的虫子，不可以同它谈论冰雪，是因为它生存期只在夏天，受季节局限的缘故；浅见寡闻的"曲士"，不可以同他谈论"道"（根本性的事理），是因为他被自己很低的教养水平束缚住了的缘故。你（指河伯）出了河岸河口，观看了大海，知道了自己的不足，可以同你讲讲"大理"（大道）啦！至于海若给河伯具体讲了哪些"大理"，有兴趣者可去翻看《秋水》。

以上就是《秋水》篇中的一个寓言故事，河神、海神及其对话，完全出于庄子的想象。最要紧的，是原文中的"望洋向若而叹"（"若"即海若，北海神名）这句话，后人就是从这句话中概括出望洋兴叹的成语。

这句话的意思，是河伯"望着浩瀚的大洋，面向海若而感叹"吗？这个"洋"字可有点学问哩！我们知道，古字"洋"并没有今天"海洋"的"洋"（比海还广）这种含义，起码在春秋、战国、秦汉是这样。庄子死后几百年的东汉，出了一部我国最著名的字典叫《说文解字》，此书对"海"的解释同我们今天的概念差不多，而对"洋"的解释，说它只是古齐国（今山东境内）一条流水的名字，并无现代大洋含义。春秋战国古籍中"洋洋"一词多有出现，大都用作形容词，表示盛大、丰富、众多等，与大洋不沾边。于是，有的权威注释家说，《秋水》中的这句"望洋"，也作"望羊"，是抬头仰视的样子，或是迷惘远视的样子。也有一说，"望洋"是个联绵词，不能拆开变成"动词＋名词"合成结构的"望——洋"……反正不是现在理解的"望大洋"。

但是，有一个事实恐怕回避不开：河伯确实是由于观看了大海而生发感叹的！所以，又有一种看法认为，此"洋"古虽无"大洋"意，但在大洋的形象和概念如此普及的今天，我们再读望洋兴叹，姑且将"洋"理解为"海洋""大洋"似乎也无不可，对望洋兴叹这么去理解也不会出现歧义。笔者认为，我们作为普通读者，现在无论谁去理解望洋兴叹这一成语，恐怕都不会把"望洋"硬往"望羊"上去扭，兜这么大的圈子了，就望文生义地视"洋"为大海大洋吧！况且，望洋兴叹这一成语，是后人据《秋水》篇"望洋向若而叹"一语概括出来的，后人在概括的时候，"望洋"浮现在他们脑海里的究竟是个什么影像，我们也弄不清、猜不透了。不过有一点要注意，一旦涉及对此成语追根溯源、咬文嚼字求本义的时候，还得尊重历史，遵从词典，依照权威语言专家对"望洋"的注释去说，因为他们的解释是正确的。

望洋兴叹（又作望洋而叹、望洋惊叹）这一成语，在应用中基本有两层含义。

一是它的本义，看到人家伟大，才感到自己渺小。这是最贴近《秋水》的，此义应用很广。比如，有人说，面对大诗人李白大量挥笔而就、天才浪漫的诗篇，只能望洋兴叹，不可企及。常有"望洋兴叹，自愧不如"等语连用。

二是它的延伸义，比喻面对复杂艰巨的事物，由于力量不足或缺少条件，而感到无可奈何。比如，现在人民海军舰艇编队走向深蓝实现环球航行，长年参与非洲索马里亚丁湾护航，人民海军的舰艇发展到这样的规模，战斗力这么强大，这在旧中国是无法想象的，那时的人们只能是望洋兴叹。运用这一含义，常有"望洋兴叹，视为畏途"等语连用。

此外，望洋兴叹还有一种用法，就是惊叹眼前景物的广阔浩大，多用作抒发感情，表示赞叹、颂扬之意。比如，20世纪50年代苏联军队从我国大连旅顺撤走，十年后的1966年，郭沫若来大连参观，写有《水调歌头·参观大连港》词。此词上阕云："十载一弹指，五日恣观光。海市大连风貌，璀璨换新装。港口中华第一，吞吐远洋巨舶，万国竞来航。一望无涯涘，河伯叹汪洋。"

郭老这里用"一望无涯涘，河伯叹汪洋"之典（与望洋兴叹意同），是活用了庄子的《秋水》，意在赞美祖国大连港海面的广阔壮美，抒发了一种"港口中华第一，吞吐远洋巨舶，万国竞来航"的自豪、欣喜之情。

# 井蛙难与语海

内陆的井底之蛙，与遥远的大海有什么联系？这要去请教一下战国时期的思想家庄周（庄子），是他在《秋水》篇中，让浩瀚的大海与"坎井之蛙"联系起来了。"坎井"，即浅井或坏井。从此，对井底之蛙难以与之说大海，成为后世常用的一个典故。

《秋水》中，井蛙的故事出现了两次。

一次是黄河之神河伯顺流东下，见到北海海面比自己的河面浩广得多，生发望洋之叹，就去求教于北海之神海若。海若给他讲道理时说了一句话：

井蛙不可以语于海者，拘于虚也。

上句中的"虚"，同"墟"，有居地荒废之意，指井蛙的住处。

这段话是什么意思呢？说的是北海海神认为，对你河伯讲大海、讲大道理是可以的，因为你河伯今天见到了大海，开阔了眼界，深感自己见识浅薄，有求教之心；而对于陆地荒远之处的井底之蛙，是不可以与它谈论大海的，因为它居住在狭小的井底，眼界极受局限，根本无法认识和理解大海。这就是"井蛙难与语海"典故的由来。

还有一处是"坎井之蛙"与东海来的大鳖的对话，比较鲜明地括画出"井蛙"的形象和精神世界。

坎井里的一只青蛙对东海的大鳖说："我快乐极啦！出来呢，就在井栏周围蹦蹦跳跳；下去呢，就在井壁的破砖窝窝里休息休息。扑到水面上游泳，则水面承接着我的两腋，托着我的双颊。踩着井底的泥行走，则软软的泥泞没过我的脚背……我独占一坑之水，而安于坎井之乐，已经满足到了极点啦！先生何不常常来这儿看看呢？"

那东海大鳖听了这番动听的言语，想来看看井中的情况，没想到来到井边，左脚还未伸进井去，右腿已经被绊住了。于是，就迟疑地退回，接着给青蛙讲了大海的样子：

"那千里之远，不能说明大海的大；千仞之高，不足以形容大海的深。夏禹之时，十年中有九年涝，而大海的水不因涝而增多；商汤之时，八年中有七年旱，而大海的水不因旱而减少。大海呀，不因时间的长短而变化，不因雨量的多少而增减，海水永远是那样地浩广充盈，这就是东海的大快乐呀！"

井蛙听了东海大鳖的这番话，"适适然惊，规规然自失也"，也就是说，露出了惊恐发愣、无地自容的羞惭可怜相。

上述这段极为生动、形象的描写，把大鳖的"东海大乐"与青蛙的"坎井小乐"作了鲜明的对比，又引出另一句海洋名言——"坎井之蛙不可与语东海之乐"。

恐怕谁也没想到，道家庄子在《秋水》篇中讲的这个故事，却被比他晚出生的儒家荀子，用一段话非常准确精炼地概括出来了，这真是学者们常说的"儒道互补"呀。正是荀子在《正论》篇中，说出了下述的名言：

语曰：浅不足与测深，愚不足与谋知，坎井之蛙不可与语东海之乐。

上述句子中的"语曰"，荀子没说是谁说的。但注释家指出，"事出庄子"。这有力地说明，庄子创造的"井蛙难与语海"典故，在当世及后世，已经产生了很大影响。

"井蛙难与语海"和"坎井之蛙不可与语东海之乐"，背景是大海，对比的对象都指向井蛙。现在多用这些名言，讥讽那些生活在狭小孤陋的圈子里，自满自足，见不到大世面，或者说根本不愿见大世面，目光短小见识浅薄的人。正如荀子所说，"浅不足与测深，愚不足与谋知"。本来就"浅"，不值得与其测"深"；本来就"愚"，没必要与之谋"智"（"知"同"智"）——这就是给井蛙概括出的"浅"和"愚"的形象。

"井蛙难与语海"典故，历代有广泛应用。

将胸怀狭窄、见识短浅的人比喻为井底之蛙，比较有名的例子当属东汉著名将领马援，也就是历史上发誓"马革裹尸"的那位将军。据《后汉书·马援传》记载，公孙述（字子阳）在蜀地称帝，他的老街坊、好朋友马援去见他，他却高踞殿上，大摆架子，马援感到此人不可共事，很生气地走了，对别人说："子阳，井底蛙耳，而妄自尊大！"后来，马援投奔刘秀，实现了远大抱负。

有几个例句，说得也蛮生动。西汉桓宽《盐铁论·复古》："宇宙之内，燕雀不知天地之高也；坎井之蛙，不知江海之大。"明朝《女真观》第二折："先生江海之学，小道是井底之蛙，焉敢班门弄斧。"明朝小说《封神演义》第二十五回："井底之蛙，所见不大；萤火之光，其亮不远。"

最有意思的是，明朝诗人王思任写了一首《观海》诗，把所有未观过大海壮阔景象的内陆人，都比喻为井底之蛙。诗云："观海海如何？混茫似初景。势大理难明，威来天不猛。游龙无故乡，飞鲲或纤影。始知国中人，百年徒在井！"

你要知道大海是多么地广阔无涯吗？混混茫茫像天地初开辟时那样。它为什么气势那么大，道理很难说清楚；它发起威来，老天都压不住。海太广阔了，游动于海水中的巨龙，竟然找不到哪儿是自己的故乡；飞动的大海鱼"鲲"（庄子说它有几千里长），仅能显出一缕纤细的淡影！观看了大海，极大地开阔了眼界和胸襟，方醒悟到生活在内陆的"国中人"，枉活百年，犹如井底之蛙呀！读诗后，我们并不在意作者的讥讽面太宽了，反而感到他为了渲染大海的浩渺广阔，进行了极度的夸张和奇特的对比，不愧是一首好诗！

与此相联系的，还有一个成语叫坐井观天。此成语现世使用十分广泛。它虽然隐去了"蛙"，并将"海"换成了"天"，但可以肯定地说，它同坎井之蛙、井底之蛙和"井蛙难与语海"一样，都是源自《庄子·秋水》所讲的故事。证据有二：一、辞书所举的这一成语的例句，最早见于唐朝韩愈的《原道》："坐井而观天，曰天小者，非天小也。"而韩愈比战国时的庄周晚生1000多年，又饱读诗书，可见他是活用了前辈《秋水》篇的典故。二、权威辞书《辞源》在解释坐井观天后，特意注明参见"井蛙""井底蛙"词条，这就又回到《秋水》中的故事里去了。此坐井观天的"蛙"，还是源自庄子说的那只"蛙"。

坐井观天——成语嬗变的一个例证。

# 鲲鹏变化

鲲鹏变化，是一个应用相当广泛的海洋成语典故，出于《庄子》的《逍遥游》篇。此篇是庄子的代表作。

《逍遥游》一开头，讲了一个故事：

北冥（溟）有鱼，其名为鲲。鲲之大，不知其几千里也；化而为鸟，其名为鹏。鹏之背，不知其几千里也；怒而飞，其翼若垂天之云。是鸟也，海运则将徙于南冥（溟）。南冥（溟）者，天池也。

齐谐者，志怪者也。谐之言曰："鹏之徙于南冥（溟）也，水击三千里，抟扶摇而上者九万里……"

与本篇文章有关的故事情节，大致如下：

在遥远的北海，有一条巨鱼，它的名字叫鲲。鲲真是太大啦，不知道它有几千里长。鲲变化成大鸟，名字叫鹏。鹏的背，不知道有几千里宽。鹏奋翅而飞，其双翅展开，如同遮天盖地的乌云！这只大鸟在海上飞翔，将要飞往遥远的南海。南海，就是所说的天池。

大鹏飞往南海的时候，"水击三千里，抟扶摇而上者九万里"（扑打海水三千里，借旋风盘旋而上九万里）。风的积累不厚，就浮不动鹏的巨大翅膀。所以，鹏飞上九万里高空，凭借大风才能把它浮起。它驾驭长风，背负青天，不会折翅或遇阻，就一直按照自己意志向南飞……（引文中的"齐谐"，书名，也有一说是人名）

对于大鹏的凌空南翔，小蝉和小斑鸠嘲笑着说："我们噌的一下飞起，冲上榆树檀木，有时飞不上去呢，就落到地面上。哪里用得着飞上九万里再向南飞呢？"

斥鷃（一种小鸟）也笑道："它要往哪里飞呢？我腾跃而上，不过数丈就落下来。在蓬蒿之间飞来飞去，这就是我飞到极限了。而它要往哪里飞呢？"

上面的故事梗概给了我们两类形象。一类是大鲲鱼和大鹏鸟，庞然大物，运转海天。读了对鲲和鹏击水凌天的生动描写，我们不禁为它们强大的体魄和翻海冲天的气势所惊叹！真是世间见所未见、闻所未闻呀！另一类是蝉、斑鸠、斥鷃等昆虫小鸟。它们只能在地面的草木丛中飞飞跳跳，运动极为有限，它们不理解大鹏，也根本无法与之相比。

你以为庄子是在着意赞颂鲲鹏吗？非也。在庄子的眼里，不论是鲲鹏，还是昆虫小鸟，它们只有大与小的区别，都不符合他的"逍遥游"！他所谓的"逍遥游"，是不凭借任何外力，也不受任何外力限制的优游自得、自由自在的遨游！鲲的遨游要借助海水，鹏的高翔和小虫小鸟的低飞要借助风，都要有所借助，达不到"逍遥"。庄子追求的"逍遥游"，在现实的自然界是找不到的，实质上反映了他虚无主义和绝对自由的一种精神意念和哲学思想。

但是，庄子创造的这个故事，却流传广远。大多数人，特别是文学家们，已经不再像少数哲学家那样，正襟危坐、全神贯注研究庄子的所谓"绝对自由"的哲学思想，而是津津有味欣赏起鲲鹏击水冲天的变化。尤其是看到大鲲鱼化成的大鹏鸟展翅高飞的雄伟形象，甚至认为，这不就是傲视海天的"逍遥游"吗！大鹏鸟真是有大志向、大气度、大快乐呀！在他们的笔下，鲲鹏成了热情颂扬的对象。对于小虫小鸟，文学家们则基本持讥笑态度，对比着写，毕竟更生动。由此，形成了很多诗词歌赋作品，生成了许多成语名言典故。——不管怎么说，庄子对海洋传统文化的贡献，是可以大大点赞一番的。

不过，也有学者指出，世界万物大小有别，能力各异，只要各自适应环境，各得其宜，逍遥自在，那就是各得其乐，不必强分优劣。

正如《庄子集释》所说："夫大小虽殊，而放于自得之场，则物任其性，事称其能，各当其分，逍遥一也。岂容胜负于其间哉！"然而，由于世人热烈仰慕颂扬大鹏，而那些在蓬草树丛间飞飞跳跳的昆虫小鸟，只能成为不屑一顾的微小低下之物了。

对《逍遥游》运用最出神入化的，首推唐朝大诗人李白。李白素怀经国济民大志，想做一番宏大事业，而他又兼有仙侠之气，狂放不羁，诗风浪漫，自然对庄子《逍遥游》情有独钟了。庄子和李白，时隔千年，真是"心有灵犀一点通"啊。李白写诗写赋，不少涉及鲲鹏。

先看李白写的组诗《古风》中的一首：

北溟有巨鱼，身长数千里。
仰喷三山雪，横吞百川水。
凭陵随海运，燀赫因风起。
吾观摩天飞，九万方未已！

上述这首诗，全是脱胎于庄子的《逍遥游》，而且大大丰满了鲲的形象。"仰喷三山雪，横吞百川水"，海中的这条巨鱼，多有豪、傲二气啊！老实说，鲲鹏变化的故事，鹏的形象比较显著，鲲的形象略欠丰满，李白的这两句诗，使鲲也跃然纸上了。此诗前四句写巨鱼（鲲）遨游大海，后四句写大鹏搅动海水乘风飞上高空……

李白还有一首《上李邕》，前四句写得颇有魄力：

大鹏一日同风起，扶摇直上九万里。
假令风歇时下来，犹能簸却沧溟水！

上述四句是说，大鹏有一天凭借风力飞起，扶摇直上九万里高空！即使有时风停，它失去依托凭借，由高天跌落到海中，拍动的双翅也能把大海簸荡得巨浪掀起，洪波四溢！

李白的《大鹏赋》，更是有名。限于篇幅，不再原文引用，只能说个大概。赋中的这只大鹏，展翅高天，搏击万里，"五岳为之震荡，百川为之崩奔"！它横飞层霄，冲越大海，"激三千以崛起，向九万而迅征"。它举翼左回右旋，摇动鸿蒙云气，扇起隆隆雷声，"斗转而天动，山摇而海倾"。它发怒，没有任何神怪敢与它搏斗；它称雄，没有任何神怪敢与它抗争。它雄视下界，三山有如三个小土块，五湖好像小小的几杯水。传说中在东海钓巨鱼的任公子（出于《庄子》），扔掉钓竿而罢钓；夏代有名的善射者（其臂很长）有穷氏，扔掉箭不敢弯弓——他们仰望大鹏，只能自感渺小，无奈长吁。还有开天辟地的盘古直视发愣，御日的羲和倚日叹息。至于水神天吴，海神海若，看后各自害怕而战栗。再如海中庞然大物巨鳌，头顶神山逃跑了；号称"鼓浪成雷、喷沫成雨，水族惊畏"（语出《古今注》）的长鲸，也翻腾几下钻入海底……大鹏鸟如此神威，是上天对它的造化啊！

《大鹏赋》是对庄子《逍遥游》的再创造，加入李白天才浪漫的想象，更淋漓尽致地展现大鹏鸟搏击海天、神力无比、傲视群雄的形象，正如赋中结尾一段所赞："伟哉鹏乎！"

宋朝有个人，联系读《逍遥游》《大鹏赋》等著作，写了一首诗，最后一句把李白与庄子紧紧联系在一起：

取醉尽情师李白，放言极力问庄周。

——庄子把鲲鹏变化已经极力夸张了，而"斗酒百篇"的李白，乘醉尽兴，又进一步作了诗意的夸张，两位真是描述鲲鹏变化的大师！

略有不同的是，庄子虽写了大鹏，却未以大鹏自比；而李白写大鹏，却一生都以大鹏自比，渴望实现凌云之志。他61岁客寓安徽当涂县临终时，写了一首绝笔诗《临路歌》（即《临终歌》），最后一次以大鹏自比，已经慨叹大鹏飞不起来了："大鹏飞兮振八裔，中天摧兮力不济……""八裔"，即八方的意思。这个"振八方"的大鹏鸟，飞到中天，终于折翅而"力不济"了——令人唏嘘！

唐朝大诗人杜甫，诗风是现实主义的，似乎没有李白那样激情浪漫。杜甫写的大鹏，就紧密联系自己的身世与困境，诗句抑扬顿挫。且看他的《泊岳阳城下》：

江国逾千里，山城近百层。
岸风翻夕浪，舟雪洒寒灯。
留滞才难尽，艰危气益增。
图南未可料，变化有鲲鹏。

杜甫晚年遭逢战乱，贫病交加，只能漂泊于舟上。此时他舟泊岳阳城（在今湖南）下，写所见所感。前四句写岳阳城景观，后四句抒怀。尽管处境如此困顿，但他"艰危气益增"，特别是最后两句"图南未可料，变化有鲲鹏"，借助鲲鹏变化、大鹏鸟南飞"图南"的意象，表达自己不畏艰危、忠心报国的坚定志向。

古人写鲲鹏的名诗名句还有很多。比如，有唐朝刘禹锡的"寄言垂天翼，早晚起沧溟"，唐朝李群玉的"遐想鱼鹏化，开襟九万风"，唐朝皮日休的"安得瑶池饮残酒，半醉骑下垂天鹏"，宋朝苏轼的"八月十八潮，壮观天下无。鲲鹏水击三千里，组练长驱十万夫"，宋朝李清照的"九万里风鹏正举。风休住，蓬舟吹取三山去"，等等。

现代著名诗人臧克家赠友楹联，是这样拟的：

碧海掣鲸望巨擘　云天张翼仰高鹏

上述楹联中的"碧海掣鲸"乃化用杜甫"未掣鲸鱼碧海中"的

名句。（注：鲸是海中大型哺乳动物，不是鱼类，古今认识不同。）"掣"，带领，携带。"巨擘"，大拇指，首屈一指的巨大之物。鲸虽也号称海中巨大之物，那个比它还大的"巨擘"，只能是《庄子》说的北海大神鱼"鲲"了。此联上句隐含说"鲲"。那么，下句就是仰望展翅云天高飞的"鹏"了。上下两句，"鲲""鹏"对应，遣词用字底蕴深厚。全联气魄宏大，立意高远，读后有壮志满怀、不甘凡俗之感。

值得一提的是，毛泽东是鲲鹏入诗词的大家。他的《七古·送纵宇一郎东行》："君行吾为发浩歌，鲲鹏击浪从兹始。""鲲鹏击浪"搭配"发浩歌"，很有气势。《念奴娇·鸟儿问答》："鲲鹏展翅，九万里，翻动扶摇羊角。背负青天朝下看，都是人间城郭。炮火连天，弹痕遍地，吓倒蓬间雀……"这首词不仅把鲲鹏写出来了，还带出来《逍遥游》中的"蓬间雀"。

毛泽东1930年7月写的词《蝶恋花·从汀州向长沙》上阕：

六月天兵征腐恶，
万丈长缨要把鲲鹏缚。
赣水那边红一角，
偏师借重黄公略。

这首词有个很大特点，把褒义的鲲鹏作贬义用，鲲鹏在这里等于说巨大的恶魔，实指当时的国民党反动军阀。这是运用鲲鹏典故一个很大的突破。毛泽东写作诗词"反其意而用之"的事例，不止这一处。

鲲鹏典故生发的成语、词汇，常见的有鲲鹏击水、鲲鹏之变、鲲鹏图南、大鹏展翅、鹏程万里等。还有更为简化的鲲化、垂天、图南等，也偶见于诗文。

# 海阔凭鱼跃　天空任鸟飞

"海阔凭鱼跃，天空任鸟飞"，是一句形象、生动、广泛使用的海洋警句名言，也有人认定它是成语。它用海的广阔与天的空阔组成背景画面，中间突出鱼的纵情泳跃、鸟的任意飞翔，是多么地富有生机，富有活力！

这一警句名言，出于唐朝僧人玄览的诗句，据说这首诗是题在竹叶上的：

大海从鱼跃，
长空任鸟飞。
欲知吾道廓，
不与物情违。

玄览的这首诗，写得非常清淡、悠然而有韵味。不过，号称收录四万八千九百余首诗的皇皇巨著《全唐诗》，却未收录此诗，是个很不应该的失误。

影响巨大的《全唐诗》不收，好诗好句就会被"尘封"了吗？不。

"大海从鱼跃，长空任鸟飞"，现在已演化成"海阔凭鱼跃，天空任鸟飞"，或者"海阔凭鱼跃，天高任鸟飞"，不仅成了诗文常引用的名句，更几乎成了百姓口头流行的谚语了。

现在，《全唐诗补编》把玄览的这首《题竹》诗收进来了，作了有益的弥补。本文引诗出自《补编》。不过，玄览这首《题竹》诗在传抄过程中出现不同版本，另一种版本是把这首诗的前两句和后两句颠倒一下，形成了这么四句："欲知吾道廓，不与物情违。大海从鱼跃，长空任鸟飞。"两种版本的诗各有千秋，各臻其妙，都值得我们好好品味、欣赏。

"大海从鱼跃，长空任鸟飞"，从意境创造上来看，如果我们往前追溯一下，恐怕还不能完全算玄览的独创。

先分析这两句诗的几个要件：一是"大海"和"长空"，为静态的背景；二是"鱼跃"和"鸟飞"，是物态的动景；三是夹在二者中间的"从"与"任"，表达了一种运动自由、顺其所为的美好情调、愿望。就上述基本要件来看，我国春秋时期编成的第一部诗歌总集《诗经》中，就有类似的诗句了。《旱麓》篇："鸢飞戾天，鱼跃于渊。""鸢"，鹰类的鸟。"戾"，至。鸢飞上了高天，鱼游跃于深渊。不同的是，这里说的是鱼游跃于深渊，而非玄览说的游跃于大海。

前面章节已经交代，战国时期庄子写了《逍遥游》，观其篇名，就知道立意是"游"，而且是物任其性，各显其能。北海有一条巨鱼，名字叫"鲲"，"鲲"变成一只大鸟，名字叫"鹏"，鹏怒而飞，水击三千里，借旋风之力飞上九万里高空……在庄子的笔下，起初是巨鱼游海，尔后是大鹏凌天。不管庄子写它们的本意是什么，反正读者看来，它们都游得那么惬意、任性！如果说《诗经》上的那两句还比较概括，那么《逍遥游》创造的意境，就已经很接近玄览的"大海从鱼跃，长空任鸟飞"两句诗了。只不过庄子笔下是击水凌天的大鱼大鸟，而玄览笔下的鱼和鸟，就不一定那么大得惊人了。因为衬托它们的海是那么地广阔，天又是那么地空阔，它们本身还太大得了吗！玄览写的这样的景物，接近于人们天天所见的实景，所以印象就更深刻。

庄子是道家创始人之一，估计僧人玄览不会终生未读《逍遥游》。庄子创造的鱼游海和鸟翔天的意境，给了玄览写诗一点点启发，也说不定呢！话又说回来，玄览的那两句"大海""长空"的诗，写得实在太好了，不然怎么会流传那么久远？

　　玄览之后还有没有人写出类似著名的诗句呢？时间推近点说，毛泽东青年时代写过一首著名的词《沁园春·长沙》，就有"鹰击长空，鱼翔浅底，万类霜天竞自由"的名句。尽管毛泽东写的是湘江一带的"江天"之景，"万类霜天竞自由"表达的革命激情和奋斗精神，也绝不可能与僧人写的诗句内容相类比，但从基本句式上分析，它们应该是属于同一类型的。

　　玄览是僧人，从整首诗来看，他不是以闲情逸致寄兴海和天，玩赏鱼和鸟。而是通过海天、鱼鸟形象的描写，意在宣扬佛法境界的高深远大。佛界适应万事万物，佛界无挂无碍自由自在。"大海从鱼跃，长空任鸟飞"的名言，是否先在佛道界流传，已不可考。

　　有意思的是，明朝人吴承恩写的《西游记》，确实是通过去西天取经的僧人唐玄奘之口，说出了这一名言。唐僧师徒四人正在行进，前面一位老母对唐僧高声叫道："和尚，不要走了，快早儿拨马东回，进西去都是死路。"老母的话，唬得唐三藏跳下马来，打了个问讯道："老菩萨，古人云：'海阔从鱼跃，天空任鸟飞。'怎么西进便没路了？"（第八十四回）这是在古代小说中化用此名言一个很典型的例子。

　　我们看到，唐玄奘说出的那两句诗，已很接近我们今天说的"海阔凭鱼跃，天空任鸟飞"名言了，只"凭"与"从"一字之差。这说明，至少在明朝，小说家就已对玄览的诗句进行了有成效的改造。

　　现今，我们使用"海阔凭鱼跃，天空任鸟飞"，重要的是使它彻底脱离了佛、道教味道，赋予了崭新的时代含义。它多用来喻指为人才成长发展，创造宽容优越的环境条件，使英雄都有用武之地，让有志者充分施展抱负与才华，激励各类人才大显身手、一展宏愿。

　　改革开放以来，特别是近些年来，我国科技事业进入了蓬勃发展的时期，为各方面人才成长创造了优越的环境和条件。神舟飞天，高铁飞驰，嫦娥探月，航母下水，"墨子"传信，北斗组网，大飞机首飞，港珠澳大桥建成通车，球面射电望远镜"天眼"问世，火星探测，万米深潜，5G领先全球……一系列令人瞩目的科技成果，创造了中国高度、中国长度、中国深度、中国速度！有些科研成果，达到甚至超过世界先进水平。创造这些科技成果的，是人才。既有老一辈科学家，更有一大批年轻的科学才俊；既有土生土长的专家，也有学有所成的海归人才；既有在图纸上量量画画的设计大师，又有在车间机床频亮绝活的大国工匠……

十年树木，百年树人。人才工程是强国富民的基础性工程。科技的竞争力，其实质就是人才的竞争力。培养青年科技人才，扶植幼芽茁壮成长，开创人才辈出的生动局面，"聚天下英才而用之"，是我们完成民族复兴伟大梦想的极为重要的工作。

老一辈科学家垂垂老矣，寄希望于青年了。青年学子们，你们赶上了好时代。你们是早晨八九点钟的太阳，世界是你们的。

海阔凭鱼跃，天空任鸟飞！

# 海阔天空面面观

前篇已探讨过"海阔凭鱼跃，天空任鸟飞"这一名言，此篇再专门探讨海阔天空这一成语。

也许有人会问，二者之间不是内容类似吗？不错，二者的内容相当接近！就连权威辞书在解释海阔天空成语时，往往也先从唐朝僧人玄览写的"大海从鱼跃，长空任鸟飞"名句说起，并解释"大海"也作"海阔"，"长空"也作"天空"。看，"海阔"与"天空"一拼合，舍去"从鱼跃"与"任鸟飞"，不就成了"海阔天空"吗！海阔天空成语，可能就是从玄览名句中凝缩而来。

但也有一说，早于唐朝的南北朝时期的北周，诗人庾信写的一首诗中，已有"海阔"与"天高"的用词和意象了。此成语形成的渊源，一时难说清，还是留待专家去考证吧！

从社会应用的角度考察，此处成语和名言区别还是很明显的。"海阔凭鱼跃，天空任鸟飞"是褒义性的，现今用法比较专一，多指为人才成长创造宽松优越的环境条件，使各种人才充分施展自己的才能与抱负。而海阔天空则是适应广泛、含义多侧面的成语，它可用于描绘自然景物，可用于比喻；比喻时可用于褒义，可用于贬义，也可褒贬难分呈中性。海阔天空岂能被"鱼跃""鸟飞"那句名言取而代之？

我们可从应用的角度，对海阔天空进行多侧面探讨。

用于写景，海阔天空主要描写空间无际，开阔高远。云南大理洱海公园一楹联的上联："远瞩高瞻，赏不尽海阔天空，波光云影皆诗画……"其中海阔天空与波光云影相连接，展示出多美的诗画境界！

类似的还有唐人刘氏瑶诗中描写鸟儿高飞远飞的意境:"青鸾脉脉西飞去,海阔天高不知处。"

海阔天空大多用于比喻,其适应的广泛性、多侧面,是其他海洋成语无可相比的。

它可以比喻心胸开阔豁达,涵容一切。有副修身名联,叫"充海阔天空之量,养先忧后乐之心",便取此意。还有一个对句:"人生有涯,来去匆匆;心胸无涯,海阔天空。"更有一个常用俗语:"忍一时风平浪静,退一步海阔天空。"这些含有海阔天空的词语,生动形象,比干巴枯燥的说教更易打动人。

它可以比喻洒脱大气,不拘小节。清代《儿女英雄传》第二十六回:"这位姑娘虽是细针密缕的一个心思,却是海阔天空的一个性气,平日在一切琐屑小节上本就不大经心。"这是海阔天空用在描写人的性格、禀赋、气度方面的例子。

它可以用作飘然任性、自在悠闲的一种空间背景。《隋唐演义》第八十五回:"二人遂各飘然而去。正是:闲云野鹤,海阔天空。来去自由,不受樊笼。"

它可以比喻前途的广阔远大与光明美好。近代著名思想家梁启超的《说希望》:"四百余州,河山重重;四亿万人,泱泱大风。任我飞跃,海阔天空;美哉前途,郁郁葱葱。"这几句铿锵有力,充满阳刚之气和奋发精神。现代著名作家茅盾的《子夜》:"设想那不可知的将来,——海阔天空的将来,充满着强烈鲜艳的色彩。"

有一个很有趣的例子,值得一说。小说《金陵春梦》第八集"大江东去"第二十二回,其标题是这样一副对联:

海阔天空　邓兆祥慷慨起义
日暮途穷　桂永清怆然雪涕

上述对联，说的是解放战争全国胜利的前夕，国民党"重庆"号巡洋舰舰长邓兆祥向往光明，毅然率领全舰官兵起义，将"重庆"号从国民党统治的上海经烟台开往东北解放区葫芦岛；而他的上司国民党海军司令桂永清，面对"重庆"号的起义驶离，国民党高层的责问训斥，心情沉痛，只能叹息落泪……此联的海阔天空与日暮途穷，不仅对仗生动形象，更富有政治寓意和感情色彩。

用于谈话、讲课、写文章，或表达知识、学问、文化修养时，海阔天空显示了它极为丰富的内涵，或褒或贬，令我们玩味再三，叹赏不已。

用于褒义时，常赞扬知识渊博、无所不晓和健谈的风度。

可欣赏这段话："毛泽东有时在晚上工作之余，突然想起询问女儿的近况，就把女儿叫到自己的房间。毛泽东讲话习惯信手拈来各种诗词典故，连讲带解释着，便信马由缰海阔天空起来……这一聊便没有了钟点。"（摘自王凡、东平著《红墙童话——我家住在中南海》，作家出版社）这里的"便信马由缰海阔天空起来"一句，写得极为传神，显然是赞扬毛泽东作为伟大领袖人物，渊博的知识、深厚的学问功底以及对古典诗词典故浓厚的兴趣，还有对女儿的爱，侃侃而谈的家长风度，等等。海阔天空，褒义十分明显。

用于贬义时，海阔天空则比喻胡诌乱侃，不着边际，抓不住实质和中心等。

说起海阔天空胡诌乱侃，《晏子春秋》《艺文类聚》等书中载有一个故事。春秋时的齐国国王齐景公，一次对臣下晏子（晏婴）说："东海之中，有一片水是红色的。在这片水中，有枣树，枣树光开花，不结果，什么原因呀？"晏子想了想，回答："从前，秦穆公乘龙舟巡视天下，用黄布裹着蒸过的枣儿。龙舟到东海，就把裹着枣儿的黄布扔到海里，这片海水就变红啦。因为枣是蒸过的，所以长出的枣树，就只开花，不结果了。"没想到，齐景公不高兴地说："本来没这回事,我是假装着问问你罢了,你为什么用瞎编来骗我?"晏子回答:"我听说,对假装提问的人,也可以用虚假的内容回答他呀!"看,君臣之间,海阔天空,提问者胡诌,答问者乱侃,历史上留下一段笑话。

当然,晏子是齐国的一位贤相,他的那几句乱侃,是巧妙应对君王无聊的提问的。这反映了晏子性格机智诙谐的一面。

看下面的引例,海阔天空的贬味就更明显了。

1995年2月10日,《人民日报》一版头条刊登一篇《节日追踪问菜价》的报道和评论。写报道的记者花了4天时间,冒着严寒,搭乘送菜的拖拉机、卡车,到北京的周边农村的菜农家实地调查,并在市区跑了5个菜市场,又跟着送菜的三轮车观察交易情况,终于弄清了近些天菜价猛涨的重要原因,写出了这篇极有价值、群众看着解渴的好报道。为此,时任报社总编辑范敬宜发了一通感慨。他说,像菜价这样的问题,如果纯从政府工作的角度来报道,也未尝不可。比如写一篇工商局长、物价局长访谈录,看来"档次"高了,但效果肯定远不如这种记者的实地跟踪采访。他又有所联想地说,还有另一种写法,就是"聊""侃"式的报道,作者既不深入实际,也不采访政府,而是凭自己某些经验、知识和灵感,海阔天空,古今中外,洋洋洒洒,高谈阔论,看起来也很唬人,但回答不了实际问题,群众并不欢迎。他最后的结论是:真正受读者欢迎的,是记者老老实实、扎扎实实、深入群众、深入实际采写来的作品!范敬宜为探菜价而下功夫实地采访的记者点赞,批评了那种海阔天空、高谈阔论的不实作风。如果说新闻界容易犯的一种通病,那就是"假大空"!

记者如此,那些摇笔杆写文章的专家大腕如何?《中国新闻出版报》曾发过一篇《慎开名人专栏》的文章,讽刺某些文化名人江郎才尽、靠"名"吃饭、独霸报坛的现象,有这么几句话:"名人们有时是信手涂鸦或任意'随笔'。他们或海阔天空,或鸡毛蒜皮;或神侃胡吹,或故弄玄虚……"批得尖刻、痛快!

新闻界、文化界这样，政界如何？有些地方或单位的个别领导干部，讲话、作报告，洋洋万言不得要领，常常被群众概括为"海阔天空、离题万里"，或"海阔天空、废话连篇"。这些地方或单位往往会开了不少，标语口号热热闹闹，由于拿不出真招实策，工作很难开创新局面。

用于中性时，海阔天空很难分清贬与褒，特别是用作自我谦虚之词时，更是如此。

典型的可举现代著名作家朱自清写的一篇散文，题目就叫《"海阔天空"与"古今中外"》。文章开头说，同为教授，朱自清问一新来的同事，第一次上课你讲些什么？没想到对方笑答："我古今中外了一点钟！"隔了几日，他又问另一个新来的同事，对方的回答更简单有趣："海阔天空！海阔天空！"这两人回答的话，我们读后就拿捏不准。表面看，用古今中外和海阔天空，就是比喻自己第一课讲得不着边际，泛泛而谈，没有讲好。但是，我们也可认为，他们不一定讲得不好，只是自我谦虚而已。新来乍到，总不能不知深浅，自我标榜，自卖自夸，说自己第一课讲得如何如何好吧！说不定他们为讲好这第一课，开个好头，偷偷下了很大功夫备课哩！这就难断到底是自"贬"，还是他"褒"了，我们只能归之为"中性"——也算海阔天空的一种运用之妙吧。

# 以蠡测海

以蠡测海，出于西汉东方朔的《答客难》。

东方朔是汉武帝时人。其人读书广博，滑稽多智，行为狂放，能言善辩，《史记》把他归于《滑稽列传》，《汉书·东方朔传》称他为"滑稽之雄"。他还被现代相声界奉为本行业的"祖师"。

《答客难》一文设想宫廷中一些"博士客"，向东方朔发难，进行讥讽，东方朔以雄辩的言辞回答他们。为指出这些"博士客"的见识浅陋，东方朔连续打了三个比方，一是以管窥天，二是以蠡测海，三是以莛撞钟。这三个比喻，都是后世常用的成语。

《答客难》中是这么说的：

语曰：以管窥天，以蠡测海，以莛撞钟。岂能通其条贯，考其文理，发其音声哉？

上述的几个比喻，我们可以一个一个地理解。所谓以管窥天，从竹管的细孔中仰窥广阔的天穹，以测天象，可谓一孔之见；所谓以蠡测海，"蠡"指瓠瓢，用小小的瓠瓢去量海水的水量、深浅或流动情况，可谓不自量力；所谓以莛（也作"筳"）撞钟，"莛"是草茎，用纤细的草茎去撞大钟，能撞得响吗？

引文中的"条贯"，指天体的星象布局；"文理"，指大海之水流动的样子；"音声"，指钟被撞发出的洪大的声响。"通其条贯，考其文理，发其音声"，分别对应上面的"以管窥天，以蠡测海，以莛撞钟"。"岂能"，表示不能做到。

此处"语曰"后的三个成语,可能当时就已流传,不是东方朔的发明。比如以管窥天,早在战国时期的《庄子·秋水》中,就有"用管窥天,用锥指地"的用语了。以莛撞钟,西汉刘向的《说苑·善说》,记载孔子的学生子路说过"建天下之鸣钟,而撞之以挺(莛),岂能发其声乎哉"的话。可见,以莛撞钟的说法也已很久了。但是,像《答客难》将三成语这样并排平列集中使用,东方朔之前的文献尚未见过。至于以蠡测海,是否《答客难》中首先使用,已不可考了。退一步说,即使也是当时的流行语,东方朔把它记了下来,大功也应记在他的头上。否则,后世人就可能永远不知道有以蠡测海这么个成语了。

以蠡测海,是个"海"味极浓的成语。"测",水字旁,其本义是测量水的深度。比如欲知大海的水面广不广,望一望就大致清楚了;欲知大海水量的多少和深浅,那么就得测一测、量一量了。晋朝文人潘岳写《沧海赋》,有"测之莫量其深,望之不见其广"的句子,把"海深"与测、量相联系,把"海广"与望、见相联系,正是这个意思。

东汉末年魏国的曹操,在给臣子王脩的一封书信中,也使用了以蠡测海的成语。《与王脩书》中是这么说的:"孤之精诚,足以达君;君之察孤,足以不疑。但恐旁人浅见,以蠡测海,为蛇画足……"文中的"孤",曹操自称;"君",是曹操对臣子王脩客气的称呼。前几句,是说君臣相依,诚信不疑;后几句说,又怕浅陋庸俗的"旁人"乱加猜疑,制造传言和事端,"以蠡测海,为蛇画足",间离、破坏了这种良好的君臣关系。

以蠡测海又称蠡勺测海,可简化说成"蠡海"。明朝人王逵撰写了一部集有天文、地理、历法、动植物、医学、鬼神、人世等内容庞杂的书,以《蠡海集》为其书名。清朝人凌扬藻将自己的书名定为《蠡勺编》。

既然以蠡测海,喻指眼光狭隘,见识短浅,行动愚蠢可笑,那么，为什么古今许多人将"蠡海""蠡勺"选作自己的书名呢？原来，这是作者的自谦之词。意思是说：作者面对的社会生活或思想学术犹如大海般广阔丰富，一人之力只能涉猎其浅表或舀取之涓滴，如同以蠡测海一样。这些词或许还夹杂某种幽默和诙谐，言作者就是个以蠡测海的见识短浅之人，不自量力，竟写出或编出了这么一本浅陋的书，献丑了、见笑了。

不仅书名，现今社会类报刊开辟的专栏名，也有用这个意思的，如某报副刊有一专栏，名为《艺海一勺》，含义是此专栏发表的小文，每篇只是从"艺术之海"舀出的一勺水。

西方也有一个类似的幽默，惹人发笑。开学典礼上，校长发表演讲："孩子们，知识是大江，是大海，我们学习知识，就像拿一把小小的勺子，在大江大海里舀水一样……"校长的话刚说完，孩子中突然传出一个失望的声音："糟了！今天午餐饭盒中，妈妈给我带来的是叉子！"幼稚的孩子领会的是，校长让我们上课学知识，就是拿着小勺子到江海中舀水，恰好今天我没带小勺子，等会儿用叉子怎么去"舀"呀？

以蠡测海，可以同以管窥天连用，组成蠡测管窥或管窥蠡测成语。唐代诗人李商隐《咏怀寄秘阁旧僚》，有"典籍将蠡测，文章若管窥"之句，就是将"蠡测"与"管窥"凝缩在对应的诗句里。明代小说《八仙出处东游记》，写铁拐李"立志修真"，于是辞别亲友，寻清幽之谷，依深穴之岩，但个人深山修炼数载，效果不大，感到这是"管窥蠡测，终非大观"。他就下决心离开修炼之地，长途跋涉，前往华山，去拜太上老君为师。《红楼梦》第三十六回，写宝玉一进来，就和袭人长叹，说道："我昨晚上的话竟说错了，怪道老爷说我是'管窥蠡测'。"宝玉此句的管窥蠡测，是承认自己见识短浅，说错了话。

以蠡测海还有一种类似的说法，叫以爵量海。"爵"即酒杯，比"蠡"（瓠瓢）更小。

古小说集《拾遗记》，讲了战国时期这么一个故事：

一次，燕昭王召臣子甘需入宫说，寡人（君王的自称）有志于成仙得道那一套，欲学长生不老不死之法，能实现吗？

甘需想了想，这样回答君王：臣下我曾游于昆台之山，看见一个垂发老头儿，他那个年轻啊，像少童一样！无论是相貌，身形，血骨，肌肤，都俊美年轻得太好啦！他曾到蓬莱、瀛洲仙山，飞越碧海。他升升降降，游往无穷。此才是上乘之仙人呀！

甘需说，为什么他能成仙呢？大概他能去除滞留的人欲，远离过分的嗜好偏爱，清洗精神，灭掉欲念，才常游于"太极之门"。

燕昭王有兴趣静静地听着。甘需接着说——

而现今大王您呢？"妖容惑目，美味爽口，列女成群，迷心动虑"，享受大大的，欲念浓浓的，而要免却老与死，成仙得道，云游仙境，"何异操圭爵以量沧海，执毫厘而回日月，其可得乎"。

甘需面对燕昭王提出的问题，说出一个遇仙人的故事。最后劝燕昭王：您一方面迷恋于君王享受的人间的一切荣华富贵，又想成仙得道长生不老不死，这就如同要拿小小的酒杯（圭爵），去量量大海的深浅；拿毫厘长的短绳子，去围一围太阳和月亮（看看它们的外圆有多长）。您的愿望能实现吗！

以爵量海与以蠡测海一样，都是比喻不可能做到的事，是海洋成语典故之一。

# 海水不可斗量

以蠡测海是书面文言化成语。类似的一句成语或者俗语，叫"海水不可斗量"，比喻那些不可能做到的事情，就通俗多了。它较之以蠡测海，应用也更广泛。

"海水不可斗量"，用斗去量大海，是无法量出大海有多深、海水的量有多少的。正如宋朝王安石《送孙长倩归辉州》诗中叹息的："江海收百川，浩浩谁能量？"

"海水不可斗量"，在应用上有双重性。第一是说用斗去量海水，是愚蠢行为，比喻不可能做到的事。此层含义，带贬义味道。第二是把客体（别人）比喻为深广不可测的大海，把主体（自己）比喻为欲拿斗量海水的眼光短浅之人。常常用来说明一个道理：看人要看长远，不可根据他的现状，而低估他的未来。一个人，特别是青年人，现在看来可能平凡无奇，但要看到他的潜能，他未来的发展可能是无法估量的。作为领导者，或者长辈，或者朋友，估量一个人的前途时，可不要犯"斗量海水"的错误呀。"海水不可斗量"用于这方面的含义，带有褒义味道，应用最为广泛。下面，举一举"海水不可斗量"的事例。

明朝《喻世明言》辑录的小说《金玉奴棒打薄情郎》，正文开头先讲了这么个故事：汉朝名臣朱买臣，早年出身寒门，砍柴卖柴为生，却不忘读书做官那一套。其妻讥笑他："从古及今，那（哪）见卖柴的人做了官？"朱买臣回答说："富贵贫贱，各有其时。……常言'海水不可斗量'，你休料我！"后来，他果然出乎其妻的"预料"，成了"不可斗量"的"大海"，当了汉朝的大官。朱买臣在历史上实有其人，史书记载他确实做了汉朝高官，且出身是贫寒百姓。

清朝形成的京剧，风靡舞台，流传至今。有一出尽人皆知的《西厢记》，写相国家小姐崔莺莺，跟随母亲崔老夫人进普救寺为亡父上香，与丫鬟红娘到佛殿游玩时，偶遇正在落魄中的公子张珙，后二人在红娘的穿针引线下，夜间隔墙联诗，互生爱慕。崔莺莺再次随母进寺上香时，恰恰赶上贼兵5000人围攻寺庙，其首领要抢崔莺莺做"压寨夫人"。众人慌乱失措之际，张珙挺身而出，愿写书信给一好友（将军）带兵退贼。一封信有这么大的力量，不免令人生疑。红娘就提出，张珙的信靠得住吗？他是不是在吹牛？没想到崔莺莺此时却唱出这样一句："他胸中似海洋岂可斗量？笔尖儿横扫那半万儿郎！"最后，张珙一封书信果然退了贼兵解了围，救了崔莺莺全家，崔老夫人践守诺言当场许婚，他在众人眼中成了不可斗量的"大海"。之后，在红娘帮助下，二人与崔老夫人封建门第观念和赖婚行为坚决斗争，终成眷属。"他胸中似海洋岂可斗量"一句唱词，唱出了崔莺莺对张珙满腹才学的钦佩和对他写信退贼兵的坚信。

"海水不可斗量"的应用，在现代也能找到生动的例子。

有一例用在青年周恩来身上。《报刊文摘》摘登过《梁启超影响了周恩来》一篇短文。文中说，和所有伟人一样，青少年时代的周恩来思想变化是剧烈的。是谁启发了周恩来的救国思想呢？梁启超举足轻重。梁启超，号任公。周恩来对梁十分敬仰。正在天津南开学校读书的周恩来，就在日记中摘抄了梁的诗句"男儿三十无奇功，誓把区区七尺还天公"，同日日记又写道："任公做这诗的时候，不过二十七八岁，我如今已痴长十九岁，一事无成，真正是有愧前辈了。"梁启超应南开校长邀请，到学校作演讲。即将毕业的周恩来聆听了演讲，并以学生记者的身份作了笔录，又把这份笔录作为作文交给老师批改。老师作了如下批语："叙述周详，而文笔之汪洋浩瀚，亦足以达任公先生之妙谛。此才岂可以斗量之。"看，"此才岂可以斗量之"！老师的批语岂止是赞扬周恩来的文笔，更赞扬他是青年才俊,是"大海不可斗量"的国家栋梁之材!

"海水不可斗量"在文字中的应用,常和"人不可貌相"连起来用,组成"人不可貌相,海水不可斗量"的俗语。

元代杂剧《小尉迟》第二折:"老将军,古语有云:'凡人不可貌相,海水不可斗量。'休轻觑了也!"

明代小说《西游记》第六十二回,写唐僧师徒西天取经路过祭赛国,国王在大殿接见这位相貌堂堂的唐朝僧人时大喜,但看到阶旁站立的几位丑貌徒弟,不禁大惊道:"圣僧如此丰姿,高徒怎么这等相貌?"没想到孙悟空在阶下听见了,厉声高叫道:"陛下,'人不可貌相,海水不可斗量。'若爱丰姿者,如何捉得妖贼也?"

至于为什么把"人不可貌相"与"海水不可斗量"联系起来,可能是吸取了许多选人用人失误的教训,而总结出来的一句警语。因相貌埋没了人才,对丑陋者是悲剧,对用人者也是重大损失。貌丑者中,可能藏有大志大才之人也!

"以貌取人",连圣人都不可避免。春秋时期,有个青年叫澹台灭明,字子羽,相貌很丑陋。一天,他来请求孔子收他为学生。孔子见他长得如此丑陋,认为是个不可造就的粗人。但是孔子毕竟是孔子,没有拒绝,还是很不情愿地收留了他。没想到,子羽学习非常刻苦努力,成了品学兼优的学生。后来,子羽离开老师,到南方讲学,脚踏实地实践从孔子那里学来的仁德理念,成了知名学者,许多年轻人慕名拜他为师。孔子为此十分后悔,不该把这个丑学生看"扁"了,没有用心教他。孔子感慨说:"以貌取人,失之子羽!"

读过《三国演义》的人都知道,庞统是个满腹计谋、相貌却丑陋的人。书中说他"浓眉掀鼻,黑面短髯,形容古怪"。也就是他浓浓的眉毛,鼻子翘得老高,鼻孔朝天,黑脸短胡须,相貌、做派古古怪怪的。就是这个庞统,在赤壁之战前夕,来到曹营,针对曹操北方士兵晕船不习水战、病倒多人的情况,献"连环计",建议曹操把战船连起来,减少水上颠簸,被曹操不知是计而采纳。他为诸葛亮借东风，周瑜火烧战船，赢得赤壁之战重大胜利，立下第一大功！有人将他推荐给孙权，孙权见他丑陋古怪，"心中不喜"，对推荐人表示"誓不用之"。他又投奔刘备，刘备虽早闻庞统大名，但"见统貌陋，心中亦不悦"，勉强让他到偏远县城当个小官。直到诸葛亮、张飞极力推荐，刘备才猛然醒悟，心中大喜，"拜庞统为副军师中郎将"，与诸葛亮"共赞方略"。庞统不负重托，为刘备定西川出谋划策，作出了重大贡献。庞统，是"海水不可斗量"的丑男子，奇男子！

当然，"人不可貌相"的"貌相"，不完全指人长得丑俊，即所谓"颜值"，还泛指人的身居下位、沉沦落魄之形态等。

由海水难量，引发了人们许许多多的联想，又产生了一些相关的成语、名言、警句。

首先，与人心难揣测、难洞察相联系。

不是常说"知人知面不知心"吗？加上"海"的意象，就形成了"人心难测，海水难量"。人们对小人之心尤其厌恶，就有了"大海波涛浅，小人方寸深"等名言。"方寸"，指内心，或者心计、城府。二者比较起来，大海反倒好测好量一点（"波涛浅"），唯独那小人之心，诡秘莫测（"方寸深"）啊！

其次，与比喻人的感情之深相联系。

细细思忖，情深似海、恩深如海这些人们常用的成语，实际上都是从"测海""量海"的意象而生发出来的。不"测"不"量"，何以知深？一联系到感情，诗人用大海打比方，更有淋漓尽致的发挥。唐朝大诗人白居易曾吟出"相思始觉海非深"的诗句。意思是说，海深不深？深！但我的思念之情，比大海还要深得多！相比之下，深深的海，反而显得不那么深了。唐朝女诗人李冶写的相思诗，不仅联系海的深，还联系海的广："人道海水深，不抵相思半。海水尚有涯，相思渺无畔……"唐代诗人李群玉更出诗奇特，极尽夸张，由用蠡、勺、爵、斗之类量海水，想到借用这些去量一量他的"愁"。他在诗中写道："请量东海水，看取浅深愁！"

"海水不可斗量"，按其意思再往上追溯，可以追到汉高祖刘邦的孙子——淮南王刘安。他比说以蠡测海的那个东方朔，出生还早呢！他与众门客编写的《淮南子》中有篇《泰族训》，文中说：

泰山不可丈尺也，江海不可斗斛也。

上述两句，都是说量山、量海的。泰山太高了，不可能用丈尺来量；江海太深了，不可能用斗斛来量。"斛"，古时量器，比"斗"容量大。这句中的"丈尺"和"斗斛"都是名词，但是这里要表达的，是用这些量具、量器来"量"，含有动作，这是古代汉语名词可活用为动词的一个特点。

据考证，《淮南子·泰族训》"江海不可斗斛也"这句话，就是"海水不可斗量"的最早出处。可见，"海水不可斗量"同以蠡测海一样，早在西汉就出现了。

# 浩如烟海

浩如烟海，是最为形象的海洋成语之一，读后立即在你眼前展现出烟雾茫茫、无边无际的大海。可是，用浩如烟海比喻具体事物的时候，它又是颇有局限性的海洋成语之一——只用来形容书刊文献典籍多得不可计数。

这个成语的来历，出自北宋司马光呈献给宋神宗的《进〈资治通鉴〉表》。

司马光是北宋著名大臣、史学家，他历时19年编纂的《资治通鉴》，是我国古代的一部编年史巨著，共294卷，记载从公元前403年至公元959年的1362年间的历史事件，主要是供皇帝借鉴，汲取治国理政、修身安邦等方面的经验教训。

编纂这样一部皇皇巨著，不仅要遍采正史，还要大量翻阅稗官野史、奏议、文集、谱录、墓志、碑传、行状等等。正如他在《进〈资治通鉴〉表》中所叙：

臣……研精极虑，穷竭所有，日力不足，继之以夜。遍阅旧史，旁采小说，简牍盈积，浩如烟海，抉摘幽隐，校计毫厘……

"摘"一作"擿"，"校计"一作"枝计"。据说司马光由于看书太多，写作太累，最后弄得骨瘦如柴，两眼昏花，牙齿脱落所剩无几，神志大大衰耗。了解了《资治通鉴》的成书过程和司马光毕其一生的精力，就会深切体会浩如烟海这个成语的含义；同样，见到浩如烟海这个成语，我们也能很自然想起《资治通鉴》和司马光。

不过，在司马光之前的古代诗文中，已有浩如沧海的提法。司马光用词浩如烟海，是否受到浩如沧海的启发，那就不好揣测了。但细加品味，浩如烟海与浩如沧海虽一字之差，其显现的意象和喻指的对象却不相同。浩如烟海不仅言其"浩"，还重在言其"烟"，展现的是一片浩广、迷茫的大海；而浩如沧海则只突出了其一望无际的浩广，没有"烟"的迷茫，缺乏深广不可探测的意蕴。形容书籍繁多、不计其数，用浩如沧海则说不通。所以，浩如烟海成语的发明权，仍非司马光莫属。

司马光之后，文人们纷纷应用浩如烟海一语形容书籍、文献、资料多得无可计数，也足以证明浩如烟海影响之深远。下面仅举清朝著作为例。周永年《儒藏说》："或曰：'古今载籍，浩如烟海。'"著名诗人袁枚在《随园诗话》说到他的同乡吴庆伯先生，著述太多，因此感慨道："惜其集浩如烟海，不能细阅。"《清史稿·戴敦元传》也说："书籍浩如烟海，人生岂能尽阅？"

当代学者在谈及读书或做学问时，也常用浩如烟海慨而叹之。著名语言学家王力《谈谈怎样读书》："中国的书是很多的，光古书也浩如烟海，一辈子也读不完，所以读书要有选择。"著名哲学家冯友兰《我的读书经验》："古今中外，积累起来的书真是多极了，浩如烟海。"著名学者周汝昌在讲到史学研究者博览载籍群书、网罗散失的旧闻时，诙谐地活用了浩如烟海这一成语："这种功夫，真比'烟海'还要'浩如'！"

我们去书店、图书馆走一走，看到那些辞书性、资料性、学术性的书，其"前言"中往往有这样的表述："古今书籍浩如烟海，本书所选所摘难免挂一漏万……"这既是谦虚，又是尊重事实，留有余地。因为人的生命和精力是有限的，以"有限"面对无边无际、如烟似雾、深邃莫测的书籍之"海"，尽最大努力广收博采，也不可能全部涉猎啊！所以说，入书店或进图书馆，也就如同进入书之烟海，我们只要搜寻、涉猎自己所需要的那一点点就行了。北宋文学家苏轼在

《又答王庠书》中就说:"书富如入海,百货皆有,人之精力,不能兼收尽取,但得其所欲求者尔。"

我们注意到,当今越是大学问家、大学者,越是很少用"大全"之类的词给自己编纂的书命名,尽管他们编纂的书有很高的声望和权威性。因为他们很清楚:书籍浩如烟海,所搜"全"得了吗!即使过去费了很多人力物力精力编纂出版的"全"字号书,比如《全唐诗》,不是出版后,一本一本"补编"的书都出来了吗?就是把目前所能查到的漏编的唐诗都补进去,仍会有人继续搜寻,怀疑有被遗漏者,甚至遗漏的是极为珍贵的可流传的好诗。谁敢说,这部书肯定就"全"了呢!

当然,本文是从书籍浩如烟海的角度生发的议论,不是一概否定带"全"字的书,比如上面例举的《全唐诗》,还有古今某些带"全"字的书,是有权威性和影响力的。它们在搜罗和保存我国古代(或近现代)文化典籍方面,作出了重大贡献。对这些好书,也很少有人在"全不全"上过分挑字眼儿或钻牛角尖。反倒是,某些学识浅薄的人,动不动就把自己粗制滥造编纂的书,在其书名加上"全""大全"之类的字眼,用以唬人。这些人应好好研究一下浩如烟海这个成语,学习古今大师们的治学作风以及著述写作的严谨求实态度。

还有一个有趣的问题,为什么要用"烟海"给书籍的浩繁众多打比方呢?

这要首先从"烟"字说起。"烟",本指木头、柴草等物燃烧时,产生的上升、飘荡的混有未完全燃烧微小颗粒的气体。但是,弥漫在空中的水汽,也像"烟"那样飘荡蒸腾,所以古人写诗做文章时,就常用"烟"来状写水汽的形态。这样,"烟"与"水"就结了缘,凝聚成许多生动形象的词语。与水组成"烟水",与波组成"烟波",与海组成"烟海",与雨组成"烟雨",与雾组成"烟雾",与云组成"烟云",等等。"烟海"就其直观的形象来说,就是烟雾弥漫的大海。那么，用"烟海"比喻"广大众多"又是怎么来的呢？这个用法，要大大早于司马光。

战国人荀况写的《荀子》，有一篇《富国》，就有"飞鸟凫雁若烟海"的句子。注释家说，这句是说飞鸟凫雁"远望如烟之覆海，皆言多"。三国（魏）曹植《圣皇篇》有"文钱百亿万，采（彩）帛若烟云"之句，上下句一对照就可看出，这里类似于"烟海"的词"烟云"，也是比喻很多很多。据史料记载，唐朝玄宗时期，书库存的历代经典书籍太多太繁，学习者要查找所需要的书，大有"孤舟泳海、弱羽凭天"的感慨。也就是说，面对那么浩繁的书籍，就像一叶孤舟进入茫茫莫测的大海，一片小羽毛飞至无边无际的天上，读什么书、找什么书，真是无从下手！于是大臣开始编纂整理图书，编排目录，给学习者提供方便。我们看到，唐朝已经将书籍的繁多，用"海"来打比方了。

学识渊博的司马光，对他前人的这些名言、典故，不可能不熟知，于是在这基础上创造了"简牍盈积，浩如烟海"的说法。我们今天仍有"书海""文海""题海""辞海"等说法，更有"奋击学海千重浪，勇攀书山万仞峰"的名言，虽然这些"海"字不一定都是从浩如烟海简化而出，但肯定与浩如烟海的含义有或多或少的联系。

# 天涯海角

天涯海角或海角天涯，是当今人们熟悉并多用的一个海洋成语。它立足于蓝天、大海广阔无比的背景，集中突出其偏僻、遥远的含义。

"天涯"，天边；"海角"，大海的角落。二者都比喻那些极为偏远的地方。

我国海南岛最南端，有一处海岸，椰风海韵，一派热带风光，是闻名中外的旅游胜地。这里，有几块耸天兀立的巨石，一块巨石上刻着"天涯"二字，一块巨石上刻着"海角"二字，这就是天涯海角游览区。正是这里的风光，特别是这四个字，吸引了千千万万的游人。但年深日久，巨石风化，字迹斑剥，谁也弄不清这四个字出自何人的手笔。更因为北宋大诗人苏东坡（即苏轼，号东坡居士，世称苏东坡）曾被贬来海南，他又喜欢到处题咏，多年来就传闻，这四个字出自苏东坡的手笔。

20世纪60年代初，郭沫若来到海南，凭他考古家、书法家、诗人的特有敏感和丰富的学识，在校点《崖州志》（海南岛三亚一带古称"崖州"）的过程中，发现"天涯"二字，乃清朝雍正十一年州守（官名）程哲所写。为了确认，郭老亲自去实地查验，果然看到"雍正十一年"五字在"天"字之右，"程哲"二字在"涯"字之左，这才排除了苏东坡手笔的传闻，解开了这个多年来的谜团。至于"海角"，则是后人加到另一巨石上去的。

尽管"天涯""海角"这四个字，已被确认不是出自苏东坡的手笔，但为什么当时想到要在巨石上题"天涯""海角"这四个字，受没受到苏东坡千丝万缕的影响呢？笔者从一部辞书中，见到关于苏东坡的这样一件轶事：

苏东坡晚年，被贬到海南岛的昌化（其地不在岛的最南端）。他常到角岭一带去游览。一天，忽然狂风暴雨，波涛汹涌，引发他极大兴致，便在避风雨的那块大石头上题上"天涯"和"海阔天空"六个大字。事后，石匠便把这几个字刻在石头上。再后来，人们就把"天涯"和"角岭"结合成天涯海角这个词。

这段轶事，给人留下这么一种印象：在海南岛，无论什么地方出现"天涯""海角"的题刻，无论是谁的题刻，人们见到它，脑海中都会自然而然浮现出大文豪苏东坡的影子。

郭沫若生前几次来海南岛最南端，诗兴大发，先后写《游天涯海角》三首，镌刻于巨石之上，有"海角尚非尖，天涯更有天"的诗句。郭老在文章中还说过这样的话："今案谓为'天涯海角'者，殆指中国领土之尽头，实则海南岛之南尚有西沙群岛、南沙群岛等。故我有意翻案，谓天涯既非天之涯，而海角亦非海之角。若再扩而充之，则远可至南极大陆探险，高可作宇宙飞行，更无所谓涯或角。"

当代著名诗人艾青，1979年3月来天涯海角游览区后，写了一首有哲理性的诗，摘录几段：

海边的崖石上刻着"天涯"
另一块崖石上刻着"海角"
它们向游客宣告：
"前面已没有路走了。"

"追你到天涯海角"
这是爱情的誓言
"流放你到天涯海角"
这是苦役的极限

人们在崖石上刻了字
只是对古人留下怀念——
地球是圆的，哪儿去找边？
至于天——天外更有万重天！

在古代，别说现在的巨石处是天涯海角，就是整个海南岛都可被视为天涯海角。那可是极为偏远的南天荒蛮瘴疠之地！唐宋时期，大臣触犯龙颜，免杀头之罪，就贬出皇城流放外地，最远的莫过于海南岛了。今海口市留有五公祠、苏公祠等遗址。五公祠为纪念唐朝李德裕，南宋李纲、赵鼎、李光、胡铨五位忠耿大臣所建，苏公祠为纪念北宋苏东坡所建。特别是南宋的四位大臣，都是力主抗金复国的主战派啊。被贬这里的忠耿大臣中，有的终生未返回，死在荒蛮瘴疠之地，留下千古遗恨。

今天，人们游海南天涯海角，一无荒蛮之感了，二无边涯之感了。何况，它的南面还有西沙、南沙等诸岛。请看海防将士到此经常写出的这样的诗句："人到天涯谁见涯？天涯远处有南沙。""诸沙均在烟波外，海角天涯岂是边？"

中国地域辽阔，又是海洋大国，古人认为天之涯海之角，不止海南一处。比如广西濒临北部湾，古人认为那儿是天涯海角，据有关书籍记载，钦州建有"天涯亭"，廉州建有"海角亭"。

在我国北方沿海，也有一处天涯海角，值得一说。此天涯海角就是山东半岛最东端、伸入黄海的成山头。这个入海的尖尖山角，巨浪激石，轰然作响，很有"尽头"的神秘之感。秦始皇当年从西北遥远的皇城咸阳，车马劳顿，迢迢千里巡游到此，面对滔滔无尽的大海，真有天边之感啊！那时限于交通条件，他们不可能来到海南岛。他们认为在这里观大海日出，拜日神，最具代表性。随行的丞相李斯，写下了"天尽头秦东门"六个篆字，"天尽头"就成了这里的代名词。

秦亡汉兴，汉武帝紧随秦始皇，也来成山巡幸，留下遗迹。这里秦、汉古迹很多，后人建有秦皇庙、拜日台等等，就其人文价值来说，高于海南的天涯海角。古人写诗，称这儿"日晴仍汉色，潮怒带秦声"。今人则有诗咏叹："天涯海角成山头，千古兴亡去悠悠！"

至于天涯海角在古诗文中的应用和演变，那就比较复杂了。

上海辞书出版社出版的《中国成语大辞典》，是一部权威性辞书。它分别收入天涯地角、地角天涯和天涯海角、海角天涯四个成语，也就是除"天涯"统一外，出现两个"地角"，两个"海角"。这四个成语因含义大致相同，所以该辞书只在天涯海角和地角天涯词条下作了解释。综观多种辞书，对天涯地角或地角天涯，即两个带"地角"的成语，所举出的例句很少，但这些例句在古籍中出现的年代却比较早。可能因为年代越久远的古人，越认为天圆地方，天之涯、地之角，当然是指最远最远的地方了。年代较早的例句，是南朝时期陈朝徐陵文章中"天涯藐藐，地角悠悠"，还有此人另一篇文章中的"燕南赵北，地角天涯"。当然，越到后来，"海角"的使用越频繁了。

带"海角"的两个成语，无论辞书还是古籍，例句就多得不可胜数。比如唐朝白居易的《春生》诗："春生何处暗周游，海角天涯遍始休。"唐朝吕岩的《绝句》："天涯海角人求我，行到天涯不见人。"宋朝李清照《清平乐》词："今年海角天涯，萧萧两鬓生华。"宋朝葛长庚《沁园春》词："暂聚如萍，忽散似云，无可奈何。向天涯海角，两行别泪，风前月下，一片离骚。"清朝小说《儿女英雄传》第十六回："只可惜老弟来迟了一步，他不日就要天涯海角，远走高飞，你见他不着了！"

上述这四个成语，似可以这样总括：天涯地角或地角天涯，古籍中出现得比较早；后世诗文最常用的，是天涯海角或海角天涯；而天涯海角，目前使用频率更高一些。

表达爱情的："即使老公你创业打拼到天涯海角，我也跟随你到天涯海角，我们俩是心心相印、并肩战斗、永不分离的！"

表达亲情的："我父亲抗战时期加入八路军，走后一直没有音信，肯定在某地战斗中牺牲了。我就是找到天涯海角，也一定要找到他的下落，叫他魂归故里！"

表达公安机关追拿逃犯决心的："犯罪分子就是逃到天涯海角，我们也要将其缉拿归案，绳之以法！"

成语是人创造的，人们也可以根据需要，多角度地运用，甚至反其意而用之。天涯海角不是指很遥远、很遥远吗？加进主观感情的因素，可以把它变得很近、很近哩！这方面我国最著名的古诗句就是"海内存知己，天涯若比邻"。

有趣的是，"天涯海角不遥远"的哲理，在外国人的表述中也时有所见，比如有这么一句名言："大海再宽广，也要连着陆地。"细细思忖，地球本是一个椭圆的球体，既然陆地和海洋有断有连，那么无论在哪儿，"尽头"之感都会大大淡化。

现在互联网信息发达，人们远隔千万里可视频聊天，书信都懒得写了，偌大的地球变成了一个"地球村"。人们无论走到哪里，都没有天涯海角之感了。

但是，天涯海角作为比喻意义的使用和形象化的语言，仍是很有生命力的！

行文至此，不禁想起两首涉及天涯海角的广为传唱的歌曲。一首是《请到天涯海角来》，一首是《难忘今宵》。特别是多年来央视春晚结束曲中反复吟唱的《难忘今宵》，给人留下的印象太深刻了。这首由乔羽作词、王酩作曲、李谷一演唱的歌曲，成为了传世经典。其歌词中的"天涯与海角"，带有一种广远、温馨、团圆、欢庆的浓浓的年味儿：

难忘今宵/难忘今宵/无论天涯与海角/

神州万里同怀抱/共祝愿/祖国好/祖国好……

# 排山倒海
# 倒海翻江

山不厌高,海不厌深。高山永固,大海永存。

可是,偏偏有一种力量,可以把高山推开,可以把大海翻倾。人们在形容这种无可阻挡的伟大力量和浩大声势时,往往用得着一个成语——排山倒海!

这,当然是夸张的说法。

毛泽东在《新民主主义论》中,以无产阶级革命家的伟大胸怀和气魄,运用排山倒海这一成语,写得最精彩的一段话是:

惟独共产主义的思想体系和社会制度,正以排山倒海之势,雷霆万钧之力,磅礴于全世界,而葆其美妙之青春。

排山倒海这一成语,在古代早有应用,而且形成了多种不同的表达方式,运用于多种事物。

较早出现的是回山倒海。比如,北齐人魏收撰写的《魏书》中的《高闾传》:"昔世祖以回山倒海之威,步骑数十万南临瓜步,诸郡尽降……"可见,在南北朝时期,回山倒海已用来形容战争中的一种所向披靡、攻城略地的巨大威力了。在南宋诗人杨万里的笔下,排山倒海用来形容疾病的来势凶猛:"病势初来敌颇强,排山倒海也难当!"看,病势虽然"初来",但来势犹如强敌进攻,排山倒海一般,再强壮的身体也难抵挡啊!而在清朝人沈用济的笔下,排山倒海则用来形容黄河大风的威力了:"大风一起天茫茫,排山倒海不可当……"

排山倒海的另一种说法，是移山倒海或移山填海。移山倒海是把山移走，把海翻倾；移山填海是把山搬移，把海填平。

这两个成语在喻指力量和气魄巨大的同时，还多少带有点神魔法术的味道。所以，我国古代的神魔小说中多有运用。《西游记》第三十三回，唐僧被妖怪变成的"受伤老道士"蒙骗，乱发慈悲之心，让孙悟空背着"老道士"行走，走着走着，那妖怪"就使一个移山倒海的法术……念动真言，把一座须弥山遣在空中，劈头来压行者"。《封神演义》第三十六回，写姜子牙战场临阵，赞他"善能移山倒海，惯能撒豆成兵。仙风道骨果神清，极乐神仙临阵"。明朝人吴元泰写《八仙出处东游记》，有八仙过海的故事。此书写过海后的八仙与东海龙王大战，八仙移泰山而填东海，其场面着实令人惊心动魄："八人分作八面，齐力将泰山一抬，震天响了一声，那山倒入海中去了。"书中概括此举为"八仙推山筑海"。

说起移山造海，这可能是新中国成立后，在社会主义建设高潮中创造出来的新成语，集中体现了亿万人民群众战天斗地、改造大自然的伟大力量和气魄。如果排除"大跃进"年代那种盲目蛮干的消极因素，这个成语现今仍可成立。比如1997年我国实现三峡大江截流，创造了世界奇迹，就可以称三峡工程是一项移山造海的伟大工程。但是，这个成语也要慎用。有的地方为追求局部的经济效益，以牺牲环境为代价，破坏青山绿水，大兴土木劈山搞开发，围海造地盖别墅卖钱，这种所谓的移山造海，就受到严肃批评和处理。

至于移山拔海、移山跨海、挟山超海、荡海拔山、举山倾海等诸多成语典故，把那种力量和气势，渲染得更加巨大神奇！

移山拔海：搬动山岳，"拔"起大海。东晋葛洪《抱朴子·交际》中，有"势力足以移山拔海"之语。

移山跨海：搬动山岳，跨越大海。《水浒传》第九回："展开缚虎屠龙手，来战移山跨海人。"

挟山超海：此乃"挟泰山以超北海"之缩语，出于《孟子·梁惠王上》。近代大学者梁启超在他著名的《少年中国说》中，也用过挟山超海一词："于此人也，而欲望以拿云之手段，回天之事功，挟山超海之意气，能乎不能？"

荡海拔山：此成语出于晋代文学家陆机《吊魏武帝文》："威先天而盖世，力荡海而拔山。"这两句是赞扬曹操生前的赫赫功业，其人威力无比。"荡海"，震荡大海。

举山倾海：举起大山，倾覆大海。三国（魏）曹植《与吴季重书》："举泰山以为肉，倾东海以为酒。"极度夸张与文友的豪华游宴生活，可谓山吃海喝了！

以上是"海"和"山"组成的表达同一意义、又互有差别的一组成语，还是满丰富多样的。

"海"和"江"组成的表达力量巨大和声势浩大的成语，主要有倒海翻江、翻江搅海等等。

说起倒海翻江，用得最精彩的，仍属毛泽东。请看他写的《十六字令三首》（其二）：

山，倒海翻江卷巨澜。奔腾急，万马战犹酣。

上述这几句词，为什么把山同倒海翻江联系起来呢？这是毛泽东在1934年到1935年间，行军转战各地，他俯瞰大地的群山，一个个大大小小、起起伏伏的山头，不正像倒海翻江波浪翻滚吗！短短几句，展现毛泽东的眼界是何等开阔，胸怀是何等博大，笔力是何等雄健！"奔腾急，万马战犹酣"，联系长征路上激烈的战斗，看这倒海翻江、巨澜奔腾似的群山，革命的豪情，必胜的信念，进一步激发和展现出来。

运用倒海翻江较早的诗句，有唐朝诗人顾况《龙宫操》："鲛人织绡采藕丝，翻江倒海倾吴蜀。"南宋陆游也写过"五更颠风吹急雨，倒海翻江洗残暑"。清代小说《说岳全传》第七十五回，状写南宋军与金兵短兵相接激烈的战斗场面，运用倒海翻江是满生动的："二将一样狼牙棍，棋逢敌手相交迸。……一个棒来心不善，一个棒去真凶狠。直杀得：天昏地暗鬼神愁，倒海翻江波浪滚！"

至于搅海翻江，小说中用得也比较多。如明代小说《封神演义》第七十二回："正行之际，忽然一阵风来，甚是厉害，只见摧林拔树，搅海翻江。子牙曰：'好怪！此风如同虎至一般！'"清代小说《镜花缘》第三十九回也有"顷刻狂风大作，波浪滔天……真是翻江搅海"的用语。

与排山倒海一组成语略有不同的是，"江"与"海"组成的这几个成语，由于有明显的水势翻腾起伏意象，常用来形容人的不平静的生理状态和心理状态。有一年，《北京晚报》登载了我国东北一奇女子，已11个多月不能吃粮食，每天只喝一瓶啤酒，吃一点蔬菜就权作充饥了。她稍微吃一点粮食食物，"就会翻江倒海地吐个一塌糊涂，连胆汁都能吐出来"。我们吃了生冷、刺激性食物，引起上吐下泻，也常用翻江倒海俏皮地形容当时的肠胃状态。另外，形容一个人遇到重大变故惊恐不安，就常说他心里七上八下的，犹如翻江搅海一般。

有一组成语，由于构词方式的不同，就与上述所有列举过的成语，在理解和运用上有所差别。它们是山摇海倾、海沸山崩、山呼海啸等。这些成语与上述诸多成语，尽管大意相近，但内部结构明显不同。

举排山倒海与山摇海倾这两个成语为例。"排山"与"倒海"两个合成词并列组成排山倒海，而这两个合成词都是动作（"排""倒"）在前，动作关联的对象（"山""海"）在后，从语法上看属动宾结构，所以特别突出了外部力量的巨大，高山、大海在这种伟力作用下，都处于被动的受左右的状态。而山摇海倾则不同。它是由"山摇"和"海倾"两个合成词并列组成的成语。两个合成词都是名词（"山""海"）在前，动词（"摇""倾"）在后，语法上属主谓结构，伟大的力量和气势，是由主语"山"和"海"发出来的，可以理解为"山在摇海在倾"。如果要突出外力的巨大作用，常在它的前面加上铺垫性词语，比如"这种自然界爆发的力量太巨大了，天旋地转，山摇海倾"。

这些由"海"与"山"主谓型合成词组成的成语，同样很为常用。有的用在诗文中渲染夸张，增强文采和气势；有的甚至将其作为书名，比如当代作家曲波继名作《林海雪原》之后，又有一部长篇小说问世，书名就叫《山呼海啸》。

# 沧海横流

1963年元旦，郭沫若填《满江红》词呈送给毛泽东主席，赞颂毛主席的英明领导。词的上阕是：

沧海横流，方显出英雄本色。人六亿，加强团结，坚持原则。天垮下来擎得起，世披靡矣扶之直。听雄鸡一唱遍寰中，东方白。

毛泽东主席很快赋《满江红》词，标明"和郭沫若同志"。词的上阕是：

小小寰球，有几个苍蝇碰壁。嗡嗡叫，几声凄厉，几声抽泣。蚂蚁缘槐夸大国，蚍蜉撼树谈何易。正西风落叶下长安，飞鸣镝。

随着毛泽东词的公开发表，亿万人民朗诵宣传，附在毛泽东词后的郭沫若词，也为大众所熟知。毛泽东词的"蚂蚁缘槐夸大国，蚍蜉撼树谈何易"，已成为流传于世的名言警句；而郭词的"沧海横流，方显出英雄本色"，也成为流传于世的名言警句。郭词这一句，主要是对沧海横流这一海洋成语，进行了翻新和再创造。

其实，毛泽东诗词中早就用过沧海横流成语。他1918年写的《七古·送纵宇一郎东行》：

沧海横流安足虑，世事纷纭从君理。

当时，25岁的毛泽东，通过送友人的诗句，表达他治理乱世、重整乾坤的宏大抱负。

沧海横流这句海洋成语，原意是指海水四处奔流，特别是用以形容大陆上洪水泛滥，专指水的自然灾害。同时，它又用来比喻天下大乱，兵匪横行，百姓纷纷逃难，处处动荡不安。

用于水的自然灾害时，又称"洪水横流"，典型的语句见于《孟子·滕文公章句上》："当尧之时，天下犹未平，洪水横流，泛滥于天下……"正是由于尧时代洪水泛滥，华夏大地一片汪洋，淹死了许多百姓、牲畜，才出现了后来大禹治水的壮举，大禹成了华夏大地沧海横流年代的治水英雄。

至于怎么理解"横流"，清代焦循在《孟子正义》中注解说："凡事纵则顺，横则逆。横行，水逆行也。天下所以未平，缘洪水；水所以盛，缘逆流。惟逆流，则浮沉于天下，而天下所以未平也。"其实，早于此的南宋朱熹在《四书集注》上说得更简单明了：所谓"横流"，就是江河之水太多太满，不走河道，"散溢妄行"。他说，"泛滥"这个词，就是"横流之貌"。

东晋葛洪在其著作《抱朴子·正郭》中说："虽在原陆，犹恐沧海横流，吾其鱼也。"意思是说，虽身在平原陆地，还常常恐怕大水涌来，我成了水中之鱼呢。可见古人对沧海横流的自然灾害，是心存恐惧的。

1998年，我国长江和嫩江、松花江流域遭遇特大洪水。那年的大洪水来势之猛，水量之大，许多人记忆犹新，用沧海横流来形容并不为过。全国百万军民奋勇抗洪，华夏大地展现出万众一心战胜洪涝灾害的壮阔画卷，创造了惊天动地业绩，一些战斗在抗洪一线的军民献出了宝贵的生命。当时的党和国家领导人江泽民在全国抗洪抢险总结表彰大会上的讲话中，就生动地引用了"沧海横流，方显出英雄本色"这一名言警句。江泽民说："'沧海横流，方显出英雄本色。'我们的党员、干部以自己的实际行动说明，他们无愧于共产党员的光荣称号，无愧于人民公仆的光荣称号。我们的军队以自己的实际行动说明，他们是党和人民完全可以信赖的革命队伍，是保卫国家安全和人民利益的钢铁长城，是保卫改革开放和现代化事业的坚强柱石，是新时期最可爱的人。我们的群众以自己的实际行动说明，中国人民具有团结一致、顽强拼搏的光荣传统，中华民族有着巨大的凝聚力，是任何困难任何风险都压不垮的。"

这就是"沧海横流，方显出英雄本色"含义的现代版！

沧海横流，使我们想起大海发怒，惊涛骇浪泛溢海岸的情景。我国每年夏季，东部和南部沿海几乎要遭遇十多次台风的侵袭，滔天的巨浪，伴着呼啸的海风，夹着如注的暴雨，扑向岸边，吞没房屋，冲毁道路，淹没农田，拔倒大树，那可真是台风引发沧海横流的景象啊！有时，世界某些海岛国家附近发生海啸，为害更烈。深海大地震引发广阔海水的巨大动荡，伴着骇人的巨响，一波波从天呼啸而来的海水，像脱缰的野马疯狂冲上海岛陆地，许多人来不及逃跑，瞬间成了水中之鱼。海啸过后，人间居住地已被破坏殆尽，尸横遍野（卷入海中的尸骨无存），几万、十几万甚至几十万人的生命就没有了。沧海横流，让我们想起暴怒的大海为害人间的一面。

不过，沧海横流在古今诗文、典籍中用得最多的，是比喻性用法，喻指社会动乱，处处不安定。比如，上述郭沫若词中的沧海横流，是指当时世界局势动荡；毛泽东1918年所写诗词中的沧海横流，明显指"世事纷纭"。再比如，春秋战国，诸侯竞起，争霸天下，沧海横流；清朝亡后，军阀混战，四分五裂，沧海横流；日本帝国主义发动侵华战争，中国人民颠沛流离，惨遭践踏杀戮，华夏大地沧海横流！

东晋人范宁作《春秋谷梁传序》，有这样一段话："天下荡荡，王道尽矣。孔子睹沧海之横流，乃喟然而叹曰：'文王既没，文不在兹乎？'"西周末年，出现礼崩乐坏、王道尽衰、群雄争霸的混乱社会局面，所以孔子目睹、慨叹的"沧海之横流"，实际上是喻指社会纷乱无序，民众受害之大，自己要为恢复西周文王的大治局面而奋斗。

《晋书》记载了一个叫王尼的人，正值战乱年代，他避乱江夏时的境况，可以看作是沧海横流对社会影响的一个特写镜头。王尼之妻早丧，只有一个儿子，父子俩没房子住，逃难时就让儿子赶着车，天黑了他们就住宿在牛车上。王尼因此常常叹息说："沧海横流，处处不安也。"这样，"荆土饥荒，尼不得食"，父子俩只好杀了牛煮肉充饥，车也砸坏了，最后双双饿死。后人据此概括出"王尼叹"的典故。

南宋陆游有"沧海横流何日定，古人复起欲谁归"的诗句。金代诗人元好问也咏诗曰："秋风不用吹华发，沧海横流要此身。"近代思想家严复针对当时社会局势动荡不安，曾用"沧海狂流横莽莽"的诗句形容之。

值得一提的是清末爱国诗人丘逢甲。他的先祖从广东迁居台湾，他出生于台湾，聪敏苦学，考中进士后不愿做官，回台湾讲学。不久，中日黄海大海战爆发，清廷战败，签订丧权辱国的《中日马关条约》，将台湾割让给日本。丘逢甲上书朝廷，奋起抗争，亲自组织义军守土抗日，失败后离台渡海回广东。他亲历了国破家亡、流离失所，就经常以沧海横流意象入诗，抒写家国之恨。他写诗曰："横流无地可安居，身愧王尼尚有车。残月啼鹃家国泪，断云归雁友朋书。"诗中的王尼，就是《晋书》提到的那个王尼。诗人慨叹："王尼流亡时，父子俩尚有一辆破牛车；惭愧的是，我现在连一辆尚可安居的破牛车都没有啊！"他有一回得见朝廷来广州办事的官员陈宝琛，又写诗抒感曰："三十年来万事非，天涯沦落识公迟。横流沧海无安处，故国青山有梦思……"

与沧海横流含义相近的成语是四海鼎沸，都是用来指社会不安，甚至大乱。这里的"四海"，主要指天下社会；"鼎沸"，是指水在大鼎中沸腾起来了，比喻到处都动荡不安。《晋书·祖逖传》有这么一句话："若四海鼎沸，豪杰并起，吾与足下当相避于中原耳。"意思是如果天下大乱，我与您应该到中原躲避一下啊。

据《后汉书·袁术传》介绍，汉朝末年，天下大乱，群雄并起，汉朝小皇帝已惶惶不可终日。而袁术出身于高官豪门，袁家四世为汉朝公卿，他野心勃勃，依仗门势，欲自立为皇帝。于是，他把手下文官武将召集起来，这样说："今海内鼎沸，刘氏微弱。吾家四世公辅，百姓所归，欲应天顺民，于诸君何如？"这句的海内鼎沸，与四海鼎沸含义是一样的，都指社会纷乱，民怨沸腾。袁术要"应天顺民"做什么呢？就是想篡汉称帝，他先给手下吹吹风，或者说让他们表表态。但他做的是黄粱美梦，后来不但未成大业，还在穷途末路中"愤慨结病"，吐血而亡。

沧海横流、四海鼎沸这些成语，在没有巨大的自然灾害和大面积的社会动荡的年代，已经很少用了。但我们仍要掌握其含义，因为阅读史书和古代诗文时会常常遇到。

# 河清海晏

与沧海横流含义相反的一个海洋成语,是河清海晏,或海晏河清。

这里的"河"指黄河,"晏"的含义是"安",整个成语是说混浊的黄河水变清,动荡不安的大海风平浪静。总的比喻天下太平,国泰民安,太平盛世。它是人们心理上十分喜爱的一个海洋成语。

在比喻社会政治局面方面,沧海横流常和天下大乱、烽烟四起、血雨腥风等相联系,河清海晏常和天下太平、偃武修文、国泰民安等相联系。但是,沧海横流,乱世才能出英雄;河清海晏,治世方见出圣人——英雄和圣人,都是人们敬佩的对象,都是推动历史前进和社会进步的重要力量。而就人们总的愿望来说,恐怕大多喜欢"治",不喜欢"乱",追求河清海晏,惧怕沧海横流。

纵观中国历史,又是什么样子呢?且看毛泽东的《贺新郎·读史》词:"人世难逢开口笑,上疆场彼此弯弓月。流遍了,郊原血。"也就是说,中国历史大部分是战争、分裂和苦难的年代,"大治"的太平盛世,毕竟太少了。令人开口笑的,能几回呀,难逢啊!

我们不妨粗略地回顾一下华夏历史。夏商周的夏商不说,周朝辅佐年少国王(周成王)而摄政的周公,殚精竭虑治理天下,可谓国泰民安,"成康之治"(周成王至周康王)是一盛世;进入春秋战国时期,"春秋无义战",战国七雄争夺天下更是烽烟不断;秦始皇短暂统一,苛法暴政民怨沸腾,由陈胜、吴广起义发展到刘项楚汉相争,秦朝转瞬灭亡;汉朝建立,还不错,出现了后人公认的"文景之治"(汉文帝至汉景帝);东汉初年,刘秀来了个"光武中兴",不久进入动乱的三国两晋南北朝时代；隋朝（隋文帝）结束了中国长久的分裂局面，治国安民，史称"开皇之治"；到了唐朝，出现"贞观之治"（唐太宗）和"开元盛世"（唐玄宗）两个好时代，而唐玄宗后期爆发震惊天下的"安史之乱"，由治变乱；宋元明清，北宋出现"仁宗之治"（宋仁宗），明朝出现"洪武之治"（明太祖）和"永宣之治"（永乐至宣德），清朝出现后人称道的"康乾盛世"（康熙至乾隆）；清朝末年，外敌入侵，军阀混战，全国动乱，中国进入半殖民地半封建社会。当然，几千年的中国，除了上面列举的几个明显的治世例证外，还有一些开国之君、中兴能臣，也有政绩，出现过治世。但所有这些治世加在一起，在战乱频仍的历史长河中，都只能算短暂的一瞬。中国共产党领导中国人民推翻三座大山，建立了人民当家作主的新中国。2019年10月1日，我们隆重举行了70周年国庆庆典。2021年7月1日，我们隆重庆祝中国共产党百年华诞，习近平总书记代表党和人民庄严宣告，在中华大地上全面建成了小康社会。说当今中国正处于国泰民安盛世，处于历史最好时期，实不为过。

但是，越生活在河清海晏的大治社会环境里，我们越要牢记一个真理：千万不要忘记潜在的沧海横流的威胁。当今世界还有大国霸权，还有单边主义，还有军备竞赛和军事威胁，还有局部战争，还有恐怖主义，还有难民流亡，还有我们完成统一祖国大业需要走的艰难路程……只有居安思危，多一点忧患意识，增强综合国力，富国强兵，才能长治久安，立于不败之地。

与河清海晏相联系的名言典故，兹述如下。

"河清"。古谚语曰："黄河清，圣人出。"就是说，黄河浑浊的水变清了，治世圣人出现了，太平盛世来临了。

"海晏"。海不扬波就是"晏"。典故有海不波溢。据《韩诗外传》等书记载，西周初年，年少的周成王继承王位，叔叔周公摄政，辅佐成王，天下大治，人民安居乐业。南方越裳国派来使臣，向周公献上珍禽白雉，并转告国人的话说："久矣，天之不迅风疾雨也，海不波溢也，三年于兹矣。意者，中国殆有圣人，盍往朝之。"意思是说，好长时间，老天爷不降暴风雨的灾害了，大海不扬波溢岸为害人间，也有三年了，想必中国出了圣人啦，我们应该去朝贡。

所谓海不波溢，或者海不扬波，都是大海不掀洪波巨浪为害人间的意思。大的风暴潮，甚至海啸，那就是大海发怒扬波。古语曰："太平之世，海不扬波。"

新中国成立初期的1956年7月，老一辈无产阶级革命家朱德到北戴河休养，每日海水浴，他欣然写了一首《大海》诗（据新编本《朱德诗词集》）：

日暖风和海水清，海不扬波报太平。
百川汇集成大海，大海宽怀永不盈。

朱德，这位戎马一生的人民军队总司令、共和国元帅，用前两句诗赞颂了全国结束战争，进入河清海晏、国泰民安的和平建设时期，透露出由衷的喜悦。诗的后两句，赞颂了大海的广阔和永不盈满，表达了永不骄傲、永远奋斗、永远前进的革命精神和宽广胸怀。

提起海不扬波，想到有人介绍的一个很有意思的故事。在山东烟台丹崖山蓬莱阁的一石壁上，嵌有"海不扬波"四个大字，为清朝道光年间山东巡抚托浑布所写，寄托海静波宁的美好愿望。然而，美好愿望还是被打破了。中日甲午战争中，1895年1月的一天，日本军舰在蓬莱海面炮击登州城（蓬莱时为登州），一发炮弹击中"海不扬波"石刻中的"不"字，幸亏炮弹未爆炸，其他三字未损。太巧合了，"海不扬波"变成了"海扬波"！这正应了当时战争频发、海疆不宁的时态。后来，人们补上了那个"不"字，至今补痕犹存。这个由"海不扬波"变为"海扬波"，由"海扬波"又恢复为"海不扬波"的典故，很有些警示意义哩。

古代诗词歌赋、戏剧小说，以至大臣给皇帝的奏章中，用河清海晏成语者，不胜枚举。

明清时期编撰的幼儿启蒙读物《幼学故事琼林》中，有这么一个很好的对句：

沧海桑田，谓世事之多变；河清海晏，兆天下之升平。

唐代郑锡《日中有王字赋》："河清海晏，时和岁丰。"

唐代诗人薛逢《九日曲池游眺》诗："陌上秋风动酒旗，江头丝竹竞相迫。正当海晏河清日，便是修文偃武时。"此处的海晏河清，呈现的是一片和平安乐景象，战火烽烟别再来啦！

唐代吕岩（字洞宾）既是诗人又是道家，写的诗也有道家味道，其《七言》诗曰："河清海晏乾坤净，世世安居道德中。""道德"二字，令人想起老子的《道德经》。

《打金枝》是广为传唱的一出京剧。在唐朝平定安史之乱中，建有盖世大功的重臣郭子仪，其子郭暧被招为驸马。郭暧因为妻子以"君不拜臣"为由，拒不给公公郭子仪拜寿之事，怒打了这位皇家公主。年轻气盛的儿子动了皇家的"金枝玉叶"，老父郭子仪十分惶恐，惧怕触怒圣上，大祸临头，赶忙绑子上殿请罪。唐朝皇帝刚出场时，先唱了一段回顾平定安史之乱及郭子仪功绩的唱词，有这么一句："到如今乐享太平世，河清海晏凤来仪。"鉴于论家法公主也有过错，皇帝重叙与郭子仪君臣之情，赦免了驸马之罪，小两口重归于好，《打金枝》以喜剧收场。

元代戏曲《孟母三移》第一折："当时风调雨顺，国泰民安，河清海晏，偃武修文……"这几个成语连成一串，好词真是不厌其多，令人心情愉悦。

习近平总书记在谈到夺取反腐败斗争压倒性胜利的时候，几次使用海晏河清成语。2017年10月18日在党的十九大报告中，他强调指出："夺取反腐败斗争压倒性胜利。人民群众最痛恨腐败现象，腐败是我们党面临的最大威胁。……强化不敢腐的震慑，扎牢不能腐的笼子，增强不想腐的自觉，通过不懈努力换来海晏河清、朗朗乾坤。"2018年12月18日在庆祝改革开放40周年大会上的讲话中，他再一次使用海晏河清成语，强调："我们要以反腐败永远在路上的坚韧和执着，深化标本兼治，坚决清除一切腐败分子，保证干部清正、政府清廉、政治清明，为继续推进改革开放营造海晏河清的政治生态。"

# 海市蜃楼

海市蜃楼，是颇有特色的海洋成语之一。比喻那些虽然是美好的，但又是虚幻的、一闪而过的、不可能成为现实的事物。

海市，是太阳的光线经不同密度的空气层发生折射，把远处的景物显示在海面上空的幻景。海市多呈楼台城郭、人物车马、山石花木之奇形怪状，给人以极大的神秘感。我国山东半岛的蓬莱（古称登州，后改蓬莱市，现为烟台市蓬莱区），是观赏海市最有代表性的地方。其次，江苏连云港的海州湾、浙江的普陀山及广东沿海，也是海市常出现的地方。还有，我国西北广阔的沙漠地带，偶见海市。

我国古代，科学不发达，海上交通落后，人们对迷迷茫茫的远海、深海，充满各种神奇的想象。比如，想象那极远极远的海面上有三座神山，叫蓬莱、方丈、瀛洲，山上有金银砌成的宫阙，有仙鸟仙兽、仙草仙药，仙人们聚集其上，长生不老，怡然自乐，堪称极乐世界。海市，是不是海上仙境的偶然显露呢？它引起古代追求长生不死的帝王的垂涎，方术之士的百般寻觅，平民百姓的流连惊叹。特别是那些方士，把自己打扮成人间和仙山沟通的使者，将海上仙境说得活灵活现，更使海市增强了仙境般的神秘感。

但是，海市总是虚无缥缈的，一闪而逝，可望而不可即。正如清朝诗人魏源观香港岛的海市后，抒发的感慨："幻矣哉！"

为什么"海市"后加上"蜃楼"？原来，古人对云雾中的海市景象不好理解，就以为是"蜃"吐气所为。"蜃"，海洋动物，辞书上说它是大蛤蜊，但有的古书上说它属于蛇、蛟类。"蜃楼"的提法，很早就有了。在西汉《史记·天官书》中，就有"海旁蜃气象楼台"之语。晋代人写的《三齐略记》:"海上蜃气,时结楼台,名'海市'。"北宋沈括《梦溪笔谈》描述更为详尽:"登州海中,时有云气,如宫室、台观、城堞、人物、车马、冠盖,历历可见,谓之'海市',或曰'蛟蜃之气所为'。"明代医学家李时珍的《本草纲目·鳞部》,对蜃吐气作了描述。书中说,蛟之属有蜃,状似蛇而大,有角如龙状,"能呼气成楼台城郭之状,将雨即见,名'蜃楼',亦曰'海市'"。看了上面摘引的论述,将"海市"与"蜃楼"组成固定结构的海洋成语,就不足为怪了。

海市究竟是个什么模样?明朝地方官袁可立写了一首在蓬莱观海市的诗,记述了海市中许多变幻的景物。他看到,弥漫的烟波里,突然耸起一座高峻的城,那栋有檐有角的楼阁,与弯弯曲曲的栏杆竟然重叠在一起……陡峭的山崖渐渐演化成一大片土丘,低低的小土岗耸出奇特的高峰,景物时高、时低、时上、时下、时分、时合,翻翻覆覆,扑朔迷离……又出现珍石美玉、奇花异树,竟有两座佛塔对峙耸立,峥嵘之貌人间所无。还有那些村落分布在水中的沙滩上,断开的崖岸有彩虹飞架,人物出出没没……

袁可立是明朝人,距今好几百年了。如果说他写的海市景物,有没有一点虚构,我们已经拿不准的话,那么当代著名作家杨朔就是蓬莱人,他写小时候见到的海市,应该是真实可信的。杨朔《海市》一文,这样写道:

"我的故乡蓬莱是个偎山抱海的古城……最奇的是海上偶然间出现的幻景,叫海市。小时候,我也曾见过一回。记得是春季,雾濛濛天……听见有人喊:'出海市了。'只见海天相连处,原先的岛屿一时不知都藏到哪儿去了,海上劈面立起一片从来没见过的山峦,黑苍苍的,像水墨画一样。满山都是古松古柏;松柏稀疏的地方,隐隐露出一带渔村。山峦时时变化着,一会山头上幻出一座宝塔,一会山洼里又现出一座城市,市上游动着许多黑点,影影绰绰的,极像是来来往往的人马车辆。又过一会儿,山峦城市慢慢消下去,越来越淡,转眼间，天青海碧，什么都不见了，原先的岛屿又在海上重现出来。"

袁、杨一为古人，一为今人，二人在不同时间、相同地点记录下了他们见到的海市，画面形象变幻纷繁，不仅使他们大饱了眼福，也使我们如同身临其境，得到一次视觉和精神上的享受。

对于海市，古代文人有极生动形象的描绘；但最重要的，是对于其虚幻性、暂时性和可望而不可即性，悟出许多深刻的世事哲理。

北宋苏东坡就从海市的虚幻、变化快的特性，感叹自己仕途的渺茫，身世的浮沉。他来到登州（蓬莱）当官，几天后就有幸观看了海市，写了著名的《登州海市》诗：

东方云海空复空，群仙出没空明中。
荡摇浮世生万象，岂有贝阙藏珠宫？
心知所见皆幻影，敢以耳目烦神工。
岁寒水冷天地闭，为我起蛰鞭鱼龙。
重楼翠阜出霜晓，异事惊倒百岁翁。
人间所得容力取，世外无物谁为雄。
率然有请不我拒，信我人厄非天穷。
潮阳太守南迁归，喜见石廪堆祝融。
自言正直动山鬼，岂知造物哀龙钟。
伸眉一笑岂易得，神之报汝亦已丰。
斜阳万里孤鸟没，但见碧海磨青铜。
新诗绮语亦安用，相与变灭随东风。

此诗的价值极高，是自古以来第一首完整描述海市的长诗，也使蓬莱海市从此盛传于天下。讲海市，不能越过苏东坡。

为什么这么说？一个明朝人说得好：有天地以来就有海，有海就有海市，有海市就有看到的人，但为什么内陆好多人还不知道有海市？因为在海边看到的不去记载，不去传播，等于没有看到！蓬莱海市从宋朝开始，一直盛传于今，就是与苏东坡写的这首海市诗名震天下有关，这也是蓬莱海市自身遇到了好运气呀！

明朝徐应元把海市比喻成世间"浮名"，不可长久："岛云有聚散，世事等蜉蝣。""蜉蝣"，是一种生命极短的小虫，只活几小时至几天，一般朝生暮死。"幻影与浮名，总之任短修。""短修"即"短长"。这几句诗，都说明人间的快意之事，浮躁之名，如同海市一样，聚得迅速，散得也快。

明朝文学家王世贞观海市后，想到"狂人"盗名，不会长久："由来海市惟看影，恰似狂夫枉得名！"

清朝诗人施闰章也把海市之景，比作人间的"快意之事"，不可能长久不变。他看海市中的仙人冉冉飞翔，快乐无比，顿时觉得离海上仙境仅一步之遥了。他正看得"神摇目眩"，一阵风把海上的云雾吹散，海市蜃楼随之没有了。他于是在《观海市》诗的末尾，特意重复地发了几句感叹："人间快事亦如此，浮云长据胡为乎？噫嘻！浮云长据胡为乎？"如果把"人间快事"理解是尽情享乐的荣华富贵，那么它如同变幻海市的"浮云"一样，是不可能长期存在（"长据"）的，很容易被一阵风吹得无影无踪。这倒可以提醒我们，不要耽于安乐享受和迷恋于不切实际的幻景，天上不会掉馅饼，经过艰苦奋斗换来的成果才实实在在靠得住，多树立点忧患意识。

当然，有的诗人由海市蜃楼的虚幻性，联想到整个世界的事物都是虚幻的、不实的、不可信的，所谓"由来世界都成幻""微尘大地俱荒唐"。这就有点虚无主义的味道了，我们应该摒弃这种消极颓废的思想。

除诗歌外，有三篇写海市的文章，不可不读。

一篇是北宋嘉祐年间登州太守朱处约写的《蓬莱阁记》。此篇记，比较早地否定了秦皇汉武时期就流传下来的海上有蓬莱仙山的说法，批判了方士们"恍惚诡异"的奇谈怪论，肯定蓬莱出现的海市，不是海上仙山的偶然显现，而是一种自然现象。这是对海市认识上的重大转变，有极高的思想价值。尽管在北宋以前，例如唐朝，已有一些人指出海上仙境虚妄不可求，但他们大都没有触及蓬莱海市是不是海上仙境显现这一现象。朱处约的此篇记，就在蓬莱实地揭示了这一问题，并给予了解答。而且，以官方文字公之于世，有很大影响力。朱处约主持修建了蓬莱阁，写的记文字简约又辞藻华美。此文引导游人登阁观览，欣赏海面的"重溟万里，浮波涌金""烟浮雾横，碧山远列""白鹭交舞，游鱼浮上"等等美景，体验"仰望"和"俯瞰"的那种神游的感受，去掉海上仙山虚幻的一套。"恍不知神仙之蓬莱也，乃人世之蓬莱也"——赏景陶醉之时，你就会恍然有所悟，传说中的神仙所居的仙境蓬莱，就是我们面前这片人世间的美景蓬莱啊！修蓬莱阁，就是让你登阁饱览现实的蓬莱仙境！就其认识论的价值说，这篇《蓬莱阁记》，要高于苏东坡的名诗《登州海市》。况且，该文的面世，要早于《登州海市》。

另一篇是清朝蒲松龄《聊斋志异》中的《罗刹海市》。这是一篇生动的文言小说。小说的主人公亲身进入海市中去了，演绎出一段人生奇遇的故事。说的是一个叫马骥的青年，去海上经商，被飓风吹迷了路，至一远离中国的"大罗刹国"。他先是入朝为官，退隐后回到村野，同村民一起乘船逛海市，海市上奇珍异宝，世间所无。其间，一个号称"东洋三世子"的少年路过海市，得知他是来自中华国土的贤士，带他入海引见龙王，龙王试以文才，大喜过望，他即被招为龙王之婿，享尽荣华富贵。三年后，他因思乡思亲，忍痛辞别龙女爱妻，回归岸上自己的家中，重过平民生活。蒲松龄在小说结尾时感叹："呜呼，显荣富贵，当于蜃楼海市中求之耳！"——唉，要想享受一下"显荣富贵"的滋味嘛，只能到蜃楼海市中去寻求了！蒲松龄"呜呼"叹息的，是许多人（含作者自己）对现实生活穷困潦倒的无奈和愤慨，以及对怀才不遇的不满。同时，叹息声中，也隐含着一点点期冀改变命运的梦幻。作者写海市，悟人生、观社会、发感慨，想象力丰富，故事生动感人，《罗刹海市》成为一篇流传后世的重要作品。

最后一篇《海市》，就是上面已经提到的作家杨朔所写的纪实散文。本文开头所引的那段文字，只是《海市》散文记叙海市景物的部分。文章下半部分，作者写道，时隔二十多年，自己夏天重回故土，爬到蓬莱阁上，"真盼望海上能再出现那种缥缥缈缈的奇景"，然而来的不是时候。自己不甘心，坐上船去寻海市经常出现的地方，船一直往海天深处开去。……在前面，透过淡淡的云雾，隐隐约约现出一带岛屿，果然不愧是"海上仙山"！仙境般的景物，人们幸福地劳动，打鱼，特别是生产珍贵的干贝鲍鱼……原来，岛屿人民过上了海市中神仙般美好的生活。作者最后点破谜底："这真实的海市并非别处，就是长山列岛。"

就运用海市蜃楼这一成语来说，杨朔《海市》的创新之处，是保留"海市"中仙境美好的方面，将其虚幻性、暂时性，演化成现实性、长久性，用此来为文章主题服务，讴歌解放后长山列岛人民过上的幸福美满的生活。

# 沧海桑田

世界上的变化有一种是剧变，面貌的改变和力量的巨大在短时间内看得很清楚，比如火山爆发、强烈地震及海啸等；有一种是渐变，面貌的改变和力量的巨大难以觉察，但是经过百年、千年、万年甚至亿年、十几亿年、几十亿年进行考古对比时，就会发现这种渐变比剧变更令人惊叹！这就涉及一个海洋成语和典故——沧海桑田。

1997年7月1日香港回归祖国前后，"沧桑"（沧海桑田的简缩语）一词着实风行了一阵子。当时反映这一历史题材的电视连续剧，片名就是《香港沧桑》。书刊文章、楹联篆刻等，如"世事沧桑""岁月沧桑""风雨沧桑"，更是频频出现。沧海桑田这句古老的海洋成语，今天能为这么多人抒发香港回归的感怀服务，跳跃于纸墨笔端和影视幕屏之间，令人欣慰！

"沧海"，大海。因海水呈青苍色，故名。古人有时也以"沧海"专指东海。"桑田"，植桑的土地，泛指农田、陆地。沧海变桑田，桑田变沧海，常用来喻指自然界和人世间变化巨大。有时，也指这种变化尽管是漫长的，给人的感觉却很快很大。

沧海桑田的成语典故，出于晋代葛洪著的《神仙传》，看书名就知道它是专讲神仙故事的。

此书的《王远》篇说，王远，字方平，东汉时的仙人。一次他从空中降临到一个叫蔡经的人的家里，召年轻美貌的女仙人麻姑前来会面。麻姑的名字，在民间流传很广。麻姑已经500多年没与王远见面了，但她在蔡经家里出现时，仍年轻如十八九岁的姑娘，长长的秀发垂至腰间，穿的衣服人世间根本没见过，上面绣着美丽的花纹，光彩耀目。她的手指很特别，细长像鸟的爪子。她是仙人嘛，时间尽管过去500多年，仍貌美如初。她在蔡经家说："上次见面以来，我已经见到波浪滔滔的东海，三次变成陆地啦！刚才到了蓬莱仙山，看那周边的海水，也比往昔大致下降了一半。难道大海又要干涸变成陆地吗？"王远笑着回答："圣人们都说，大海又要变成陆地，扬起尘土啦！"

麻姑所说的原话中，有一句是"已见东海三为桑田"，沧海桑田的成语由此而形成。

大诗人李白对麻姑之言，曾有四句诗感叹："吾曾弄海水，清浅嗟三变。果惬麻姑言，时光速流电。""惬"，惬当，是说麻姑所言恰当准确。

从麻姑的话中，我们可以推测出：既然大海三次变成陆地，证明陆地也三次变成大海，这就是沧海变桑田，桑田变沧海。沧海桑田又称桑田沧海，还可以简称为"沧桑"，并有"海桑""沧田""海田""海尘"等多种写法。

沧海变桑田，桑田变沧海，这是世界发展变化的一种带规律性的现象。

现代科学早已证实，地球形成以来，曾发生过多次的地壳变迁。现今的高山、高原常发现鱼类、贝类化石，证明这里远古时是一片大海；现今的海底、湖底也曾发现古人类生活的遗址，证明古代曾是陆地。

这一点，古人也有发现，我们最常引用的是北宋沈括《梦溪笔谈》谈海陆变迁的这段话："予奉使河北，遵太行而北，山崖之间，往往衔螺蚌壳及石子如鸟卵者，横亘石壁如带。此乃昔之海滨，今东距海已近千里。所谓大陆者，皆浊泥所湮耳。"

这段话是说，作者奉命出使河北，沿太行山北行，看见山崖石壁间，有一横向夹层，像带子一样嵌着螺蚌壳之类的东西，就推测出这儿在那遥远的年代曾是海滨，而今天东边的大海已离这儿近千里远啦！作者进一步推测出，这一带至海滨所谓的大陆，都是海水中泥沙渐渐堆积而成的！

专家还考证，我国的山东半岛和辽东半岛本来相连，后来竟然断开。今天的台湾岛本与福建省相连，后来由于海水的作用出现了海峡，使台湾与大陆隔开而成为岛屿。

专家更有震惊世人的发现：今天的滔滔黄海就曾经水降海底，成为一片大沼泽地。多年前，新华社分别发过两条消息，一条是《黄海原来不是海　曾是莽莽大草原》，一条是《我国近海曾是一片荒漠》。据有关材料介绍，现在的南极洲作为古代某块大陆的一部分，本在南半球某一方位。它炎热干燥，也曾温暖潮湿，植被茂密，动物成群。后来它从那块大陆分离出来，缓缓向南漂移，移到当前这个位置，天气越来越冷，冰川越积越多，厚厚的冰层将这块陆地的原有地形地貌都封存在下面了！近几年媒体不断报道，由于"温室效应"，致使南极亿万年积冰大量融化，海平面上升。长此下去，某些海岛国家有陷于"灭顶之灾"的可能！

不仅地球如此。科学家发现，干燥的火星表面，也有洪水冲刷过的痕迹。有人到我国西北大沙漠考证，在那里也发现有洪水冲刷过的痕迹，并将地球上水冲刷的痕迹与火星的痕迹进行了有意思的比较。应该说，二者痕迹是近似的。如果火星过去确实有水，那么这股水跑到哪里去了？火星怎么成了如此干燥无水的星球？前几年科学家又发现，火星上有个液态水湖，不过这个液态水湖是覆盖在厚厚冰层下面的。若真有水，为什么会以这种方式存在？火星，亿万年间究竟是怎么演变的？宇宙，亿万年来究竟是怎么变化的？如果真的有那么一天，地球不宜人类居住了，火星是不是可移居的下一个星球？令人振奋的是，我国已开始了探测火星之旅。

科学家的探索与《神仙传》中神仙们说的"仙话"，尚不是一回事；但是这种自然界的渐进式的巨大变化，借用仙女麻姑说的那句沧海桑田的话来概括，还是很形象、很恰切的。所以，沧海桑田这句海洋成语，具有百世流传的旺盛的生命力。

关于用沧海桑田的道理描绘自然界和人类社会的这种重大变化，在古代文学作品中能大量找到。

《诗经·小雅·十月之交》：

高岸为谷，深谷为陵。

言简意赅，道理深刻。"岸"即山崖，"陵"即岭。高崖变成深谷，深谷变成大岭！

描写自然界沧海桑田变化最形象生动的词，当属唐朝白居易的《浪淘沙》二首：

一泊沙来一泊去，一重浪灭一重生。
相搅相淘无歇日，会教山海一时平。

白浪茫茫与海连，平沙浩浩四无边。
暮去朝来淘不住，遂令东海变桑田。

此二首各短短四句，朗朗上口，明白如话，描写浪与沙相搅相淘，永无歇止，能把丘山"淘"成大海，能把大海"淘"成陆地！

唐朝诗人刘希夷，写了一首《代悲白头翁》诗，慨叹时光过得太快，花草树木代谢太快，人老得更快，转眼就白头了，看那白头老翁多值得悲悯啊！诗中运用了沧海桑田这一成语：

洛阳城东桃李花，飞来飞去落谁家。洛阳女儿惜颜色，坐见落花长叹息。今年花落颜色改，明年花开复谁在？已见松柏摧为薪，更闻桑田变成海。古人无复洛阳东，今人还对落花风。年年岁岁花相似，岁岁年年人不同。寄言全盛红颜子，应怜半死白头翁。……

"已见松柏摧为薪，更闻桑田变成海"两句是说，已看见松柏树（树龄很长）枯干被砍伐当柴烧，又听说种桑树的旱田变成大海啦！时光过得太快、变化太快了！此诗读后很有岁月催人老的沧桑之感。作者还寄言那些正值青春年华的红颜少年，怜悯一下半死的白发老头儿吧！道理很简单：白发老翁的今天，很快就是你们的明天啦！

明代小说《封神演义》第七十三回卷头诗：

流水滔滔日夜磨，不知乌兔若奔梭。
才看苦海成平陆，又见苍桑化碧波……

诗中的"乌兔"，分别指太阳和月亮。中国神话传说，日中有乌（三足乌鸦），月中有兔（捣药玉兔），合称"乌兔"。日月交替运行如奔梭，是说光阴之快速也。在此时光中，沧海变桑田，桑田变沧海。"才看苦海成平陆，又见苍桑化碧波"，诗句令人感慨。"苍桑"，有的版本作"桑田"。

昆明华亭寺有一楹联：

尘外不相关，几阅桑田几沧海；
胸中无所碍，半是青松半是云。

看，都"几阅"桑田沧海了，那您高寿几何，还是凡世之人吗？既为"寺"联，那是说佛家早已脱离红尘，超然世外了。

也有从另一角度运用沧海桑田含义的，认为人的短暂一生，对于这种漫长的"渐变"，完全可以不去理会，甚至忽略不计。有这么两句诗："绿水青山千古在，桑田变海有谁逢？"这，也是大实话。人完全可以在绿水青山中自由自在活一生，大可不必杞人忧天！

沧海桑田（"沧桑"）对于形容武装革命斗争和社会主义建设带来的巨大变化，是一个很合适的词语。

1949年4月，中国人民解放军百万雄师过大江，占领南京，推翻蒋家王朝。喜讯传来，毛泽东写出《七律·人民解放军占领南京》：

钟山风雨起苍黄，百万雄师过大江。
虎踞龙盘今胜昔，天翻地覆慨而慷。
宜将剩勇追穷寇，不可沽名学霸王。
天若有情天亦老，人间正道是沧桑。

此诗尾联"天若有情天亦老，人间正道是沧桑"，是气魄宏大、哲理深刻的名句，把沧海桑田的古老成语，推上一个新的境界、新的高度。"沧桑"二字，纵贯古今，揭示未来，涵盖全诗，容量丰富，分量极重，值得久久玩味。"人间正道"，有人理解这个"道"是"说"的意思，虽也说得通，但停留于浅表，未能深解其义。还是应遵从中央文献出版社出版的《毛泽东诗词集》的解释："人间正道，社会发展的正常规律。沧桑，沧海（大海）变为桑田，这里比喻革命性的发展变化。"为什么要对"人间正道"作出正确解释，因为这直接关乎对"沧桑"乃至全诗意蕴的全面深入理解。

2001年7月建党80周年，回顾80年巨变，展望美好未来，《人民日报》社论中再次运用了沧海桑田这一古老成语："沧海桑田，天翻地覆，充分证明了一个真理：没有共产党就没有新中国，没有共产党的领导就没有中国的现代化。"

# 沧海一粟
# 大海浮萍

沧海一粟，广阔无涯大海中的一粒米，表示非常渺小、轻微。语出北宋文学家苏轼《前赤壁赋》：

寄蜉蝣于天地，渺沧海之一粟。哀吾生之须臾，羡长江之无穷……

苏轼的《前赤壁赋》，是历代传诵的名篇。这几句话的意思是：自己寄生在天地间，像小小的蜉蝣虫一样生命短暂；自己存在于天地间，像大海中一粒米一样渺小。叹息自己这一生，须臾而过；羡慕长江水，永世东流而无穷。让我们用一句话概括一下，这真是"浮生一粟海茫茫"！

此为苏轼于宋神宗元丰五年（公元1082年），泛舟游于三国时期周瑜破曹的赤壁战场遗址（后人考证真正破曹之地不在他游历的地方），联系自己曾受谗言诬陷而入狱的经历，采取主客问答的写作手法，发出的人生感慨。

后人将《前赤壁赋》中的"渺沧海之一粟"一句，凝缩成沧海一粟成语，进行广泛的应用。

比如，清代和邦额《夜谭随录·宋秀才》："……一身蜩寄世间，真如恒河一沙，沧海一粟。""蜩"就是蝉。宋秀才感到自己像抱孤枝的蝉一样寄生世间，又像恒河中的一粒细沙、大海中的一粒粟米。渺小孤零，好不伤感！

今天我们使用这个成语,大都保留其在广阔空间觉得自身价值的渺小、在伟大事物面前觉得自身力量渺小的含义,而对苏轼原文中流露出的人生伤感、失意的情调,已经大大淡化了。

翻读译成中文的马列著作,也常出现沧海一粟这一概念。仅举列宁著作为例。在1922年3月27日的《俄共(布)中央委员会政治报告》中,列宁指出:"只靠共产党员的双手来建立共产主义社会,这是幼稚的、十分幼稚的想法。共产党员不过是沧海一粟,不过是人民大海中的一粟而已。"他又指出:"在人民群众中,我们毕竟是沧海一粟,只有我们正确地表达人民的想法,我们才能管理。"

我国老一辈无产阶级革命家常常把自己谦虚地比作沧海一粟。比如,陈毅1954年写了《感事抒怀》一组诗,他在诗序中写道:"观宇宙之无穷,念人生之须臾,反复其言,以励晚节。"这就表明他联想苏轼的名言,抒的是"生命短暂,保持晚节"的革命之怀。他在诗句中说:"吁嗟我与汝,沧海之一粟。慎之又再慎,谦逊以自束……"朱德元帅的革命伴侣康克清,生前也总是说:"作为个人,我们仅仅是沧海一粟,人民则是大海。人民养育了我们,我们该如何对待人民呢?"(叶梅娟:《重温大姐的教导,感受她独特的人格魅力》)

其他为党和人民的事业作出卓越贡献,用沧海一粟比喻自己的也不乏其人。比如,为我国"两弹一星"作出卓越贡献的著名科学家、科学界的楷模钱学森,为了青年科技人才尽快成长,为了中国科技事业更快发展,晚年坚定地请求辞去"院士"。他曾说:"我本人只是沧海之一粟,渺小得很。真正伟大的是中国人民,是中国共产党,是中华人民共和国!"(摘自《也谈钱老请辞"院士"》)

与沧海一粟相类似的一个海洋成语是大海浮萍。大海浮萍也含有人生渺小、身世轻微的意义,但它又增添了漂泊不定的含义。

说至此,我们不妨插进一个有趣的假设。找一个为宦四方、对人生同样有感伤情绪的古人,让其乘坐一叶扁舟,漂行在大海之上。那么,他沧海一粟的感觉多一些呢,还是大海浮萍的感觉多一些呢?主观揣测，可能二者兼而有之。从苏轼以后的大量咏海诗文看，也确实有用沧海一粟比喻的，有用大海浮萍比喻的，但用大海浮萍比喻的似乎印象更真切一些。这是不是由于诗人真正乘小舟行进在海上，广阔的大海，动荡的波浪，飘摇的小舟，首先给他的第一印象是"浮萍"之感，而不会马上闪出"一粟"的概念？况且，"浮萍"的形象与一叶扁舟近似，而"一粟"的概念则相对较为抽象。苏轼当年乘舟于江，想象出"渺沧海之一粟"，只是由江想到大海，其丰富的想象多于实际到海上的亲身感受，当是无疑。所以，"一粟"的概念，对比、想象的成分多些；"浮萍"的概念，海面漂泊的实际感受成分多些。

大海浮萍成语，出现得比沧海一粟要早。唐朝著名诗人白居易的《和思归乐》有这么四句诗："人生百岁内，天地暂寓形。太仓一稊米，大海一浮萍。"这是从宏观时空上看人生的。人生百年，天地间的匆匆过客而已！"暂寓形"，暂时把自己身体寓居于天地间。"稊米"，小米。渺小轻微得像大粮仓中的一粒小米，飘忽动荡得像大海中的一叶浮萍。

诗词中大海浮萍之感，还可以举两个清朝人的例子。

诗人黄子云，诗写得很好，但仕途坎坷，到头来只是一个百姓，所谓"一介布衣"。他随当朝官员乘舟远航琉球，自然很有个人感慨。他的《大洋》诗是这么写的："不觉舟如叶，随风入窅冥。潮来天宇白，日照海门青。孤屿遥相认，危樯觉有灵。中流抚身世，万里一浮萍。"此诗联系自己的身世，首句说"舟如叶"，尾句呼应为"一浮萍"，首尾连接得非常好。"窅冥"，大洋深处。

青年人樊莹出生南方，渡海北上，去寻找多年未见面的戴罪戍边的父亲。父亲是个北方戍边的"罪人"，儿子千里万里渡海来寻亲，飘摇在大海之上，沉重不安心绪可想而知。在辽东海面，他写下《渡海》诗，前四句是这样的："身世如萍泛，浑疑在半空。片时凌绝岛，万里托孤篷……"诗中的"如萍泛"（如浮萍漂于海面上）与"托孤篷"（寄托于大海孤舟之中），形象生动，饱含感情。

沧海一粟和大海浮萍，在语言文字使用方面各有千秋。沧海一粟，对比鲜明，哲理深刻，现在多从政治上对比个人与集体、个人与伟大事业之间的关系，常用于自谦之词；大海浮萍，生动形象，易于渲染，多用于感慨个人四方漂泊，居无定所之情态，特别在有悲欢离合情节的古代小说中出现较多。

写到这里，不禁想起一句现代歌词：

在茫茫的人海里，我是哪一个；在奔腾的浪花里，我是哪一朵？

这句歌词，包括整首歌，乐观爽朗，豪迈奔放，毫无古人的身世飘零、个人渺小之伤感。它说明了个人在大集体战斗行列中是有机组成部分，又只是小小的一员。它同成语沧海一粟，倒有某些近似之处。

# 沧海遗珠

沧海遗珠，茫茫大海中被漏采的一颗珍珠。这句海洋成语，古今大都用来比喻被埋没、被遗忘的珍贵的人才，并隐含惋惜之意。

沧海遗珠典故，出于《新唐书·狄仁杰传》。

唐朝的狄仁杰考中明经科，调任地方官，可是他却受到别的官员的诬告。当时担任朝廷黜陟使（专门督察官吏的官）的阎立本，召见讯问他，惊异地发现他很有才能，对他讲了这么一句话：

仲尼称观过知仁，君可谓沧海遗珠矣。

上述语句中，"仲尼"指孔子。孔子说过"观过，斯知仁矣"的话，意思是从察看一个人的过错中，就可知道他是一个什么样的人。阎立本借用孔子的话，赞叹狄仁杰是被遗漏的珍贵人才。接着，阎立本就推荐他当了并州法曹参军。

历史证明，阎立本可谓慧眼识珠！

如果阎不亲自考察一下受人诬告的狄仁杰，"异其才"，进一步推荐他当官，狄仁杰这颗"明珠"，也许就永远地被埋没在茫茫大海之中。

狄仁杰后来成了大唐王朝的重臣、名臣，辅佐朝廷治国安邦政绩卓著。特别是他对女皇武则天欲立自己娘家侄儿为太子的企图，敢于冒死出面劝阻，使唐朝李氏宗祠得以延续，避免了武氏篡权、李氏夺权的一次大折腾，对安定朝廷和稳定社会起了重大作用。经他荐举的张柬之、姚崇等，又成了唐王朝的重臣。

阎立本的一句"君可谓沧海遗珠矣",形成了沧海遗珠成语。

沧海遗珠,使我们想起历史上许多荐人用才的故事。白发苍苍的姜太公垂钓于渭水之滨,如果不遇周文王访贤,使"明珠遇明主",怎么能导引出兴周灭纣的伟业?刘备如果不"三顾茅庐"请诸葛亮辅佐,也许隆中的这名"卧龙先生",一辈子只是个躬耕陇亩的乡下才子,三国鼎立的历史格局,就不一定出现了!

由此,想起与沧海遗珠相联系的另一个含义相反的成语,叫野无遗贤。所谓野无遗贤,就是天下贤能的人才各尽其用,没有被埋没于山野的了。这当然是求之不得的大好事。我们不希望沧海遗珠,很赞赏野无遗贤。

以"明珠"比喻珍贵杰出的人才,不自唐朝始。早在三国时期(魏)曹植《赠丁翼》诗中就有"大国多良材,譬海出明珠"的句子。"遗珠"的典故,出处更早。战国时的《庄子·天地》:"黄帝游乎赤水之北,登乎昆仑之丘,而南望还归,遗其玄珠。"后人也有咏其事者,比如唐朝诗人张籍《罔象得玄珠》诗:"赤水今何处?遗珠已渺然。"不过这个"黄帝遗珠"故事,与《新唐书·狄仁杰传》中的沧海遗珠,其含义是两码事。但是也要看到,"黄帝遗珠"在前,比喻狄仁杰人才的沧海遗珠在后,《新唐书》"遗珠"的比喻性提法,或许受到《庄子》"遗珠"的某些启发和影响。

古人不乏以沧海遗珠入诗文者,各有所比。

比喻埋没、遗漏人才的,有明朝李东阳《再赠三首用前韵》其二:"古来风流士,弃置天一隅。荆山有抱玉,沧海有遗珠。"荆山抱玉,是说春秋时楚国人卞和,在荆山中抱出一块石头,说里面蕴藏珍奇美玉,却不被人认知,竟两次以欺君之罪被砍去双脚。后来,终于从这块石头中剖取出稀世珍宝"和氏璧"。荆山抱玉与明珠遗海意思相当,大致与《狄仁杰传》用法相同,"玉"与"珠"都比喻人才。

用沧海遗珠比喻被遗漏的好作品,事例很多。

一是强调全盘照录,避免"遗珠"。明朝李贽《焚书·龙溪先生文录抄序》:"夫先生之书,一字不可轻掷,不刻其全则有沧海遗珠之恨。""龙溪先生"即明朝大思想家、哲学家王阳明的得意弟子王畿,号"龙溪",他的著作影响很大。有个人很崇拜他,要刻印他的全集,又怕文字太多读者见而生畏,就求李贽圈点"尤精且要"篇章,先出个选集,诱导人们读进去之后,再不惜工本刻印全集。此人为什么非要"刻其全",就是担心沧海遗珠,留下遗憾。

二是强调要选,但要选得精当,避免"遗珠"。清朝人李调元要给南宋陆游(号放翁)的诗集搞个选集,他在序言中说:"放翁诗非选不可,何也?不选则卷轴烦(繁)多,难于翻阅;过选则片鳞只羽,不免遗珠。"这几句的意思是,陆游一生写的诗很多(自称"六十年间万首诗"),非要搞个选集不可。为什么呢?不选,则刊诗集的卷轴太多,一般人难以翻阅;但要筛选失当,选得过严过少,则他那么多好诗就支离破碎,成了"片鳞只羽",不免沧海遗珠啦!

三是强调只要是选作品,"遗珠"就是不可避免的。清朝诗人潘世恩写了一首《诗冢歌》:"我思英雄事业才人诗,一例皆欲流传之。选家意见各区别,沧海岂必无珠遗?"编书选取诗歌的时候,由于选家意见不一致,未免没有好诗遗漏,就像"沧海必有珠遗"一样。

当然,观念不同,对"珠"的看法,有时迥异。清朝人纪昀《阅微草堂笔记》,记载了一个姓倪的老妇人,她年未30岁守寡,自誓不嫁。由于生活所迫,她流寓他乡,茫茫人海中很难被发现,都78岁老人了,其守节之事始终无官员上报朝廷,因此未进"节妇烈女"之列。纪昀叹曰:"沧海遗珠,盖由于此。"纪昀把这位被朝廷遗漏的"节妇",视为沧海遗漏的"明珠",今天看来,有点过誉了。但古人生活在那个时代,思想必然打上那个时代伦理道德的烙印,理解了这一点,我们也没有必要对遗漏的是不是"明珠",去较真争论了。

有"遗珠",就有"觅珠"。于是今人根据沧海遗珠成语,又创造出大海觅珠成语,即把被埋没、遗失在茫茫大海中的珍珠,觅捡回来!应用到具体事物,则又出现"书海觅珠""史海觅珠""诗海觅珠"等等多种提法，有的已成为某些报刊的固定栏目名。

还有"沧海遗粟"的活用提法。它综合了沧海遗珠成语与沧海一粟成语双重含义，不禁使我们想起郭沫若的一则文坛趣事。

1928年，郭沫若因被蒋介石通缉，流亡日本。1937年抗日战争全面爆发，他秘密只身回国请缨抗日。他在日本10年间，埋头进行古文字研究，其成果震动中国学术界。回国时，他将装有自己研究甲古文、金文等著作珍贵手稿的日本式木制书匣留在了日本。直至1957年，国家有关人员出访日本，才将这一书匣带回国内。当这一遗失20年的熟悉的书匣放到郭老面前时，郭老喜出望外，十分激动，感慨良久。他在书匣上题写了"沧海遗粟"四个大字，并题写几行小字，记述书匣20年失而复得的辗转经历。这一"沧海遗粟"书匣，现存郭沫若纪念馆，成为"镇馆之宝"。

有意思的是，明明有沧海一粟和沧海遗珠两个成语可供选择，为什么郭老都不用，而独创出"沧海遗粟"，来题写他失而复得的书匣呢？

笔者冒昧揣测：若以沧海一粟作比喻，无"遗失"意味，不大贴题；若以沧海遗珠作比喻，倒十分适合那个"遗"，但郭老怎么会毫不谦虚地把自己遗失的手稿，说成是遗失在沧海中的珍贵"明珠"呢？尽管他遗失多年的手稿，是举世公认的"大海明珠"！郭老巧妙地选取沧海遗珠中的前三个字"沧海遗"，又将沧海一粟的"粟"（自谦之词）吸收进来，将"珠"换成"粟"，手稿书匣题为"沧海遗粟"，真是恰到好处，令人玩味。这也给我们漫话沧海遗珠、沧海一粟海洋成语，增添了一段趣闻佳话！

# 珠还合浦

珠还合浦，无有"海"字，却是地地道道的海洋成语。讲的是由合浦海湾迁徙到别处海域的珠蚌重新游回来的故事，又叫合浦还珠或合浦珠还。

这个典故，出自《后汉书·孟尝传》：

尝（孟尝）……州郡表其能，迁合浦太守。郡不产谷实，而海出珠宝，与交阯比境，常通商贩，贸籴粮食。先时宰守并多贪秽，诡人采求，不知纪极，珠遂渐徙于交阯郡界。于是行旅不至，人物无资，贫者饿死于道。尝（孟尝）到官，革易前敝，求民病利。曾未逾岁，去珠复还。百姓皆反（返）其业，商货流通，称为神明。

用白话叙述，大致情节是：

汉朝之时，在我国广西沿海一带曾设合浦郡。合浦这个地方盛产珍珠，誉满四方。这里不出产粮食，人们就靠到大海里采珠谋生，把采来的珍珠到集市上卖给商人，换了钱买回粮食吃饭。可是，这里先前的地方官大多心贪手黑，为了个人捞大钱发大财，诱使百姓无止无休地滥采珍珠，一点余地都不留，结果珠蚌渐渐地迁徙到与合浦郡相邻的交阯郡海域中去了。合浦无珠了，商人不来了，人们没法卖珠买粮了，出现了"贫者饿死于道"的惨象。

会稽上虞人氏孟尝（字伯周），可是个有政绩的廉官。朝廷派孟尝到合浦郡当太守。孟尝上任后肃贪倡廉，坚决革除前弊，访贫问苦，体恤民生。不到一年，迁徙走的珠蚌又纷纷游回到合浦海湾，百姓又有珠可采了，又能到集市上卖珠买粮了，商货流通，经济恢复了。这件事，令人好生惊奇，纷纷"称为神明"。

这就是后人概括出来的珠还合浦、合浦还珠的成语故事！

珠还合浦这个成语，常常比喻人去而复回，或者物失而复得；有时还用以称颂地方官的廉政美德。

唐朝诗人邓陟，曾专以《珠还合浦》为题写了一首诗。其中有这么几句："昔逐诸侯去，今随太守还；影摇波里月，光动水中山。"说的就是合浦珍珠，因贪官污吏当政而迁移离去，又因孟尝廉洁从政而回到合浦。"影摇""光动"两句，则是描写珠蚌游还合浦海湾后的光彩动人的情景，诗句很形象、优美。

明朝人施耐庵著《水浒传》，第二十九回写武松醉打恶霸蒋门神，帮好汉施恩收回快活林酒店。开头诗中，有这么两句："顷刻赵城应返璧，逡巡合浦便还珠。"第一句，用战国蔺相如完璧归赵的典故；第二句，用的就是合浦还珠的典故。这两个典故，都比喻失去的快活林酒店，物归原主。"顷刻"时间很短；"逡巡"，这里也指时间很短。武松打了蒋门神后，立即把酒店夺回来，还给了店主施恩。

现广西合浦一带城市的店铺，仍有以"珠还"等命名的，既有地方特色，又取吉贺之意。夜很深了，有的店铺还在开门等客。有一年，笔者作为过路之人，曾不解地问当地一位老年店主："夜这么深了，街上行人都没有了，您怎么还开着明晃晃的灯，不关门下班呢？"店主微微一笑："老规矩啦，等客！"我突发联想：当年的合浦人，抑制狂捕滥采，不是也这么等、等、等，等来珍珠返还吗？店主的"老规矩"——坐等，不就是像盼"珠还"一样，盼望客来，盼望"回头客"，盼望买卖兴旺吗！

1997年7月1日，香港回归祖国，以"珠还"作比喻的诗词、楹联大为风火了一阵子。《人民日报》曾以《香港回归普天庆　诗人兴会更无前》为题，刊登选自海内外人士写的获奖楹联101副，其中以合浦珠还典故入联的竟有多副！兹摘几副共赏之：

珠还合浦，金瓯渐补百年缺；
龙蠢香江，玉局新开两制天。

合浦珠还，沧海已消三代恨；
南天月满，香江重印一轮圆。

合浦珠还，人文鼎盛；
香江水暖，经济腾飞。

时清珠还浦，
春暖燕归巢。

当然，1999年12月20日澳门回归祖国，也可以用珠还合浦来比喻形容之。

珠还合浦这句古老的成语典故，留给我们今天的思考，远远不止上述这些内容。

比如，古人多从廉洁从政来审视和运用这个成语典故，把孟尝视为千古清官，感动了珍珠。再比如，古人传统观念是珍珠为"神物"，在廉洁之官到任时，珠蚌就会纷纷回来；在贪秽之官横行时，珠蚌则纷纷离去。其实，我们今天仔细思考一下，珠还合浦这种奇异现象，真正的奥秘究竟是什么？

应该指出，珍珠就是珍珠，它不过是海洋生物珠蚌的产物，不是什么"神物"，更无人的思想意识可言。它们岂能辨认清官、贪官？孟尝廉政"感动神物"一说，"神物"能辨廉、贪一说，是不能成立的。造成珠还合浦的真正原因是：贪官大量敛财聚财，诱使合浦人民下海对珠蚌狂捕滥采，不知有个限度，致使合浦珠蚌失去了生长和繁衍的条件（也不排除某些珠蚌游走离开），最后无珠可采。孟尝到任后，坚决反贪倡廉，体恤民情，休养生息，这样就客观上减轻了合浦人民采珠的压力，抑制了狂捕滥采，使合浦海中的珠蚌又渐渐繁衍生长，多了起来（也不排除有从外海域游过来的），当地人民又有珠可采了。这才是"去珠复还"的真实原因。

珠还合浦海洋典故，对于今天自然资源和生态环境的保护，可持续发展，有很大借鉴意义。古时的狂捕滥采，曾造成合浦无珠；今天科技发达，捕捞手段先进，搞掠夺式开发，更会造成生物资源枯竭。就拿海洋渔业来说，如果捕捞的速度和数量，超出鱼类繁衍和生长的限度，就会最终"无鱼可捞"。我国近些年来在沿海实行"休渔"制度，其意义正在于此。1998年10月，《人民日报》曾发表记者写的一篇专题报道，对海洋的人为生物资源破坏深表忧虑。这篇报道标题很醒目，其引题和主标题是这么写的：

《海洋是地球上能够供人类开发利用的最后一片空间，海洋是诞生地球的摇篮，也是延续地球生命的宝库。拯救地球，拯救海洋，也就是拯救人类自己。为了中华民族的生存，为了我们拥有的资源与环境，让我们共同努力——还海洋以生机》

看，今天这种保护海洋资源的呼吁，与珠还合浦古老海洋成语的意蕴，在理念上是多么地合拍！珠还合浦典故流传千年而不衰，它本身也好像一颗珍珠，闪烁出愈加夺目的光彩。

海洋如此，陆地又何尝不是如此。近些年来由于加强了自然生态保护，常有媒体报道，某湖面越冬路过的各种珍奇鸟类多起来了，某山林多年绝迹的珍稀动物又被抓拍到了……

行文至此，不禁想起习近平总书记近些年来反复阐明的"绿水青山就是金山银山"的理念。2021年10月12日，他作为中华人民共和国主席，在《生物多样性公约》第十五次缔约方大会领导人峰会上作主旨讲话时进一步指出："人与自然应和谐共生。当人类友好保护自然时，自然的回报是慷慨的；当人类粗暴掠夺自然时，自然的惩罚也是无情的。我们要深怀对自然的敬畏之心，尊重自然、顺应自然、保护自然，构建人与自然和谐共生的地球家园。"

# 海枯石烂
# 海誓山盟

大海会枯竭吗？坚石会烂掉吗？现代科学证实，海可枯，石可烂，世界上没有永远不变的事物。

仅举"石烂"的例子说一说。我们古人创造"破"字时候，故意加了个"石"字旁。我国第一部字典《说文解字》："破，石碎也。"就是说，今天广泛使用的"破"字，最初就是从"石头碎裂"而取其含义的。我们不妨进一步想下去：坚硬的岩石碎裂成许多小石块，各小石块进一步"碎裂"下去，年长日久，不就"烂"成了一堆沙砾了吗？自然界的"风化"作用，会使坚硬的山峦演变成莽莽沙原！

但是，人生百年，如白驹过隙耳。谁也没能在有生之年，亲眼看见过面前的滔滔大海，"枯"成一片尘泥；亲眼看见过面前的巍巍高山，"烂"成一片沙土。山、海变化时间的漫长，与人生的短暂易逝，真是无法对比啊！因此，在人们心目中，山与海，石与海，仍是世界上不变的永恒。或者说，即使有变化，也是极为遥远、漫长的事情。古人在比喻决心的坚定和感情（尤其是爱情）的专一时，往往拿高山，拿坚石，拿大海作参照物，对山，对石，对海发誓立盟。海枯石烂、海誓山盟这类海洋成语，就被广泛地应用开了。

海枯石烂，又称海干石烂，取其时间长久、永远不变之义，多用于男女盟誓之词，表示忠于爱情，意志坚定，永不变心。细言之，一是海不可能枯，石不可能烂，忠心同海与石一样，永不会变；二是即使海有一天枯了，石有一天烂了，忠心也决不会随着它们的

"枯"和"烂"而改变。两层说法有细微差别，但总的表忠信之心的意思一样。

海誓山盟，就是指山指海为誓，对山面海立盟。也是取其长久、永远的含义。此成语多用于青年男女之间互相表露心迹，订立婚约，立誓忠贞不渝，至死不变。其实，为什么要对海誓、对山盟，让山海作证，与对海枯石烂的理解是紧密联系着的。所以，海誓山盟与海枯石烂，二成语互为表里，相辅相成，密不可分。

这两句成语，在宋词中，在元代才子佳人戏剧和明清爱情小说中，出现的频率比较高。由此推论，由于宋朝兴起的文学样式——词，可以更自由地抒发青年男女之爱的感情，特别是元明清兴起的戏剧、小说，对青年男女爱情的描写需要情节展开，互相盟誓的场景会多次出现，所以以山、海、石作比喻的言词就多起来了。

不过，早在汉朝，有一首题名为《上邪》的乐府诗（"上邪"意思是"天啊"），内容是一个女子对自己所钟爱的男子表白忠贞的誓言，虽然没有出现海枯石烂、海誓山盟这两个成语，但可以看作已经是海枯石烂、海誓山盟的雏形了：

上邪！我欲与君相知，长命无绝衰。山无陵，江水为竭，冬雷震震，夏雨雪，天地合，乃敢与君绝！

此女子为了自己所钟爱的男子，可以说把心都掏出来了。她为了表白"与君相知"（与您相爱），"长命无绝衰"（爱情永远不变），接连打了五个比方：高山巨石烂成平地（"山无陵"），大江大河完全枯竭（"江水为竭"），隆冬响起打雷声（"冬雷震震"），盛夏下起大雪（"夏雨雪"），天和地粘合在一块儿（"天地合"）——除非出现这么五种情况，我才敢同您（钟爱的男子）断绝恩爱之情。说白了，就是一句话：既然这五种现象都不可能发生，那么，我对您爱情的忠心就是永远的，至死不变的！你看，此女子的盟誓之词，涉及山、水、雷、雪、天地等，我们用海枯石烂、海誓山盟这些成语概括它，完全可以成立。而且，它比海、山、石涉及的内容还要广。

对于《上邪》，诗词评论家认为，"自有情诗以来，没有再比这首真切的了"。在当代笑星姜昆、李文华合说的相声名段《诗歌与爱情》中，姜昆就用相声语言，引用了上述的五个比喻，大大赞赏男女爱情特别是女对男爱情的忠贞。李文华接着来了一句幽默的捧哏："看人家爱得多'瓷实'啊！"逗得听众一片笑声。

海枯石烂在古代文学作品中的应用，有金代文学家元好问的《西楼曲》："海枯石烂两鸳鸯，只合双飞便双死。"元代王实甫的杂剧《崔莺莺待月西厢记》（简称《西厢记》）第五本第二折："这天高地厚情，直到海枯石烂时。"明代瞿佑《剪灯新话·绿衣人传》："海枯石烂，此恨难消；地老天荒，此情不泯。"

现代戏也有用海枯石烂表达男女爱情的。20世纪50年代，上演了风靡一时的评剧（电影）《刘巧儿》，反映的是全国解放前的陕甘宁解放区，在人民政府支持下，农村青年刘巧儿（著名表演艺术家新凤霞饰）与赵柱儿冲破重重阻力，争取婚姻自由的事。赵柱儿与刘巧儿偷偷相会，私定终身，互相表达忠贞不渝爱情。他俩就互唱了几句盟誓之词。柱儿："你愿意来我愿意。"巧儿："两厢情愿咱们配夫妻。"柱儿："海可干，石可烂。"巧儿："我们永不变！"这几句，出于农村男女青年之口，多么纯朴、爽快，多么有乡土味儿啊！

海誓山盟，词曲小说爱情描写中更多有出现。比如宋朝胡浩然写了一首《满庭芳·吉席》的词（下阕）："欢娱，当此际，山盟海誓，地久天长。愿五男二女，七子成行。男作公卿将相，女须嫁、君宰侯王。从兹去，荣华富贵，福禄寿无疆。"词中"当此际，山盟海誓，地久天长"，是祝贺青年男女婚恋成功的。作者接着祝福这对新婚青年夫妇，生五个儿子、两个女儿，"七子成行"。男孩做到公卿将相，女孩嫁到君宰侯王之家，那可真是荣华富贵，福、禄、寿享用不尽呀。这种多子多福、升官发财、荣华富贵的陈腐思想，当然是我们今天所不欣赏的，但是"山盟海誓，地久天长"，还是对应得很好，多为后人引用。

王实甫杂剧《崔莺莺待月西厢记》第一本第三折，写青年男女张珙和崔莺莺夜间花园偶遇，以诗传情，互表爱恋。他们这次幽会分别后，张珙如此思念美女崔莺莺，运用海誓山盟，描写其夜不能寐情态，很为生动："怨不能，恨不成，坐不安，睡不宁。有一日柳遮花映，雾帐云屏，夜阑人静，海誓山盟……"

值得一提的是明代《警世通言》辑录的小说《杜十娘怒沉百宝箱》，写的是男女恋情悲剧。京城名妓杜十娘善良美丽，与来京读书的浙江富家子弟、太学生李甲初约百年之好时，"终日相守，如夫妇一般，海誓山盟，各无他志"。在妓院赎身成功、李甲携其择水路回家途中，李甲迫于家庭压力，竟将她偷偷卖给邻船富商孙富。她得知后悲愤欲绝，站于船上痛斥李甲背信弃义："自遇郎君，山盟海誓，白首不渝。……妾不负郎君，郎君自负妾耳！"言毕"抱持宝匣，向江心一跳"，投江自尽。短短一篇传奇小说，两次使用海誓山盟成语，给杜十娘感情的表达，增添了浓郁的悲剧色彩。

如果一滴水代表一个祝福，我送你一个东海；
如果一颗星代表一份快乐，我送你一条银河……

今天，确定恋情的青年男女之间，生日祝福时手机发出这样一段微信，感情表达够诚挚热烈的了——算不算现代版的海誓山盟呢？

对于古今海誓山盟下出现的某些爱情悲剧，有人感慨："哪一段爱情没有过海誓山盟，哪一对情侣没有过信誓旦旦？然而，真的到了要分手的时候……"所以，有一种比较务实的观点认为，真正的男女之爱，不必过多地表白，不必过多地承诺，言词是次要的，关键是看彼此的内心，特别是看实际行动。要的是这份"实实在在的感觉"，把爱情建立在志向同一、相互爱恋、纯朴诚信的坚实基础之上。

值得注意的是,海枯石烂这个成语,比只局限于才子佳人的海誓山盟,应用范围要广一些。

比如,宋朝王奕的《法曲献仙音》词:"九曲青溪,千年陈迹,往事不堪依据。老我重来,海干石烂,那(哪)复断碑残础。"此词中的海干石烂,就有故地重游,访旧怀旧的味道。明朝人罗贯中著《三国演义》,其第四十五回写到赤壁之战前夕,曹操的谋士蒋干过江劝周瑜投降,没想到周瑜不仅不降,还反而使他中计,盗回假情报,导致曹操错杀了水军都督蔡瑁、张允,替周瑜除去心腹大患。第四十七回写蒋干心中有愧,请缨第二次过江,探听周瑜军营虚实。他上岸入营寨见周瑜,二人未交谈几句,周瑜就劈头盖脸撂下一句话:"汝要说我降,除非海枯石烂!"这个海枯石烂,表示周瑜不降曹操的坚定决心,跟爱情毫不沾边。

十多年前,为配合保持共产党员先进性教育活动,中央媒体推出《永远的丰碑》大型主题宣传。《人民日报》在《永远的丰碑》专栏刊登《杨开慧》时,有如下一段话:"1930年10月,杨开慧被捕。……敌人逼问她毛泽东的去向,要她公开宣布与毛泽东脱离夫妻关系,杨开慧斩钉截铁地回答:'要我与毛泽东脱离夫妻关系,除非海枯石烂!'"2021年是中国共产党百年华诞。5月14日《人民日报》在《奋斗百年路 启航新征程·数风流人物》专栏介绍杨开慧时,再一次重复了她在狱中说出的那句铿锵誓言。

我们看到,杨开慧这里说的海枯石烂,已不仅仅停留在夫妻坚贞不渝的爱情的层面上,更表达出她与毛泽东建立在无产阶级革命理想信念基础上的志同道合和生死与共的伟大情谊。海枯石烂这句古老的海洋成语,出现在革命先烈的话语里,被赋予了崭新的含义,闪烁出夺目的光彩。

# 海屋添筹

尝有三老人相遇，或问之年。一人曰："吾年不可记，但忆少年时与盘古有旧。"一人曰："海水变桑田时，吾辄下一筹，尔来吾筹已满十间屋。"一人曰："吾所食蟠桃，弃其核于昆仑山下，今已与昆山齐矣。"

以余观之，三子者与蜉蝣、朝菌，何以异哉！

北宋苏轼不愧是文学大家。他写的政论、散文、诗词精品多，写的小品也幽默可读。上面的简短文字引自《东坡志林·三老语》。文字传抄过程中有异，比如"昆山"一词，有的标为"昆仑山"，有的标为"昆仑"，本书采用海峡文艺出版社出版的《东坡志林》版本。此故事说的是三个老头儿相遇，有人问他们的年寿。谁知他们一个比一个吹得玄。第一个老头儿说，我的年寿多长已记不清了，只记得小时候与开天辟地的盘古有交情。另一个人也不示弱。他说，海水每变一次桑田时，我就将一个筹码（"筹"是古时用来计数的工具，又称"筹码"）放进屋子里去，到如今啊，我放进的筹码，已堆满十间屋子啦！按照我们今天推算，海水每变成陆地这样大的变化，要几百几千几万几亿或更长时间方能有一次，那么这个老头儿计数筹码已放满了十间屋，可见他见海水变桑田已经无数次了，其寿之长，难以想象！第三个人，则说起昆仑山上女仙人王母娘娘那三千年才一熟的蟠桃。他说，我当年吃蟠桃，都把桃核儿扔到昆仑山下，现在它们已堆得和昆仑山一般高了。昆仑山是仙山，其高不可量；弃的桃核儿堆得有多高，当然也不可量。言下之意，其寿之长，也无法计量了！

苏轼最后说了一句话：依我看，这三个老头儿，跟"蜉蝣""朝菌"没有什么区别呀！"蜉蝣"，是一种小虫子，只活几小时至几日，一般朝生暮死。"朝菌"，是一种菌类植物，朝生暮死。总之，它们生命极为短暂。

这三个老头儿尽管争说自己的寿命长得不得了，但在苏轼眼里，三人的寿命如同"蜉蝣""朝菌"，还是太短太短啦。

苏轼说是这么说，究竟那些更高寿的人还怎么个"高"法，他也说不清楚了。

在"凡人"眼里，能达到那三个老头儿的高寿，已经是一种神奇的企望了！所以，第二个老头儿的"用筹码对沧海变桑田计数、筹码已堆满十间屋"那几句话，就被后人加以概括演化，消除了"吹牛皮"的滑稽味道，而形成了完全褒义的海屋添筹这一成语，专用以向人祝寿。

用沧海变桑田表示时间久远或长寿，比《东坡志林》更早的是晋朝人葛洪写的《神仙传》。其书写道，有个女仙人叫麻姑，称自己已经三次看见沧海变成桑田了。尽管三次看到这种时间极为漫长的"沧桑"变化，但她仍年轻美丽，永不衰老，可见寿命之长，民间尊称她为"女寿仙"。古代民间为女性祝寿，多赠送麻姑像，取名麻姑献寿。于是，海屋添筹、麻姑献寿等等，就都成了人们祝寿的常用吉祥语了。

封建社会朝见皇帝，要三呼"万岁""万岁""万万岁"，可见哪个皇帝不企盼长寿呢！宫廷祝寿，就是一年一度的大事。皇室宗亲、四方大员，要攀比着给皇上、皇后呈献价值昂贵的寿礼，有些就以海屋添筹命名。北京故宫有一件珍贵的清朝宫廷文物，称作紫檀嵌牙点翠海屋添筹插屏，是当年南方上送的贡品，屏上就镶嵌一幅海屋添筹故事图。插屏创制者别出心裁，画面上方出现一座仙亭，仙亭耸立于云雾缭绕的空中，一只从高天飞来的仙鹤，对着仙亭正欲添筹。此画面，兼有皇家和仙境的双重气派。

皇宫是这样，下属官员和平民百姓，祝寿时用海屋添筹意象做寿礼和作寿联的也很多。当然，贫苦人家老人逢生日吃顿面条就不错了，有的甚至连面条都吃不起，因此好多贫困家庭根本没有祝寿习俗。而有钱的人家，特别是官宦之家，还是讲究祝寿的，人们就为此拟制出各种各样的寿联。下面围绕海屋添筹，重点欣赏几联。

寿联用词，多取海、山，东海、南山、松柏、桑榆、蟠桃（又称仙桃）及鹤龄（仙鹤年龄）等吉祥长寿的词汇。这些词汇与海屋添筹相搭配，就有多副名联传世。

东海添筹增鹤算　南山献寿享遐龄

最为民间口口相传的祝寿联，莫过于"福如东海长流水，寿比南山不老松"了。而上面所引之寿联，也用了"东海""南山"寓意长寿的词，但搭配的其他词，有些就可能一时看不大懂了。"鹤算"即鹤龄、鹤寿，仙鹤的年龄象征长寿。"遐龄"的"遐"，长久之意，"遐龄"指寿龄很长。这些，都是古代祝寿常用词。"添筹"即海屋添筹，同"献寿"是一个意思，二者相对，颇有咀嚼味道。

古人之寿分为上寿、中寿、下寿。一百岁称上寿，八十岁称中寿，六十岁称下寿。古时对上、中、下寿的年龄分界说法不一，本文采用《庄子》的说法。因孔子说过"三十而立"，一些人三十岁就开始祝寿了。寿联对象也分男、女。下面以海屋添筹成语为核心，选几副男女分用的寿联。

女五十岁寿联：

庭帏长驻三春景　海屋平分百岁筹

此联下笔春意盎然，温情脉脉。"庭帏"，当然有女性住所的特征。下联构思极妙，是说百岁之"筹码"，存入海屋之中，被"平分"存放，恰指女主人今年"半百"，即五十大寿了。但祝愿的，还是女主人活上"百岁"。

男六十岁寿联：

海屋添筹算周花甲　华堂舞彩庆洽林壬

俗话说："六十花甲子。""甲""子"分别为天干、地支纪年之首，六十年方轮一周期，即"甲""子"重逢一次。上联"算周花甲"，是说算来老人年数已轮一"周"，花甲之年，六十岁了。前面加上海屋添筹，当然表祝愿延年益寿之意。下联末尾"庆洽"，吉庆和协的意思。"林壬"，典故出于《诗经·小雅·宾之初筵》，有"百礼既至，有壬有林"的句子。此诗描写周王朝宴庆的热烈场面。注家解释，"有"通"又"。"壬"，大也；"林"，盛貌。《诗经》中的"有壬有林"，就是"又壬又林"，也就是宴庆场面又大又盛。而诗中说的是"壬林"，寿联中用的是"林壬"，二字颠倒一下，就如同把"又大又盛"，说成"又盛又大"一样，意思没有变化，且更与上句的"花甲"相对。据此，寿联中的"庆洽林壬"，其大概意思可用四个字概括："隆重庆贺"！怪不得它前面用"华堂舞彩"来搭配呢！不过，"庆洽林壬"这类词语，用典太深，甚至生僻，常令人费解，现今祝寿时很少用了。

女七十岁寿联：

年过七旬称健母　筹添三十享期颐

古诗云："人生七十古来稀。"但女主人年满（过）七十了，可称为康健的女寿星了。下联"筹添三十享期颐"，是立足于老人今年七十岁而说的。意谓：再添三十年的"筹码"，存放进海屋，让您享寿到一百岁！（百岁称"期颐"）

男八十岁寿联：

阳春正献瑶池瑞　耋老频添海屋筹

女八十岁寿联：

上寿筹添春二十　西池桃熟岁三千

八十岁已是"中寿"，古人认为活到八十很不容易，有条件的都要"庆八十"，因此寿联多，海屋添筹出现的频率也高。上两联的"瑶池""西池"，都指西天仙境，王母娘娘住所，她有仙桃三千年一熟，吃了长生不老。男联中的"耋老频添海屋筹"，其"耋"即指八十岁，在此年岁基础上"频添海屋筹"，当然是祝愿再增年增岁了。女联中的"上寿筹添春二十"，"上寿"指百岁，"春二十"指二十年，女主人既然已八十岁了，再将"筹码"添上二十，就可达到"上寿"即百岁了！

那么，老头儿老太太活到九十岁、一百岁，还有用海屋添筹写的寿联吗？有！请看下两联：

瑶池草熟三千岁　海屋添筹九十春（九十寿）

瑶池喜晋千年酒　海屋欣添百岁筹（百岁寿）

新中国成立前夕，在西柏坡召开的党的七届二中全会上，根据毛泽东的提议，我党作出禁止给党的领导者祝寿的规定，这种优良的党的作风，一直保持到今天。现在，社会上的家庭祝寿虽还存在，但青年人见到大场面的祝寿活动少之又少了，对寿联的了解也就极为有限。但是我们要学习传统文化，就必然读到以往社会中一些祝寿楹联、祝寿诗词，包括海屋添筹这类海洋成语典故。应该说，储备点这方面的知识还是必要的。否则，一旦遇到某种场合，有人向你请教用海屋添筹构思嵌词的一些寿联、诗词，你可能因一问三不知而困窘。

# 海上仙山缥缈间

> 忽闻海上有仙山，山在虚无缥缈间……

"海上仙山"是我国古人对大海的一种神奇的想象，也是一个有名的海洋典故传说，丰富了我国古代海洋文化的内涵。

"忽闻"两句，是唐朝大诗人白居易在《长恨歌》中留下的著名诗句。

古代科技不发达，古人仰望太空，面对大海，深深地为高天莫测、远海迷茫所感叹、折服。他们生发出许多超自然力的想象，创造出一个个离奇、美妙而动人的传说故事。比如天上有天宫，玉皇大帝，天兵天将，各路神仙；大海那极远极远的地方（古人还不知道地球是圆的），有虚无缥缈的座座仙山，仙人们居住其间，怡然自乐，长生不老，人间的凡人是不可能到达的。

记载我国"海上仙山"的古籍有很多。描述详细的首推诸子百家中的《列子》。这部书的《汤问》篇，对"海上仙山"（又称神山）的描述，概略介绍如下：

大海之东极远处有五座仙山，依次叫岱舆、员峤、方壶、瀛洲、蓬莱。五座山周边三万里，山顶九千里方圆。山和山之间相隔七万里。山上亭台楼阁都是金玉筑成，禽兽都是纯白色的。珠玉类的仙树一丛一丛生长着，各种花木的果实吃了可以不老不死。住在那里的都是仙人，日日夜夜在五座山之间飞来往返者，不可胜数。

可是，五座山的底部不连在一起，常随着海中的大潮大浪上下浮动或向四方漂移。仙人们很为苦恼，告之天帝。天帝就命令神人禺强调来十五只巨鳌（大神龟），伏在海底用头顶住五座山，三只鳌顶一座，六万年一轮换，这样五仙山才稳固矗立于海中。可是龙伯国有巨人，其体形大得不得了，迈几步就来到五山处，垂钓一次，就钓走了六只鳌，背负着回国了。这样，岱舆、员峤二山失去头顶着它们的六只鳌，也就失去了根底，流向北极沉于大海。二山上数亿计的仙人，纷纷飞迁。天帝怒，令龙伯国的巨人身材变小，使其再也没有力量去钓巨鳌。这样，原来的五座仙山，就剩下了方壶、瀛洲、蓬莱三座仙山，或说三神山。

《史记·封禅书》对三神山有生动描述：蓬莱、方丈、瀛洲三座神山（名称和排序与《列子》略有不同），相传在渤海中，离人间不远；但人们常常发愁到不了，因为船刚要到，海风便神奇地把船引开了。也偶然有上了神山者，看到山上有许多仙人，满山生长着吃了可以长生不老的"不死药"。那里的禽、兽等物都是白色的，宫殿楼阁由黄金白银筑成。寻找三神山的大多经历是：船没到时，望见三神山云气蒙蒙；到了眼前，发现三神山反而居于水面之下；临近山时，风又把船引走，终是上不去的……

《列子》和《史记》中的记载，是对"海上仙山"（或三神山）最权威的描述。飘飘飞仙，其吃、住、行究竟是个啥模样？东晋葛洪《抱朴子·对俗》有四句描绘，形象生动："饮则玉醴金浆，食则翠芝朱英，居则瑶堂瑰室，行则逍遥太清。"反正尘世的凡人，是无法想象的！

纵观中华民族文化史，古代有许多脍炙人口的神话传说故事，比如盘古开天地、女娲补天、精卫填海、夸父追日、嫦娥奔月等等，而在我国文学史在讲到古代神话时，却不讲或很少讲"海上仙山"之类的传说故事。这是为什么？

这里有一个对"神"与"仙"的理解问题。"神"，初始的含义就是天神，天神是天地万物的创造者和主宰者。"仙"，古代宗教和方术之士幻想的一种修炼得道、超脱人世、长生不死的人。因"神"与"仙"十分接近,人们在使用中往往合二为一(《史记》就称海上仙山为"神山"),故可"神仙"并称,仙话也可称为神话。文史哲专家比较推崇盘古、女娲、精卫、夸父等神话,却对记述成仙得道、"海上仙山"的仙话,有所贬低。主要认为神话战天斗地、征服自然的积极奋斗精神比较强,而成仙得道、逃避人世、追求长生不死的海上仙话,消极因素较多。专家的看法,是有道理的。

但是,从海洋文化、文学创作的角度考证,"海上仙山"的仙话,为我国海洋传统文化的形成和发展,为我国浪漫主义文学流派的创作和发展,同其他神话一样,都提供了丰富而新奇的资源,起到了重要推动作用,值得珍视和发掘。研究我国海洋传统文化,回避不了"海上仙山"迷人的传说,它确实为这一文化增添了绚丽的色彩。"海上仙山"丰富的想象,启迪和影响了李白等一批浪漫主义诗人和作家。就举李白为例。李白的许多雄奇瑰丽、奔放热烈的诗篇,都是借助于大海的洪波巨涛、海天的神奇浩渺、仙人的飘逸飞升等意象,加以渲染和发挥,收到强烈的艺术效果,他也因此博得"诗仙"的美名。这个"诗仙",不少人多从他写诗的飘逸洒脱、斗酒百篇、才如天赋的角度来理解,却不知他诗作的内容写了许多高天大海的仙境仙人,读后令人飘飘欲仙!李白,可谓仙风道骨,陶醉仙境的谪仙人!从某种角度说,没有神话创造的海上仙山仙境仙人,就诞生不了唐代伟大的浪漫主义诗人李白。

可见,"海上仙山"的意象,对我国海洋文化的形成和发展,对我国浪漫主义文学流派的创作和发展,是功不可没的。试想:古人面对浩广、幽深、迷茫、神秘的大海,若只是风呀浪呀地反复吟咏,文字将是多么地单一,内容将是多么地乏味!吟来写去,不就是那片一眼望不到边的水面吗!糅合进去"海上仙山"的想象,展现那种似隐似现、可望而不可即的美妙境界的诱惑,使大海与仙境结缘,就使咏海诗文充满神奇的魅力。此外,我国沿海各地还世代流传着本地风情的民间传说故事，这些故事更使海上仙山仙境扑朔迷离，多姿多彩，它们与古书上记载的故事，共同构成了华夏海洋传统文化独具的特色。

"海上仙山"的传说对民间看病行医也有影响。中医开药方有"仙方儿"一说，又称"海上方"。意思是海上仙山有使人长寿不死草药，我给你开的这秘方，是从仙山那里求来的，吃了保证灵验祛病。《红楼梦》第七回，写薛宝钗从小生有一种病，花了许多银子，吃了许多药，没治好。后来来了个和尚，说专治无名之症。"他就说了一个海上方，又给了一包药末子作引子，异香异气的，不知是哪里弄了来的……倒也奇怪，吃了他的药倒效验些。"这段话，是薛宝钗说的，也是海上仙山仙药应用于民俗文化的一例。

# 徐市载秦女　楼船几时回

人生一世，草木一秋。有生就有死，这是一条不可抗拒的自然规律。

可是古代的一些方术之士，偏偏言说大海远处有蓬莱等仙山（也说神山），山上有仙草仙药，人吃了可以长生不老，飘飘升为"仙人"。古代帝王享尽人间荣华富贵，唯独怕死，于是斥巨资，派人出海，觅仙山、采仙药，祈求长生，就出现了与大海有关的许多典故与传说。

最热衷于入海求仙山的古代帝王首推秦始皇。其求仙山的概况，主要载于《史记》中的《秦始皇本纪》《封禅书》《淮南衡山列传》诸篇。据《史记》记载，早在战国时期，地处黄海、渤海沿岸的齐国齐威王、齐宣王和燕国燕昭王，就已遣人入海求仙山仙药了。只不过秦统一中国后，秦始皇的入海求仙山心情最迫切，举动最大，对后世的影响也最深远。

秦朝率船出海觅仙山仙药最有代表性的人物是方士徐福。徐福本名徐市，这个"市"字读音为"福"（不是市场的"市"），后人就因音同而将"徐市"写为"徐福"。本文除无法回避的外，都写为"徐福"。

海上仙山之说是徐福卖力鼓吹的，使秦始皇深信不疑。也正是他，秉承秦始皇之命率船出海，启航点大致在今山东琅琊一带海岸。

据《史记》记载，徐福率船出海，至少有两次。

第一次出海浪费了大量的钱财，无果而归。怕秦始皇降罪砍头，他就撒谎说，蓬莱的仙药是能采到的，就是被海中的大鲛鱼所阻，上不了仙山。秦始皇为此亲自到山东海边，射杀了一条大鱼。

谎言终不能持久。徐福又编造说，已见到了"海中大神"并上了蓬莱山，可海神不给仙药，只可以看不得取走，嫌"礼"太薄，主要想要人间童男童女和各种工匠。于是秦始皇"遣振男女三千人，资之五谷种种百工而行"。第二次出海，"徐福得平原广泽，止王不来"。也就是说，徐福最后一次出海，登上了一个面积广大的海岛，到那里独自称王，不再回来了。这第二次出海，出于《淮南衡山列传》，是汉代淮南王的宾客伍被在劝欲谋反的淮南王时，说的一个故事。特别是说徐福上了神山见到了大神和仙药，明显属于虚构，不可视作史实。

徐福率船载着童男童女三千人及百种工匠，带足"五谷"等生活用品，冒死深入茫茫巨海之中，一去而不复返。他这一出海不要紧，那些童男童女都是出于贫民百姓家，造成百姓亲人生离死别，悲痛相思，痛恨秦始皇，痛恨徐福，真是千古遗恨、人间悲剧啊！当时，百姓十家中就有六家想造反泄愤。

为此，唐代大诗人李白《古风》诗咏叹秦始皇说："尚采不死药，茫然使心哀。……徐市载秦女，楼船几时回？但见三泉下，金棺葬寒灰！"李白这首诗，前半部分是颂扬"扫六合"的秦始皇丰功伟绩的，后半部分批评他功成后迷恋采仙草仙药，追求长生不死。上述几句是诗的后半部，说你秦始皇崇尚、迷恋采仙药使自己长生不死，这无影儿的事令人茫然，使人心中悲哀。徐市（徐福）载走了秦朝时的童男童女，其采药楼船，几时才能回来啊！如今，你秦始皇不但没长生不老，连长寿都没达到（49岁暴病死于沙丘平台），三泉下金棺内的尸骨，早已化为寒灰啦。李白写过不少向往仙境的诗，但在这件事上，他是同情生离死别的平民百姓的，谴责了秦始皇拿百姓儿女作赌注，求仙求长生的荒唐之举。

唐朝大诗人白居易对此则有另一番想象，他在《海漫漫》诗中说："海漫漫，风浩浩，眼穿不见蓬莱岛。不见蓬莱不敢归，童男丱女舟中老……"看，秦始皇派出去的寻仙山的楼船，好像还在大海上漂流呢！找不到蓬莱仙山不敢回来，当年上船的童男童女，都熬成了白发苍苍的老头儿老太婆啦！"丱女"，头发束成两角的小女孩。

晚唐诗人胡曾，写了一组咏史诗，其《东海》诗曰："东巡玉辇委泉台，徐福楼船尚未回。自是祖龙先下世，不关无路到蓬莱。""泉台"，墓穴、阴间。"祖龙"，指秦始皇。此诗讽刺意味浓浓。你秦始皇东巡海边的玉辇龙骑已经"归阴"了，出海采仙药的徐福楼船还没回来呢！因为你自己先早早地过世了，那么，去蓬莱的楼船找不找到路，能否上仙山为你采来长寿的仙药，就不值得关注了，与你没什么关系啦！

元朝诗人宋无写了《东洋》诗，对迷恋仙药的秦始皇也略带讽刺："东溟云气接蓬莱，徐福楼船此际开。应是秦皇望消息，采芝何处未归来？"看，秦始皇似乎还在海边踱来踱去，望眼欲穿，盼望楼船送来仙草仙药哩！徐福，你们在哪儿采灵芝仙草呢，怎么还未归来呀？看，此帝王真是痴迷到坐卧不宁的地步了！

晋朝《拾遗记》用四句话概括了秦始皇（又名秦政）由功高天下到愚昧殒身的经历："秦政自以功高三皇，世逾五帝，取惑徐市，身殒沙丘。"

继秦始皇之后，汉武帝又是一个迷恋于入海求仙的帝王。他宠信的方士栾大等，把仙山的仙景与仙草的功效吹得活灵活现。汉武帝这样一个雄才大略的帝王，竟被他们弄得神魂颠倒，还把女儿嫁给方士。他也多次车马劳顿，到山东半岛一带海边，望大海，拜神灵，乞仙药。然而，汉武帝毕竟是汉武帝。经多次检验，总不能兑现时，他终于醒悟了，震怒之下，杀了这帮子妖言惑众、愚弄帝王的方士。

相对于秦皇汉武的愚昧求仙，后代有作为的帝王，就有所醒悟，多有所戒。入海求仙也渐渐由狂热到迷茫，由坚信到疑惑，直至烟消云散了。

《旧唐书·太宗本纪》记载，唐太宗曾跟臣子说过这么一段话："神仙事本虚妄，空有其名。秦始皇非分爱好，遂为方士所诈，乃遣童男女数千人随徐福入海求仙药，方士避秦苛虐，因留不归。始皇犹海侧踟蹰以待之，还至沙丘而死。汉武帝为求仙，乃将女嫁道术人，事既无验，便行诛戮。据此二事，神仙不烦妄求也。""踟蹰"，停留、徘徊的样子。

此时的唐太宗距秦始皇已八百多年、距汉武帝已七百多年，他点评了秦始皇、汉武帝的求仙之举，认识到"神仙事本虚妄"的本质。他表示，作为帝王，要接受秦皇汉武的教训，不妄求"神仙"。

《明史纪事本末》（卷十四）记载，明太祖朱元璋曾对宋濂等臣子说："秦始皇、汉武帝好尚神仙，以求长生，卒无所得。使移此以图治天下，安有不理。以朕观之，人君能清心寡欲，使民安田里，足衣食，熙熙皞皞而不自知，即神仙也。"《明太祖实录》也有一段类似记载。朱元璋点评了秦始皇、汉武帝后，生发了这样的感慨：两帝王崇尚神仙以求长生，疲精劳神，到头来空无所得。假使他们把这些心思、精力、财力，用在图治天下上，国怎会不治？以我（"朕"）看来，作为人之君主，能清心寡欲，勤于政事，使民安心田里耕作，丰衣足食，"熙熙皞皞而不自知"，这就是神仙了。"熙熙""皞皞"，皆古语，"熙熙"为和乐貌，"皞皞"为心情舒畅貌。"熙熙皞皞而不自知"，是说不知不觉生活在和乐舒心的日子里。

清朝康熙皇帝对秦皇汉武求仙那套也十分不屑，写诗曰："阆苑蓬壶何处是？岂贪汉武觅神方！"（《登澄海楼观海》）——阆苑、蓬壶这些仙山仙境，到哪儿去找啊？作为帝王，岂能狂热地步汉武帝后尘，为求长生不老，到处寻觅神药仙方！

现在我们再回到李白、白居易等人的诗句上来，并深入探讨徐福入海求仙这件事。诗人的精彩诗句和神奇想象，令人激赏。但两千多年前的徐福出海东渡，至今仍是千古之谜。对于这个谜底，大致有两种看法。

一种看法是，就当时的造船技术、航海水平来看，徐福出海后只能凶多吉少，肯定早已船翻人亡，葬身鱼腹了。史书说他"得平原广泽，止王不来"，是谁亲眼所见，或谁从实地传回来口信，当时并未举出确凿的人证啊！

更多的是另一种看法，即相信《史记》的说法，他们没有葬身大海，他们栖止于海外的"平原广泽"，生存下来了。

于是，这个"平原广泽"到底是哪儿，又抛出另一个谜团。解开这个谜团，又有两种说法。

一是指日本。最常引用的，是五代时后周的义楚和尚在其著作《义楚六帖》写的这段话："日本国亦名倭国，在东海中。秦时，徐福将五百童男、五百童女止此国……徐福至此，谓蓬莱，至今子孙皆曰秦氏。"这里提两个"五百"（其他古文还有总数只提五百的），加起来一千，与《史记》等书的"三千""数千"数字不同，似更可信一些。因为载上三千、数千童男童女，还要载"五谷"等生活用品，还要载"百工"（百种工匠），需要多大的船、多少船，在那个时代不好想象。既然权威史书肯定"三千""数千"说，那么义楚说的数字，只能作为一种参考了。今天在日本国土上，仍留有"徐福冢""徐福祠"，有一位日本诗人甚至面对"徐福祠"赋诗曰："熊野峰前徐福祠，满山药草雨余肥。只今海上波涛稳，万里好风须早归。"言下之意是，中国的皇帝祈求长生不死，还等着你开船回去，送仙草仙药呢！现在海上波涛平稳，万里顺风，你们应该扬帆早早归去吧！

还有一个佐证是《三国志·吴书》的这些文字："亶洲在海中，长老传言秦始皇帝遣方士徐福将童男童女数千人入海，求蓬莱神山及仙药，止此洲不还。""所在绝远，卒不可得至……"此亶洲究竟在何处，学者看法不一致。比较倾向性的意见，仍指日本。

二是徐福的寻仙山船队，到了我国的台湾，上面说的亶洲，即指我国台湾岛。也有考证者说，凭"绝远"二字，很可能是到了更远的美洲。有的还在美洲某地深山发现黄种人，着中国古装，言称是当年中国寻药人的后裔。尽管自成一说，还须进一步考证。

徐福是个什么形象，从古至今争议颇多。对此有三种看法。

第一种看法，徐福是个妄言海上神仙、欺骗皇帝与世人的骗子。他载众多童男童女出海不归，不仅欺骗了秦始皇，也造成平民骨肉分离、家庭不幸，他是个以坑蒙拐骗著称的千古罪人。古代的诗文，对他多持鞭挞与讽刺态度。到了今天，谈起徐福，大多数人对他也无好感，他是个负面形象。

第二种看法，有些惊人：徐福是个早已准备避秦暴政，寻求海外为王的智者。他巧妙利用秦始皇求仙急切的心理，借助其财力物力，乘船去海外，见到平原广泽，当然就"止王不来"了。古人已有这种看法。唐太宗虽不肯定徐福是正面形象，但他也认为徐福"因留不归"是"避秦苛虐"。元代周致中所著《异域志》的《日本国》条目下说得更详："（日本国）在大海岛中，岛方千里，即倭国也。其国乃徐福所领童男女始创之国。时福所带之人，百工技艺、医筮卜筮皆全。福因避秦之暴虐，已有遁去不返之意，遂为国焉。"当代有的学者甚至作了更详尽的分析：徐福出海前，请求秦始皇征来童男童女三千人，还要带上五谷粮食、各种工匠，总之一切生产、生活资料，无不具备。他出海得平原广泽后，称王不归，岂不证明他早有此项预定计划了吗？

第三种看法，着眼古代科技特别是远洋航海的角度，考察徐福率船东渡成功之举，极大地肯定了徐福的功绩。早在两千多年前，徐福率船战风斗浪远航日本或更远，他堪称我国最早、最了不起的航海家。有个近代诗人，甚至把他比作"中国的哥伦布"。不过，他比15世纪意大利的航海家哥伦布，可要早多啦！这第三种看法，颇有现实意义和极高的学术价值。1993年，中国国际徐福文化交流协会在北京成立，宗旨是团结和组织海内外有志于徐福文化研究的个人和团体，开展对徐福其人、徐福东渡及有关徐福文化的研究，弘扬传统的中国优秀文化，促进中日韩等国人民之间的友好交往与文化交流等。如果一旦徐福率船经朝鲜半岛至日本这条航线被确认，那么他就不仅是最早航海家形象，也是连结中日韩友谊的最早使者。

# 八方巨海话十洲

司马迁在《史记》的《封禅书》《秦始皇本纪》等篇中，记载海外有蓬莱、方丈、瀛洲三神山；而与他同在汉武帝朝廷为官的东方朔，著有《海内十洲记》（亦称《十洲记》），却言八方巨海中有十个仙洲。

三神山与十仙洲，有很大不同。最大的不同点是，司马迁的三神山都在东方的大海中；东方朔的十仙洲，却在"八方巨海"中，也就是东、南、西、北海都有。比如西海，就有流洲、凤麟洲、聚窟洲三个洲呢！而且，这三个洲确确实实被大海环绕。当然，既然说是仙洲，纯属想象，我们也就没有必要非要到西部去找那片现实不存在的海中岛屿或陆地了。

三神山与十仙洲也有类似的地方。比如无论山或洲，都位于极远方的大海之中，虚无缥缈人迹罕至；它们都有仙草灵药、甘泉玉英，食之饮之不老不死；它们都经历过秦始皇派方士徐福率童男童女入海求仙草仙药，不过司马迁说的是去三神山（特别是蓬莱），东方朔说的是去十洲中的祖洲（祖洲也在东海）；它们的山、洲上都有人间从未见过的楼台宫阙，是仙人居住的地方；它们的名称有的还是重合的。

相比较可以看出，就展现仙境光怪陆离、炫目惊心的景物来说，十仙洲比三神山要丰富得多。读《十洲记》，就如同读一部迷人的海上幻想游记、小说。

需要说明的是，海上十仙洲，本是东方朔讲给汉武帝听的，汉武帝见所未见、闻所未闻。但东方朔讲着讲着，就把汉武帝也给拉进故事里来了。全书叙述的角度有转换，前后口气不一致，让人读着读着都有点犯糊涂：怎么本来正听故事的汉武帝，倒成了十仙洲中的一个人物了呢！其情节竟然活灵活现！早就有专家指出该书故事情节混乱和人称上的瑕疵了。对此我们也不必多谈，本来都是想象的嘛。

《十洲记》的缘起，是汉武帝听仙人西王母讲了这样一句话："八方巨海之中，有祖洲、瀛洲、玄洲、炎洲、长洲、元洲、流洲、生洲、凤麟洲、聚窟洲。有此十洲，乃人迹所稀绝处。"汉武帝是个求仙迷，乞求长生不死，很想了解十个仙洲情况。他想起手下的臣子东方朔，其人整天神神道道的，就问他这十洲在何处，上面有何仙景仙物。于是，《十洲记》就记载了东方朔讲的内容。

东方朔是西汉著名文学家。汉武帝即位后，征召天下贤士，他上书自荐入朝，后来官做到太中大夫等职。东方朔性格诙谐，风趣幽默，滑稽多智，常在武帝面前谈笑取乐。武帝暴怒成性，动辄杀人砍头，竟也容得了他。《十洲记》最初的版本标明是他写的，但权威史书关于他的传记，没记载他写过这本书。专家考证，《十洲记》是西汉以后的道家文人，假托东方朔的名义写的。究竟是何人所写，至今没有定论，我们就权当是东方朔写的吧！

书中描述十仙洲大概的情景是——

祖洲，在东海，方圆五百里，长有不死仙草，像菰苗，长三四尺。有死了三天的人，用此草覆盖他，当时就活了。谁吃了它，可长生不死。往昔在秦始皇养禽兽的园林中，很多枉死的人，横七竖八陈尸道上。有种像乌鸦似的鸟，衔来此草，覆盖死人脸上，当时他们都坐了起来，活了！官员奏知秦始皇，始皇就遣使者抱着草问北城的鬼谷先生。鬼谷先生说："此草就是东海祖洲上的不死之草呀！生在洲上的琼田中，也叫养神芝。叶子像菰苗，丛生，一株可活一人。"秦始皇慨然长叹："可以采到吗？"于是，就派徐福作为使者，带领童男童女五百人，驾楼船入海寻祖洲采仙草，但徐福出海后没有回来。

瀛洲，在东海，方圆四千里，生神芝仙草，又有玉石，高近千丈。最独特的是，洲上有泉叫"玉醴泉"，流出的泉水像酒，味甘甜，饮几升就醉，此酒令人长生。洲上有很多仙家，风俗似吴地（今江浙一带）人，山山水水也如中原。

玄洲，在北海，方圆七千二百里，大部分是丘山。特别有一座风山，发出的声响如雷。朝天西北门一带，有许多太玄仙官宫室，各式各样，琳琅满目。还有很多金芝玉草。这儿是三天君治理的地方，很是肃然。

炎洲，在南海，方圆两千里，洲上有风生兽，形状像豹，青色，大如貍。张网捕到它，打几车柴，堆到一块烧它，柴烧光了，它却不燃烧，灰中而立，连根细毛都不焦。用刀砍它、枪刺它，砍不开、刺不进；用重物打它，它如同软皮囊，肉滚来滚去全身无损。用铁锤使劲击它的头数十下，它才死。可它张着的嘴被风一吹，马上又活了。此兽风吹就活，所以叫风生兽！但是用石头上长的菖蒲草塞住它的鼻子眼儿，它立马就真的死了。取它的脑子，伴着菊花一起服用，达到十斤，人能活五百年。

此洲又有火林山，山中有火光兽，大小如老鼠，毛长三四寸，有的红色，有的白色。这座山大约三百里长，黑夜都看得见山林，就是火光兽身上发出的光照的。用火光兽的毛织成的布，叫"火浣布"。国人的衣服脏了，习惯于用灰汁洗，最终也洗不干净；而"火浣布"做的衣服，脏了放入火里烧，吃饭的工夫，拿出一抖动，污垢自落，衣服洁白如雪。

长洲，在南海，方圆五千里，最大的特点是大树多，有的大树树干之粗，两千人才能围得过来！全洲到处都是林木，郁郁葱葱，所以又叫它青丘。至于仙草灵药，甘液玉英，到处都有。还有风山，常有雷震之声。有一座紫府宫，仙女在这里游玩。

元洲，在北海，方圆三千里，有五芝玄涧，涧的水浓浓的甜甜的，像是蜜浆，饮了它可以长生。服用了五芝，也能长寿不死。很多仙家生活在这儿。

流洲，在西海，方圆三千里，最大的特点是山上积累了很多奇异的大石头，名叫"昆吾"。冶炼这种石头，流出铁水，铸成剑，其剑光芒四照，如水精状。要说锋利，削玉如同削泥。仙家很多。

生洲，在东海，方圆两千五百里，聚集仙人数万家。全洲的特点是"天气安和，芝草常生，地无寒暑，安养万物"。此洲有山有水，仙草灵芝很多，所有的水如饴糖、奶酪那样甘醇可口。真是生育万物的好洲啊！

凤麟洲，在西海，方圆一千五百里。洲的四面有弱水环绕，这种水"弱"得连一羽鸿毛都浮不起来，更别说船了。所以肉体凡胎之人想乘船渡水上洲，没门儿！洲上有很多凤凰和麒麟，数以万计，各自为群生活。山川池泽，神药百种，仙家众多。把凤凰的嘴和麒麟的角，合起来熬成胶，叫"续弦胶"或"连金泥"。弓弦拉断了，或刀剑砍断了，用此胶粘接，牢固得很。粘接后的弓弦或刀剑，请来大力士拉弓，或握刀剑砍硬物，弓弦或刀剑宁可其他地方断，胶粘处是绝对不会断的！有一年，西方某国国王派使者给汉武帝献上此胶和毛裘，当时武帝没当回事儿，放之外库。过了一段时间，武帝到园林打猎射虎，把弓弦拉断了，正好使者还未回国，陪着打猎，只见他用了一点点胶，加以口水，就粘接上断弦。武帝大惊，赞叹说："神异之物啊！"令好几个武士使劲拉弓，弦真的不断。

周穆王时，西方的胡人之国献"昆吾割玉刀"和"夜光常满杯"。刀长一尺，切玉如切泥。杯容量三升，由白玉的精华制成。此杯发光，能照亮黑夜。更奇特的是，晚上把它放于庭院，杯口朝天，到天明，杯中水汁已满，汁甘甜而香美。秦始皇也得过西方胡国的"切玉刀"。不用说，续弦的胶肯定来自凤麟洲，切玉的刀肯定来自流洲，这些都是西海仙洲的宝物啊。

聚窟洲，在西海，方圆三千里，有仙人宫室门第，不可胜数，还有多种灵兽。有一大山，形似人鸟之象，叫"人鸟山"。山上有很多大树，类似枫树，树的花和叶子香闻数百里，名为"反魂树"。敲其树干，树能发声，声如群牛吼，闻之者都心惊胆战。挖它的树根，去皮留心，在大锅里煮成汁，再微火煎熬成黑糊状，制成药丸，仅此药丸的名字就有六种：惊精香、震灵丸、返生香、震檀香、人鸟精、却死香。丸的香气，同样数百里都闻得到。死者躺在地上，闻到香气，就活过来。

有一年，汉武帝去安定这个地方，西方胡地月支国国王派使者献给汉武帝两件宝物。一是聚窟洲上的这种香丸，大小如鸟蛋，桑葚那样黑，武帝看看中国没有这玩意儿，就让臣下放之外库。二是献上猛兽一头。香丸能救人起死回生，猛兽能驱走鬼魅等邪恶之物，都极为有用。

说是"猛兽"，其实就像才出生五六十天的小犬羔，大似狸，黄色。当使者抱着它见汉武帝时，武帝见是一只毛稀瘦弱的小狗，犯疑了："这小东西可以弄着它玩一玩，怎么叫猛兽？"使者介绍说，此物生于昆仑、聚窟洲等地，寿命无穷无尽，食空气，饮露水，听得懂人讲话。它"仁慧忠恕"。讲"仁"时，爱护爬动的小虫不犯虎豹；耍起威风来，一声吼叫，足可令千人趴下不敢出气，牛马脱缰震恐惊跳奔跑，武士突然失去武力；显出神力时，能兴风云，吐雨露，驱百邪，惊蛟龙。武帝半信半疑，就令使者，先让小动物叫一声听听吧。没想到小动物接到使者指令，久久地抿动着嘴唇没叫，但它忽然一声叫，如同晴天打了大霹雳，它两眼同时放光，直刺蓝天，很久才停。武帝顿时惊恐跌倒，双手捂耳不敢听如此巨大的震动声，都控制不了自己了。再看侍者及武士们，纷纷丢掉武器趴在地上，不敢动弹；外面牛马猪犬，更是惊恐得冲出围栏乱跑乱跳。武帝害怕极了，令把小动物送去林苑，用意是叫老虎把它吃掉算了。没想到，老虎们听说它来，都乖乖蜷缩在一起，趴在地上，如死虎一般。它一进苑，就欺负这些老虎。武帝由害怕小动物而恨怨使者，正欲缉拿时，发现使者和小犬羔已经无影无踪，"蒸发"无处寻了。

武帝倒时时想着使者献的香丸。武帝后元元年，长安城内发生流行病，数百人病倒，大半死亡。武帝用此香焚烧，未死三日（一说三个月）的人都活了，香气三个月弥漫不断。武帝见此香丸如此神异灵验，余下的就密封起来，留着救自己的命用吧，他此时也已垂垂老矣。过了一段时间，他悄悄开封一看，空空的，没神香了！他后悔没款待和留住那位使者，当时反倒要把人家抓起来。待到自己病危时，无香丸可救，只能一命呜呼！

除上述十个仙洲外，八方巨海中还另有五处仙境（一说六处仙境），它们是沧海岛、方丈洲、扶桑、蓬丘、昆仑。若说六处仙境，在昆仑后又说了北海外的一处钟山。不过对钟山的描述，在此书中是附带说的，我们也只能忽略不计。五处仙境的风物，与十个仙洲有同有异。

沧海岛，在北海，周围的大海全是苍色（青绿色），故仙人们叫它沧海岛。岛上都是大山，山上积累各种仙石，仙石助仙人长生，建有紫石宫室。

方丈洲，在东海，仙人们不愿升天者，全会聚到此洲，有数十万家。他们耕田耘地，像种稻子似的种芝草，还计算田地面积。上有九源丈人宫，主领天下水神，以及龙、蛇、巨鲸等等。

扶桑，在东海，最大的特点是林木多。其树叶如桑树的叶子，还有椹树。这些树高的有数千丈，粗的两千多人才围得过来。更奇的是，一个树根，生出两棵树，两棵树相依相倚向上生长，所以称它们为"扶桑"。仙人吃了桑葚，浑身上下都是金光色，在空中飞来飞去。这种树九千年一结的桑葚，红红的，味道又甜又香，美极了。这儿的仙人千变万化，没有什么固定身形。来个"分身术"，有的仙人能分化成百个身子，每个身子有十丈高哩！

蓬丘，就是蓬莱山，在东海。绕山的海水是黑黑的颜色，又叫"冥海"。此海无风而洪波巨浪百丈高，航海往来根本不可能，只有飞仙能到岛丘。

提起昆仑，它是一座极有名的仙山，因为这里是西王母居住的地方。说起西王母，人们大都知晓，她可谓女仙人中的领袖，雍容华贵老妇人形象,有关她的传说涉及天上人间。她的蟠桃园的仙桃三千年一熟,她每年都在瑶池开蟠桃会,招待各路前来为她祝寿的神仙;她用簪子划出一条又深又宽的天河,阻隔了牛郎织女,只允许他们每年七夕相会一次;她还和人间的帝王如周穆王、汉武帝有来往,故事多多——这是我们题外补充的一段。

《十洲记》说,昆仑,位于西海和北海,有"鸿毛不浮"的弱水环绕。西王母治所的仙境是什么样子呢?金台玉楼,相鲜如流,精之阙光,碧玉之堂,琼华之室,紫翠丹房,景云烛日,朱霞九光——既华丽又玄奥的词语都堆积上了,足以说明她的治所极为高贵、极为尊崇、极为奢华。西王母管理的地方,是仙人们崇拜的最高仙境……

《十洲记》文字较长,本文只是概略地摘述了一部分。海上三神山和十仙洲,对后世影响很大,"三山""十洲",是不少诗文吟咏的题材。

对于《十洲记》,学术界历来评价不高,认为它是志怪杂记类作品,无非就是宣扬仙境的美好,鼓吹成仙得道,内容庞杂,荒诞不经,社会意义不大。但我们读罢此书,掩卷沉思,把它放入我国海洋传统文化的长长书卷中去,发现它具有独特价值。它和三神山共同组成"三山""十洲"的海上神话仙话,在我国海洋传统文化的长卷上添加了绚丽的一笔。

海上仙山仙洲的传说,产生于战国秦汉时期,首先产生于山东、江苏沿海的民间。环球旅行、卫星上天的今天,我们仰望浩瀚的银河,感到新奇困惑,幻想宇宙中有比地球更美丽的星球,有更文明发达的外星人存在;而在科技不发达的古代,先人们面对偶然显现的海市的诱惑,幻想那迷茫大海的极远之处,有仙山仙洲仙境仙人存在,尽管想象有些奇特,有的甚至荒诞,那也是很自然的事。今天,我们翻阅古籍,应该记住那段历史的先人们这一想象和创造——它使中华国土的大海,成了广阔海水加迷茫仙境的多重色彩的大海!

# 八仙过海　各显神通

"八仙过海，各显神通"，是现今被广泛应用、颇具活力的一句名言、成语。这一名言、成语的人物及情节，在明朝吴元泰的小说《八仙出处东游记》（又称《东游记》）中展现得最为详尽生动，很多人能据此讲出活灵活现的相关故事。

先说说"八仙"这个词。唐朝杜甫有一首名诗《饮中八仙歌》，写的是李白、贺之章、张旭等八位名人都喜欢饮酒赋诗，称之为"酒中八仙"。晋代的《蜀记》，记载了得道成仙的容成公、李耳、董仲舒、严君平等"蜀之八仙"。上述说明，"八仙"这个词出现很早，但与成语涉及渡海的"八仙"，毫不相干。

到元杂剧中，又出现了"八仙"提法，已接近渡海的"八仙"，其名字中有我们熟悉的，也有陌生的，总之八仙的八人尚未固定成形。只有到了明朝吴元泰写出《八仙出处东游记》这部小说，才把"八仙"固定为李铁拐（铁拐李）、汉钟离（钟离权）、吕洞宾、张果老、蓝采和、何仙姑、韩湘子、曹国舅。当然，若具体说到八仙过海，按小说描写的入海顺序，也可以这样排列：李铁拐、汉钟离、张果老、吕洞宾、韩湘子、何仙姑、蓝采和、曹国舅。

传说中的这八位仙人，很有意思，各具特点，不妨简要介绍其中几位。

李铁拐，头发蓬乱乱的，脸脏兮兮的，挺着大肚子露着肚皮，走路一瘸一拐的。他一手拄着根铁拐杖，一手拿着个药葫芦。"八仙"中他的形象最丑陋也最滑稽可笑，但他是最先"得道成仙"的，渡海时也是第一个下海的，为"八仙之首"。因他的药膏灵验，后世卖狗

· 139 ·

皮膏药的奉他为"祖师爷"。看"八仙"的戏和影视剧,李铁拐的形象是最突出的一个。

汉钟离,其人复姓钟离,本名钟离权。传说他是汉朝的大将,所以又称汉钟离。其实他是唐朝人,《全唐诗》还录有他仙里仙气的一首诗:"得道真仙不易逢,几时归去愿相从?自言住处连沧海,别是蓬莱第一峰。"也有传说钟离权是资历最老、最先得道的,把他排在八仙的第一位。钟离权点化吕洞宾得道成仙。

吕洞宾,本名吕岩,字洞宾,号纯阳子,唐朝人,《全唐诗》录有他写的诗多首,有些诗仙味很浓。他是"八仙"中最风光的一位,民间影响最大,吕祖庙、吕公祠各地不少,供其神位。写他的书和戏很多,涉及他的故事也很多。八仙过海的首先提议者,就是吕洞宾。吕洞宾仗剑云游,号称"剑仙";贪杯好喝,化水为酒,又称"酒仙";他写诗颇有才气仙气,还称"诗仙"。但他却同时有个"色仙"的不雅的称号,喜欢接近漂亮女性。他是八仙中很有人情味的一位。民间流传着"狗咬吕洞宾,不识好人心"的俗语。

张果老,本名张果,唐朝道士,"八仙"中年长的一位。他的形象是个倒骑毛驴的老头儿,很有点怪。他在戏剧里的形象,几乎可同李铁拐比肩。他的驴可以似纸一般折叠起来,用时喷口清水即成真驴。他倒骑驴,向后看,前进的方向与眼望的目标正好相反,曾被毛泽东借用来讲过故事,说明路线不对革命就不能胜利。毛泽东说,张果老是个仙家啊!他骑毛驴,和我们不同,是倒骑的。走着走着,遇到了仙家吕洞宾,吕问张果老到哪里去。张说,上蓬莱朝圣。吕有点惊异地问:蓬莱在东,你骑毛驴向西,怎么到?张果老生气地反驳道:我的脸是朝着东方蓬莱的啊!毛泽东说,张果老虽然面向蓬莱,路走错了,永远也到不了蓬莱。(据《毛泽东谈古论今》)

韩湘子,本名韩湘,传说他是唐朝大臣兼文学家韩愈的侄子。《全唐诗》说,韩愈待他如亲生之子。但他不喜读书做官那一套,整天游游逛逛,"落魄不羁"。韩愈强迫他结婚成家,走读书做官之路，他"不听，学道仙去"。后来，韩愈因迎"佛骨"之事上书劝谏朝廷，触怒皇帝，被贬南方潮州，赴任路上遇韩湘冒风雪来送行，就写了一首诗，有这么两句："知汝远来应有意，好收吾骨瘴江边。"这两句，就是嘱咐给韩湘的。但真实的韩湘是韩愈的侄孙辈，曾考中进士。得道成仙之事，乃后人附会编造而成的。

其余三位，蓝采和，边走边唱，带醉踏歌；何仙姑，"八仙"中唯一的女性，当然美丽无比；曹国舅，也颇有来历。

那么，"八仙"是怎么"渡海"的？又怎样"各显神通"？

原来，"八仙"去天庭参加王母娘娘蟠桃大会返回途中，须经东海。《八仙出处东游记》在"八仙东游过海"这一章的开头，写了这么一段：

却说八仙来至东海，停云观望。只见潮头汹涌，巨浪惊人。洞宾言曰："今日乘云而过，不见各家本事。试以一物投之水面，各显神通而过，如何？"众曰："可。"铁拐即以铁拐投水中，自立其上，乘风逐浪而渡。钟离以拂尘投水中而渡，果老以纸驴投水中而渡，洞宾以箫管投水中而渡，湘子以花篮投水中而渡，仙姑以竹罩投水中而渡，采和以拍板投水中而渡，国舅以玉版投水中而渡。

上述这段，就是"八仙过海，各显神通"典故，在吴元泰小说中的出处。

有些人以为，"各显神通"这后半句，是后人根据八仙过海的故事，为了说道理的需要，引申、概括而添加上的，实则不然。从上段引文不难看出，它就出自原著，为吕洞宾所说。

"八仙"在渡海中怎么"各显神通"，我们已看得很清楚：他们各自凭借自己的宝物，并在渡海中还显示各自拿手的本事、法术。当然，"八仙"渡东海，惹怒了东海龙王，引发了一场东海大战，难解难分。后来观世音菩萨出面调解，双方才罢战言和，这是后话。

鲁迅在《中国小说史略》中，对《八仙出处东游记》这部小说的故事梗概进行了介绍，共用了120个字，其中介绍八仙过海梗概就用了76个字。可见，八仙过海是这部小说中最精彩、最有价值、影响最深远的一个章节，其知名度远远高于其他章节，包括书名。

有意思的是，写《八仙出处东游记》的吴元泰与写四大名著之一《西游记》的吴承恩，同是明朝人。也就是说，在明朝这一时段，诞生了两部书名相对应的小说，一部叫《西游记》，一部叫《东游记》。《西游记》写的是向西游，西天拜佛；《东游记》写的是向东游，东海为仙。更巧合的是，两部小说的作者都姓吴。我们注意到，《西游记》第八十一回，借孙悟空之口，也说出"正是八仙同过海，独自显神通"的话。关于"八仙过海，各显神通"这句名言、成语最早最权威的出处，辞书多把它归于民间传说、神话或谚语之类。若举最早例句，也多是同时摘录于这两部书，或其中一部。这两部书的这句引用语或概括语，可能不存在谁抄录谁的问题，它们都源于当时的民间神话传说故事。不过，要说描述"八仙过海，各显神通"故事最为精彩详尽的，当数《八仙出处东游记》，目前一些相关影视剧作品，大都取材于这部书。最重要的，促成"八仙过海，各显神通"成为流传后世的名言、成语的，应当归功于《八仙出处东游记》。

"八仙过海，各显神通"，具有重大的象征意义。以前仙人过海，都是腾云从天而过，而这次过海，却要集体渡海而过，接近于人类渡海。它象征着我们的先人，开始集体性规模性走向海洋，有着向海洋进发的勇气和智慧。尽管"八仙"凭借的是"宝物"，不是舟船，但这并不减弱它的象征意义和时代价值。

关于"八仙过海，各显神通"的应用，明、清小说和戏剧中颇为频繁。一直到今天，这句雅俗共赏的名言、成语仍有强大的生命力。

现今，"八仙过海，各显神通"，或"八仙过海，各显其能"，用于比喻在从事共同的事业中，向着一个总的目标，各自拿出办法，各自亮出绝招，互相展开竞赛，你追我赶完成任务。也可以这样说：

这一名言、成语总的意思是，在大目标确定的前提下，强调发掘个体的智慧和力量，着眼于个体不同的特点和潜能，最大限度地调动各方面的积极性、创造性，最终形成前进的合力，达到胜利的彼岸。它属于正面的、褒义性的名言、成语。

# 海客乘槎泛天河

海客乘槎以登汉,姮娥窃药以奔月。

唐朝著名史学家刘知几撰写的《史通》,是我国第一部系统性的史学论著。其《采撰》篇,有"海客乘槎以登汉,姮娥窃药以奔月"两句话。大意是:一个长年生活在海上的人("海客"),乘坐小筏子("槎"),飘浮到了天上的银河("汉",河汉,银河);嫦娥("姮娥")偷吃不死仙药,飘飘成仙,飞进了天上的月宫。

刘知几在《史通》中并没有专意要讲传说故事,但在今天看来,他拟出的这一对偶句子,却十分巧合地道出了华夏民族两大飞天、航天传奇梦,这就是海客乘槎与嫦娥奔月!

2003年,中国航天员杨利伟乘坐"神舟五号"飞船进入太空,圆了中华民族的千年飞天、航天梦。2003年至今,其他多位中国航天员又多次进入太空。

这些年报刊大量追述"千年飞天梦"的文章,所征引的例子,大都集中在远古嫦娥奔月的神话故事上。嫦娥奔月流传广远,妇孺皆知,把它列为打头的、最具有代表性的飞天传说故事,毫无疑义。然而,笔者认为,海客乘槎的航天梦,也不应被忽视和遗忘。从某种意义上说,当今乘坐飞船,遨游星空,有去有回,倒更接近于海客乘槎。海客乘槎的神奇故事,出于晋代文学家张华所著的《博物志》,介绍梗概如下:

旧时传说,天上的银河与广阔的大海是相通的。近世有那么一个居住海岛的人,每年八月,都看见一个"槎"(小木筏子)从天上飘落到这儿的海上,又从海面浮上天去,来去的日期很准确。

于是,他立下奇志,趁着小木筏子来的时候,在上面立起个小棚子,多备点干粮,就坐上去想畅游一番。在小筏子浮起来的十多天中,他开始有兴趣地观看"星月日辰",后来就恍恍惚惚分不清昼夜了。又过了十多天,忽然到了一处地方,有屋舍严整的城郭,还遥望到宫阁中多个织布的妇女。他又看到,河边有一男人在饮牛。牵牛人吃惊地问他从何处来,他说明了来意;他问这是什么地方,牵牛人秘而不答,叫他回去后到蜀郡问问一个叫严君平的人就知道了。

这个乘槎的海上来的客人——海客,没有上岸,坐着小筏子按期返回了海岛。

后来,他到蜀地,找到那个叫严君平的人(此人为道家人物,隐士,占卜为业),问问原由。没想到严君平早知他升天之事,说:"我某年某月某日从地上仰望夜空,有一颗外来的'客星'侵犯了牵牛星宿!"乘槎人一计算,此日正是他在天上会见牵牛人的时日啊!

原来,海客乘槎泛上天河(银河),看见天河边的那个牵牛人,就是"牛郎织女"神话中的牛郎!当时严君平从地上仰望天上银河,看到的是,乘槎的他是一颗外来的"客星",侵入到牵牛星座之中⋯⋯

这个传说故事没有说上天的海客与织女见面,后世读者很为织女未露面感到惋惜。但是,既然故事中提及海客遥望宫阁中有多个织布的妇女,就应该说,也算暗示他看到织女了,虽然一闪而过。另有一则典故说,有个人寻找黄河的源头,溯河而上,寻着寻着寻上了天河,见天河边一妇人正在浣纱。他向妇人问讯后,妇人送给他一块石头。此人将石头带回,也去求问严君平,严君平说:"这是天河边织女织布时用的支机石呀!"这个典故可以作天河织女的佐证。唐朝李商隐《海客》诗:"海客乘槎上紫氛,星娥罢织一相闻。只应不惮牵牛妒,聊用支机石赠君。"此"星娥"即织女。明朝人胡缵宗写了首《见海水诗》,惊奇海水如此变化多姿,诗的最后几句,说他要乘槎到天河的织女、牛郎那儿，请教海水变化的原因："我欲乘槎去，直至支机边。一问饮牛人，变化何其然？"看，李商隐和胡缵宗的诗，都写到乘槎上天河，把织女、牛郎都说全了，弥补了《博物志》故事中一点小小的不足。

海客乘槎泛天河这个传说故事，其独特的珍贵价值，在何处呢？

一是它想象的合理性。嫦娥奔月是人体直接"飞"升太空（尽管偷吃了"仙药"），毕竟不凭借任何器具是难以想象的。而《博物志》记载的这个"海上飞舟探星空"的传说故事，是写人乘槎浮上太空，观星看斗，与我们今天的"飞船巡天"十分类似。"槎"的取名，与我们今天说的飞"船"神"舟"，也惊人地相似。

二是它想象的圆满性。嫦娥的故事虽然非常感人，但略微遗憾的是她飞上月宫后，再也未能飞回人间，这一点引起历代许多文人的同情和感叹。对于嫦娥在月亮广寒宫忍受的凄冷和寂寞，同样是多思善感的唐朝诗人李商隐，写《嫦娥》诗云："云母屏风烛影深，长河渐落晓星沉。嫦娥应悔偷灵药，碧海青天夜夜心。"而《博物志》中想象的"乘槎"航天人，却是有去有回，实现了遨游星空的梦想。圆满的航天之旅应该是有去有回，成功而返，正如我们今天在发射中心送航天员升空时常说的"祝你成功，祝你平安归来"一样，体现着一种良好的愿望。

三是它想象的古老性。张华是西晋人，他是根据他的前代传下来的书籍或口头传说来记述这个故事的，西晋的前代即三国、两汉。更重要的是，故事中涉及一个叫严君平的人，史书记载实有其人，他是西汉人，道家人物。而西汉，距今已两千多年，说"千年圆梦"绰绰有余。

四是它影响的广泛性。海客乘槎已成为后人经常引用的一个著名典故。"乘槎""浮槎""泛槎""仙槎""犯斗（星斗）槎""八月槎"等等词语，已被各种典故类词典辟为可供查阅的词条。历代诗文中，多有咏叹这个典故者。

唐朝诗人韩偓有两句诗："坐久忽疑槎犯斗，归来兼恐海生桑。"前句说天上，后句说海上。"槎犯斗"指的就是海客乘槎泛天河的事，"海生桑"则是指仙女麻姑说的沧海桑田的巨大变化。

由"海客乘槎泛天河"典故形成了"星槎"一词（见《辞源》），而明朝随郑和船队数次下西洋的费信，归来后著有《星槎胜览》一书。书名为什么用"星槎"，有的说它来自测量星星方位的船形刻记，有的说它指星星点点的舟船。窃以为，既然此词来源于典故，不妨把遥远而广阔的西洋想象为天河，那么洋面上大大小小的国家就是繁星，郑和率船队下西洋，就同海客乘槎泛天河一样，观星看斗，搜奇览胜，岂不妙哉、快哉！

清朝诗人李符清很羡慕那个乘槎人，他写的《登冠头岭炮台观海》就有这么两句："安得仙槎浮我去，直穷牛斗问仙源？"

特别是晚清著名诗人、外交家黄遵宪频频漂洋过海出使他国，接触西方文化，已具有近代宇宙知识，他写的《海行杂感》诗，生动地设想进入星空的乘槎人（"海客"），回望地球时的情景：

星星世界遍诸天，不计三千与大千。倘亦乘槎中有客，回头望我地球圆！

这首小诗大意是：我夜间在大海上航行，仰望天空那密密麻麻的星群，假如繁星中有一颗星，是从海上飞上银河的"乘槎客"，那么他从天上回首望我们地球，看到的一定是个椭圆形的大球呀！黄遵宪在那个时代凭想象描绘的，同我们今天航天员从太空回望地球所见到的，模样儿真相差无几呀！"三千大千世界"（亦称"大千世界"）为佛教用语，泛指广阔无边的世界。

联系到我们今天神舟航天，海客乘槎是继嫦娥奔月之后，又一个值得发掘、品味的富有传奇色彩的海洋典故。

笔者妄加揣测，我们今天探测月球、火星，仍没冲出太阳系；将来我们科技大大发展了，冲出了太阳系，探索更遥远的星空，其探测器是否可以命名为"星槎"号或者"客星"号？

——毕竟，古人想象的那个从海上飞起的"乘槎人"，已经冲向了比太阳系更遥远的牵牛、织女星座啊！

# 巨海茫茫说海客

海客乘天风，将船远行役。
譬如云中鸟，一去无踪迹。

海客谈瀛洲，烟涛微茫信难求……

在我国海洋传统文化中，特别是海洋文学作品中，有一个形象十分神秘诱人，这就是海客。本篇说的海客，与前面《海客乘槎泛天河》中的那个海客不一样。那个上天河的海客，是神话传说中的人物；而本篇说的海客，则是古代现实生活中的人物，他们不是单个人，而是一个群体。

所谓海客，即长年生活、漂泊于大海上的人。他们敢于战风斗浪，乘舟远航，到茫茫巨海中访幽探胜；到众多岛国问民俗，搜奇闻，贩珠宝，做各种买卖，浩瀚的大洋上留下了他们古老而神秘的航迹。海客亦称"沧海客"。古书云："沧海客，何畏风涛？"他们之中有许多人葬身大海，也有不少人客死于大海彼岸的异域他乡。

今天看来，他们是中国最早的远洋航海者，是中国海上航线的最早开拓者，也是今天许多生活在海外的外籍华人的祖先。

面对茫茫巨海，浩浩大洋，让我们认识一下富有传奇色彩的海客吧！

本文开头引用的诗句，都出自唐代浪漫主义诗人李白。

第一首是描写海客进入大洋远航做买卖。他们举帆乘风，驾舟远行，就像展翅的飞鸟，一去就了无踪影，隐没于烟涛云浪之中。"一去无踪迹"，十分契合海客涉险远行的特点。它说明海客此去可能回得来，也可能永远地"去"了。

第二首中的"瀛洲"，指海上仙境。有这么一种海客，他们不看重到岛国做买卖发大财，而是深信在大海远方有仙山胜境，于是长年在大海上浪迹漂浮，寻仙探胜。当然，这类海客是极少数。今天看来，他们的想法是天真的，行动是无果的，但他们探险、追求的精神，是值得肯定的。

本文重点介绍第一类即远航做买卖的海客，这类海客又称"估客"或"贾客"。

由于我国历代重农轻商，所以古代文人对海客远航经商的看法并不一致，多数认为他们涉险远航，重财轻生，很不值得，这方面的诗文很多。

唐代黄滔《贾客》诗中说："大舟有深利，沧海无浅波。利深波也深，君意竟如何？"意思是，您冒险远航，能获大利深利，但波涛也大、海水也深，弄不好要了您的命。您掂量一下，何去何从呢？诗人接着说："鲸鲵齿上路，何如少经过！"意即您的远航之路，就是凶猛的巨鲸牙齿上的路，人与舟随时有被吞噬的危险，不如见险而退吧！

清朝诗人王锡对那种前面的舟船刚在大海上翻沉，后面的仍不知退缩继续前进现象，很不理解。他在《哀海贾》诗中写道："海水真不测，终古长滔滔。……货重于岱岳，命轻若鸿毛。……每见前船覆，往来仍千艘！"唉，这些玩命的可悲的海客呀！把船上的货，看得比泰山还重；把自己的性命，看得比鸿毛还轻。每每看到航行在前面的刚刚船翻人亡，而你们，还百艘千艘地冲上去，不顾死活，往来不断！

我们今天看来，"重财轻生"这层意思暂且不论，专说海客奋勇蹈海，不怕殒命，坚决到达大海彼岸的这种冒险精神，是十分可贵的。没有他们的冒险，谁去发现南洋西洋诸国？同理，15世纪意大利的航海家哥伦布，若没有强烈的航海探险精神，又怎能发现美洲新大陆？

某些拿笔杆子的文人，劝海客注意生命安全，是出于善心，可以理解。也不排除个别人在大海的洪波巨浪面前，吓破了胆，视海客为重利轻生、财迷心窍的下等人。这样的文人，很难理解祖祖辈辈破浪远航的大海勇士们。

至此，想起一句外国名言："女人与胆小鬼或许会死在陆地上，而大海则是埋葬勇敢者的坟墓！"

海客们即使葬身大海，他们也不愧是勇敢者。大海就是他们无悔的理想归宿！而"胆小鬼"们，只能在陆地上蜷缩着默默死去。此名言把女人与"胆小鬼"并列，甚为不妥。"巾帼不让须眉"，女人中也同样有不少勇敢者。不过，在我国古代驾小舟、战风浪、闯远洋的海客中，确实未听说过有女人，特别是独自驾舟出海的女人。这不是说她们"胆小"，而是生理特点不宜和社会传统分工的不同。

古代和近代文人中，也有一些人对海客是抱肯定或赞美态度的，这其中就包括李白。

李白，素有仙侠之气，对海客很感兴趣，多次用海客入诗。除篇首引用的外，还比如"却顾海客扬云帆，便欲因之向溟渤"，"海客去已久，谁人测沉冥"，表示他对扬帆远航的海客，颇有羡慕、怀念之意。

海客所谓"重财轻生"，是不是就是财迷、吝啬鬼？否也！唐代诗人张籍的诗中就赞扬他们："入国自献宝，逢人多赠珠。"可见他们腰缠万贯之后，在"献"与"赠"方面，出手大方，是重义气友情、轻金钱珠宝的豪爽之客。

清朝诗人孙元衡《赠海客》一诗，则对老年海客高超的观潮测海经验，扬帆驭船技术，给予高度称赞："潮视盈亏月，风随顺逆船。"即：他们预测海潮的大小，主要根据月亮的"盈"与"亏"（月圆月缺与潮汐有关）；他们扬帆于海上，不论东西南北风，顺风逆风，都能加以巧妙利用。

那么，海客远涉重洋，从南洋西洋诸国究竟贩来什么价值万贯的财宝来呢？又是在哪些地方交易上市呢？这一点古书也有记载。

他们带来了大洋彼岸的"金玉珠贝，奇珍异宝"，多在广东一带交易。《楚庭稗珠录》一书描述："金山珠海，陈之市肆，光炫耀撼，目不得开，口不得言……"具体点说，我们可以想象，比如有象牙、珊瑚、宝石、珍珠、玛瑙、琥珀、贝类、水精（晶）、香药等珍奇的异域产品。更可贵的是，"常闻海客谈，异说十七八"（黄遵宪《春夜招乡人饮》），他们带来岛国异邦风土人情各种各样的奇闻异说，丰富了中华文明的宝库。同时，也要看到，他们向外邦彼岸，播撒了中华文明的种子。

历史学家有这么一个观点：汉朝纵马挥戈，扩疆西北，所以西北一带诸国多称中国人为"汉人"；唐朝航海业发展，海客远航大洋，所以至今海外诸国多呼中国人为"唐人"，城市有"唐人街"。当然，现在"唐人"的称谓，要远远多于"汉人"的称谓了。

至此，我们可以对海客形象进一步作出界定，他们是一群以远洋异邦为目标，以海上探险为乐趣，以贩运珠宝等珍奇海产品为谋生手段的民间自由航海者。一般地说，海客一词不用于大陆沿海打鱼的渔民，尽管这些渔民也常年漂泊在海上；不用于官方出使异邦命船上的官员（比如郑和下西洋），尽管这些人也常常抒发大洋的客子之情；不用于南粮北运的漕船上的漕丁、漕夫，尽管他们也沿海岸线长途航行；也不用于那些战乱年代海边隐居或流亡的人，比如战国、秦汉时期的著名政治人物鲁仲连、田横等。

总之，海客总是与神秘、浪漫、传奇、商贾相伴随，海客就是海客！

由巨海茫茫中的海客，很容易让我们联想起人生。正如一句外国名言所说："人，都是航海中的探索者。"

# 孔夫子"乘桴浮海"

"道不行,乘桴浮于海",是春秋末期思想家、政治家、儒家学派创始人孔子的一句名言,语出《论语·公冶长》:

子曰:"道不行,乘桴浮于海。从我者,其由与?"

《论语》是孔子逝世后,由其弟子和再传弟子回忆记录其言行而编成的语录集。孔子这句说:"我的政治理想和主张行不通的话,就乘着小筏子,漂浮到大海去海外。随从我的,大概只有仲由吧?"

"桴",由竹编的或木头制作的小筏子。"由",仲由,字子路,孔子的弟子,以有勇力著称。"子路闻之喜",老师讲这件事时想到他,他当然很高兴。

孔子这句话中的"道",不是道路的"道",而是代表儒家政治理想和主张的"道"。

孔子的儒学,主张积极入世,他是很想干一番治国济民的事业的。但他的政治理想、主张,在各国处处碰壁。面对世无明主贤君,他就想浮海到海外干一番事业。孔子的"道不行,乘桴浮于海",就是这种思想的反映。《汉书·地理志(下)》:"……然东夷天性柔顺,异于三方之外,故孔子悼道不行,设浮于海,欲居九夷,有以也夫。"孔子浮海去海外,指去九夷之地,九夷即东夷,是当时我国山东以南沿海文化落后地区。有部辞书在"乘桴"条作了这样介绍:孔子周游列国,其道不行,因有东渡渤海之意。相传殷末,箕子去之朝鲜,教民以礼义田蚕,其民受益,无门户之闭,妇人贞洁不淫,乃箕子仁贤之诲。当时孔子居鲁，濒临渤海。拟乘桴渡渤海，以行其道。后以"乘桴"喻渡渤海而东。一说，"乘桴"喻避世隐居。

辞书的解释，给了我们两层含义，首先是"乘桴浮海，以行其道"，其次是"乘桴浮海，避世隐居"。纵观孔夫子的一生，"浮海行道"，实现自己的理想主张，当是这句海洋名言的主要含义。至于"道不行，乘桴浮于海"是指面对乱世，出海隐居，了此一生，孔夫子在困境绝境中也可能有这个"一闪念"。但，这不是他思想的主流。

孔夫子"道不行"的"道"，具体内容很丰富，我们只记住"仁"是其伦理思想的最高标准，就可以了。他是鲁国人，又周游卫、曹、宋、郑、陈、蔡、楚等国，用14年时间宣传他的"道"，除了赢得一些国君"善哉""善哉"的表面喝彩外，竟无一国起用他，实施他的政治主张。相反，有些国家还对他及弟子围攻、讥讽、迫害，使他们"累累若丧家之狗"。他的学说直至其死后多年的西汉，汉武帝接受大儒董仲舒的建议，"罢黜百家、独尊儒术"，才得以彰显，并在以后的中国封建社会风光了两千多年。

孔夫子这一名言流传于后世，但是他当时并没有"乘桴"出海的举动。于是又有一种解释，这是孔夫子面对乱世，自己屡屡受挫，心中愤懑，发的一句牢骚话而已。

有趣的是，后人竟把他的"道不行，乘桴浮于海"，演绎成十分离奇的故事。

北魏人写的《十六国春秋》说，过去有个鲁国人，即孔夫子的"老乡"，出海迷失归路，到了亶州（亶洲），看见"乘桴出海"的孔夫子和他的七十二得意弟子，正浮游于海上呢！孔夫子遇到海上迷路的老乡，就送给他一根木棍，叫他闭上眼睛，骑上木棍，可以返回故里。孔夫子并嘱托他回去后告诉鲁国国君，赶紧构筑城池，以防外敌入侵。原来，那根木棍入海后变成一条龙，驮着他回到鲁国。他转告孔子之言后，鲁国国君不信。这时，奇异之事发生了，飞来数万只大雁，叼土给城墙培土！国君见状始信，赶紧加固国都曲阜的城墙。不久，果然齐国发兵入侵，因攻不破鲁国坚固的城池而退了兵。

这个故事告诉我们，孔夫子不愧是圣人，料事如神。更说明，他即使乘桴出了海，也不是避世，还惦念故国的安危大事哩。

另一个故事是清朝袁枚的笔记小说《续子不语》的"浮海"篇。说的是，有个叫王谦光的人，是温州府的一个读书人，家穷不能养活自己，就随从海上做买卖的人家做买卖，赚了大钱。第二次出海，人多货也多，突遇飓风，船触礁石沉没，淹死过半人。爬上荒岛的30多人，无吃无喝，又遇山妖，死者十占七八。幸亏活下的人靠吃山上的人参，坚持了三个多月。他们常常登山望海。一天，海上来了数十条小艇，发现了他们，泊艇相问，知道他们是中国人，就把他们载回了自己的国家。原来，这些艇是朝鲜国的海外巡逻艇。朝鲜国王闻说后接见了他们，还笑着对他们说："这不就是'道不行，乘桴浮于海'吗！"还以"浮海"为题，命王谦光作诗一首。诗中有"不因风浪险，哪得到王庭"之句，国王连连称赞。又过了三年，国王送他们回国，"王赐甚厚"。

这个故事，说明一个问题：孔老夫子的"道不行，乘桴浮于海"的名言，都传到国外去了，你还能说影响不深远吗？

至此，我们可以给"乘桴浮海"这一成语典故的含义，小结一下了：一是理想不能实现，决心到海外去干一番事业；二是面对乱世，无力回天，去海外避乱隐居；三是屡屡受挫，心中愤懑，发的牢骚话。它们的前提，都是"道不行"。

后世诗文将"乘桴""乘桴浮海"等大量入句，大都是作者在政治上仕途上受到压抑贬黜，或"经国济世"壮志难酬，或自感怀才不遇等，而抒发的感慨。也有一些诗文，对孔老夫子表达同情、惋惜，或者借用"乘桴"，表示避世隐逸。他们用"乘桴浮海"典故，抒发的是什么情绪，要根据具体诗文，仔细分析体会。

东汉班彪《览海赋》："余有事于淮浦，览沧海之茫茫。悟仲尼之乘桴，聊从容而遂行……""淮浦"，地名，在今江苏。"仲尼"，孔子字仲尼。作者因事路过淮浦，得以饱览茫茫大海。他边想春秋时期孔老夫子的"乘桴浮海"，边悟人生和世事道理，就姑且顺着孔老夫子的航迹，从容入海游览吧！从全篇赋的内容来看，主要是叹赏大海风光，幻想仙境美好，他借用孔子的"乘桴"，抒发了一种仙游大海的情怀。

三国（魏）曹植《盘石》诗："乘桴何所志，吁嗟我孔公。"此诗就含叹息声了——孔老夫子啊，您为了什么理想和志向，执意要乘小木筏子出海呢？不为世用，可叹啊！

唐代大臣张说，被贬官到今广西钦州一带，他带着一种低沉而迷茫的心情写了一首《入海》诗，开头两句就是"乘桴入南海，海旷不可临"。此处不用乘舟、乘船，而言"乘桴"，就是有意暗用孔夫子的名言，曲折表达自己对遭贬的不满和对仕途的忧虑。

唐代诗人孟浩然，一生不得志，在《岁暮海上作》一诗中，开头两句便直用孔子的典故，与自己比较："仲尼既已没，余亦浮于海……"孔老夫子啊，早已辞别人世；可我（"余"），同样遭遇不被世用的境况，那么，我就按照他老人家当年的名言，也乘桴浮于海吧！

唐代诗人王维写了一首《崔录事》的诗，称赞这个崔姓官员"解印归田里，贤哉此丈夫"。此朋友卸任归隐，居家在海边。王诗的最后两句是："已闻能狎鸟，余欲共乘桴！"这两句说，王维愿意同朋友在海边与鸥鸟玩耍（典出《列子》），同乘小筏子游游大海。他借用孔子"乘桴"典故，表达了欲隐逸山水田园的一种情结。

唐代李白有四句诗："仲尼欲浮海，吾祖之流沙。圣贤共沦没，临歧胡咄嗟。"这几句诗，将孔子欲乘着小筏子漂流出海，与老子乘着青牛车（一说骑青牛）西出函谷关消失在流沙之中，加以类比，想象二老歧路临别时，为了什么事这样叹息啊。两位圣贤叹息的，是共同的命运，共同的不为世用的沉沦湮没！老子姓李，名耳，唐朝皇帝李姓，尊老子为祖。李白也称老子为"吾祖"。

唐代边塞诗人岑参，大概对"浮名"有所感悟，在赠他人的诗中说："浮名何足道？海上堪乘桴！"

最有意思的是，北宋文学家苏轼，一生中遭到几次贬谪，最后贬谪到海南岛。他将愤懑、失意和旷达、不屈、奋斗等种种复杂情绪凝聚入诗文中，多次引用孔子"乘桴"的名言。在《千秋岁》词的结尾，他感慨："吾已矣，乘桴且恁浮于海。"据《舆地纪胜》等书记载，贬谪中的苏轼与同样被贬南方的弟弟苏辙在广东海岸相别，渡海去海南岛。既已登舟，苏轼触景生情地对弟弟说："这岂不是所说的'道不行，乘桴浮于海'么？"他被贬海南岛几年后遇赦北归，北渡琼州海峡时仍不忘"乘桴"典故，写的《六月二十日夜渡海》诗，有"空余鲁叟乘桴意"的诗句，为后世留下"鲁叟乘桴"成语。"鲁叟"，即指孔子。

孔夫子的"乘桴浮海"名言，现今已不大使用了。但是，我们在学习海洋传统文化中，在查阅海洋名言、成语、诗文、典故中，经常见到它。这也是儒家学说对海洋文化的一个贡献吧。

在海洋典故中，"乘桴"与"乘槎"是近义词。因为"桴"与"槎"都是小筏子，航行的又都是在海上。但"乘桴"，专指孔夫子"道不行，乘桴浮于海"典故；"乘槎"，专指《博物志》说的那个海岛人乘小筏子浮上天河的典故。二者含义有别，不可混淆。

附带说一个有趣的话题。现在中国的传统文化已经走向世界，世界许多国家都建有孔子学院。这些学院的外国青少年，学习中国传统文化，传统文化中就包括孔子的名言和思想，这些名言和思想果真"出海"啦！

两千多年前，备受压抑困顿的孔老夫子，无奈发出"道不行，乘桴浮于海"的感叹；两千多年后，世界多国建立的学习中国传统文化的学院，统一以"孔子"命名！

孔子学院，告慰孔老夫子的在天之灵！

孔子，中国伟大的思想家。他创造的儒学，流传至今而不衰。他之后，在这一思想领域，尽管出现许多颇有建树的大家，有的堪称"大儒"，但就名望和声誉来说，再也无人能够与他比肩，他成了独一无二的高峰。

北宋著名书法家米芾，写有一首《孔子赞》，读后令人久久咀味：

孔子孔子，大哉孔子！孔子以前，既无孔子；孔子以后，更无孔子。孔子孔子，大哉孔子！

# 鲁连不帝秦　田横刎颈死

有草名含羞，人岂能无耻？鲁连不帝秦，田横刎颈死。

老一辈无产阶级革命家陈毅，是文武全才的开国元帅，他写了不少颂扬气节操守高尚的诗，流传很广。《冬夜杂咏·含羞草》就是其中的一首。上述的诗句，引自这首诗。

含羞草，我国海南岛一带生长较多，是一种反应灵敏的草本植物。只要人稍动其叶，其叶柄立即下垂，叶片纷纷合闭，好像"怕羞"一样。当然，过一会儿，不再动它，它的茎与叶又慢慢伸展开了。

陈老总的诗意是，草尚且知"羞"，人岂不更应知"耻"？接着他举出知"羞"知"耻"的两个著名历史人物：鲁仲连（亦称"鲁连"）和田横。

鲁仲连是战国时人，田横是秦末汉初时人，他们都生活在战乱年代，知大耻大辱，不肯向强权低头，很有生死大节，为后世所称颂。

这两个人物有一个共同特点，都投身过大海，所以我们了解海洋名言典故，特别是典故，不可不粗知一点这两个与大海有关的著名历史人物。

先说鲁仲连。

鲁仲连，战国时的齐国人。《战国策·赵策三》和《史记·鲁仲连列传》都详细介绍过其人其事。

公元前260年，秦国与赵国在长平进行了一场大决战，秦军大破赵军，坑杀赵卒四十余万人。接着，野心勃勃的秦国围攻赵国都城邯郸。秦国大兵压城，形势万分危急。赵国向魏国求救，魏国虽发了救兵，但畏惧秦兵强大，中途不敢前进。魏王还派人悄悄进入邯郸，劝赵国说：秦国这次出兵，主要是想压赵国"尊秦为帝"，如果赵国满足了秦国的意图，秦国自然退兵。恰这时齐国的鲁仲连游于邯郸，他通过赵国的平原君赵胜介绍，见到这个魏国使者。鲁仲连痛陈利害：那个秦国，是个不讲礼义之国，假如让秦王肆无忌惮称帝，就会更加暴虐统治天下，"则连（鲁仲连）有蹈东海而死耳，吾不忍为之民也"。也就是说，如果秦国为帝，我绝不向强权低头，不当秦国顺民，我鲁仲连宁愿投东海去死啦！魏国使者甚为羞惭，对鲁仲连的临大危而不可辱的气节十分敬佩："吾乃今日知先生为天下之士也！"并表示，不再劝赵"尊秦为帝"。秦军闻听此事，也心存顾忌地退兵五十里。

正好这时，魏国公子无忌（信陵君）窃得魏王兵符，冒死独自到前线，假冒王命夺了那个带救兵将军的兵权，挑选精兵击秦，彻底解了邯郸之围。赵国感谢鲁仲连，欲封他为官，他不受；赠与千金，他不取；辞赵而去。

鲁仲连这次虽然发誓"蹈东海而死"，但因秦军退去，未达"称帝"目的，所以他也未投东海。真正去大海，则是20多年后的事。

这年燕国发兵攻占了齐国的聊城，齐国大将田单率兵夺聊城，苦战一年有余，死伤惨重，未能攻下。鲁仲连作为齐国人，为国分忧，利用燕国守城大将与燕国高层统治者的矛盾，写了一封劝降书，用箭射入聊城。此书触动到燕将内心的痛处，使之哭泣三日，犹豫不能决断，最后被迫自杀。主将一死，聊城燕军大乱，齐军乘机攻而克之。

鲁仲连用一封书信，不战而先折敌之主将，为齐国立了大功，齐国欲封他当官。他为了践行自己拒官爵、轻金钱的高雅之志，"逃隐于海上"。这个"海上"，可能是海岛，也可能是沿海某地。他从此过起了隐逸生活，再也听不到有关他的音信了。

鲁仲连以一介布衣，面对强秦不肯俯首称臣、甘当顺民，"有蹈东海而死耳"，最终未蹈海而死。近代却出了一位"蹈海而死"英烈，他就是追随孙中山民主革命的革命党人、去日本的留学生陈天华。陈天华生活的年代，正是西方列强侵略欺凌中国的年代，中国面临列强瓜分亡国的命运。为不甘当亡国奴，震醒国民奋起抗争，1905年12月8日，在留学地日本东京大森海湾，陈天华投海结束了自己30岁的生命。他留下的《绝命书》说，早已为自己的命运作了安排："其一则作书报以警世；其二则遇有可死之机会则死之。"陈天华的"蹈海"之举，引起了社会很大震动。人们纷纷称赞他，不愧是热心有血性的真正革命党人，近代民主革命家！他的"蹈海"之死，促使很多人尽快觉醒，出现了不少为拯救中华民族命运而奋起斗争的志士。

回过头继续说一说鲁仲连。

对鲁仲连的高尚气节和情操，历代多有诗文赞叹。比如晋朝左思的《咏史》："吾慕鲁仲连，谈笑却秦军。"南宋爱国诗人陆游的《杂感》："蹈海言犹在，移山志未衰。"明末抗清英雄陈子龙的《秋日杂感》："岂惜余生终蹈海，独怜无力可移山。"晚清黄遵宪的《己亥杂诗》："乌呼碑下吊忠臣，蹈海人人耻帝秦。"1917年，年轻的周恩来南开学校毕业后东渡日本留学，寻求救国救民道路，曾写有"面壁十年图破壁，难酬蹈海亦英雄"的著名诗句。当然，周恩来诗句中的"蹈海"，既包括战国时期的"蹈海"高士鲁仲连，更含有近代"蹈海"英烈陈天华。

下面，专录清朝屈大均的一首《鲁连台》，他是这样赞颂鲁仲连的：

一笑无秦帝，飘然向海东。
谁能排大难，不屑计奇功。
古戍三秋雁，高台万木风。
从来天下士，只在布衣中！

再说田横。

田横本是战国时齐国贵族田氏的后代，秦统一中国灭掉了齐国。但秦朝末年战乱，田氏（包括田横）又自立为齐王。刘邦派大将韩信破齐，田横率从属五百人，逃往今山东半岛沿海的一个小岛上。

刘邦建立汉朝称帝后，总感到田横栖居海岛不称臣于汉，是个极大隐患，就派使者来岛赦免了田横之罪，召之入朝做官。但是，田横仍不从命。

刘邦看"软"的不行，就来"硬"的，威胁说："不来，且举兵加诛焉！"也就是说，不来朝廷归顺做官，就要派兵剿灭。

田横自知不能以卵击石，就带着两个随从，跟着汉朝使者，渡海登岸踏上朝见汉天子之路。当行至离洛阳三十里处，田横愈感向强权屈服的耻辱，于是毅然拔剑自刎。随从者按照他死前的安排，捧着他的头，跟着汉朝使者，驰见在洛阳的刘邦，以表田横宁死不受辱之心志。

刘邦命以王者之礼厚葬田横。安葬之后，随田横来的那两个人，也在田横墓前拔剑自杀。刘邦又派使者召仍在海岛的那五百人，使者至，五百人听说田横已死，皆自杀，无一降者。

汉朝史官司马迁仰慕田横，特在《史记》中为其列传，慨叹说："田横之高节，宾客慕义而从横死，岂非至贤！"现代著名画家徐悲鸿于20世纪30年代创作的巨幅油画《田横五百士》，场面悲壮，人物栩栩如生，充分彰显了一种坚守大义、士可杀不可辱的高尚精神。这幅画在抗日战争中，发挥了重大宣传鼓舞作用，激励人们勇敢战斗，宁死不降，堪称传世精品。

北周庾信在《周大将军怀德公吴明彻墓志铭》中，将项羽（项籍）的八千子弟，与田横的海岛五百人并列，感叹他们的至死不屈的气节："江东八千子弟，从项籍而不归；海岛五百军人，为田横而俱死焉。"

后人为追踪田横所栖海岛的遗址，在今山东沿海找了几个小岛，但比较可信的，是即墨沿海的那个小岛，即现今地图上标出的"田横岛"。现在岛上留有田横五百义士墓，矗立着"齐王田横"巨形雕像。

"鲁连不帝秦，田横刎颈死"，陈老总写这两句诗，主要是颂扬两位历史人物的崇高气节。而我们长年生活在海边的人，除理解诗的主旨外，还为主人公都有一段与大海有关的经历而产生亲切感。战国时期的鲁仲连敢抗强暴，屡建奇功，摆脱高官厚禄世俗之见，追求高雅志趣，毅然走向海边隐居，不知所终；汉末田横本栖居于海岛，面对强权，不甘受辱，完成了"以身殉节"的壮举，海岛五百军士演出了宁死不屈的悲壮一幕。

当我们今天吟诵陈老总这两句诗的时候，浮想联翩，仿佛还能听到从那遥远年代，传来的经久不息的大海涛声！

# 四海为家
# 五湖四海

　　提起四海为家这句海洋成语，不妨先说一说《史记》记载的汉朝初年，皇帝刘邦和丞相萧何一段由争吵到和解的有趣的故事。

　　刘邦灭掉项羽，建立汉朝，但天下仍不安定，不是今天这个反了，就是明天那个叛了，他还得要领兵四处打仗平乱平叛。有一年，他从前方刚回到皇都长安，看见丞相萧何给他建造的未央宫十分壮丽，立即引起一腔怒火。他质问萧何："天下纷乱，数年苦战，成败还不敢定，为什么要把宫室修筑得这么过度豪华？！"萧何却回答说："天下方未定，故可因遂就宫室。且夫天子以四海为家，非壮丽无以重威，且无令后世有以加也。"

　　萧何的意思是，正是天下未定，才趁着时机建成宫室。"天子以四海为家"，刘邦贵为开国天子，四海（天下）就是你刘邦的"家"。因此，必须建起壮丽的宫殿以重威严，令天下顺服；况且，不能让后世的宫殿规模超过未央宫。刘邦听了萧何的话，转怒为喜。当未央宫建成之后，刘邦在前殿大宴群臣，群臣"皆呼万岁"，真像天下（四海）都是他刘氏一个人的家业了！

　　萧何虽为历史贤相，但他"必须建起壮丽的宫殿以示天子威严"的这番高论，后人却有不敢苟同者。

　　北宋著名大臣、史学家司马光在《资治通鉴》中，就详加批驳，供宋朝皇帝参考。一是讲道理。王者，应以仁义为壮丽（对应宫殿壮丽而言），以道德为威严，还不曾听说过有依靠宫室规模来镇服天下的！天下尚未平定，理当"克己节用"，急着去解除百姓的危难疾苦；现却以建宫室为先，能说你知道自己当前的要务吗？二是摆事实。往前看，禹建夏朝时的宫殿矮小简陋，但到了夏末桀，就大造豪华的倾宫。创业之君以节俭示之子孙，末代尚且陷入奢侈淫靡呢。更何况你现在就建未央宫，显示出了奢侈豪华之风，还说什么让后世建宫殿不要超过未央宫，岂不谬哉！向后看，汉朝到了武帝朝，好大喜功，大建豪华宫室，弄得天下民疲财尽。武帝这么干，未必不是你萧丞相给他的启示吧！

明朝李贽撰《藏书》，将萧何归于"结主大臣"之首，很是推崇。但他也不明白，萧何把自己的家安置于穷僻之处，治家从不建深宅大院，以俭示于子孙，可却把汉朝未央宫建得这么豪华壮丽，究竟为什么呢？令人费解。

如果我们今天要在萧何与司马光之间选边站，肯定站在司马光一边。他讲得有道理嘛。

但是，萧何此举就那么昏庸吗？其实不然，萧何也有他的道理。

他的道理很简单：天子"四海为家"，皇权至高无上。现在在都城建成威严无比的大宫殿，昭示天下就是姓刘的了，震慑那些反叛者，放下武器归顺刘家皇室吧！萧何的道理与司马光的道理相比较，尽管有点儿"偏"，也不能说毫无道理。

这里，我们要十分重视成语四海为家。它的初始含义，是为帝王专用。天下就是帝王一个人的家！

君王拥有四海，帝王四海为家的思想，不是萧何独创，春秋战国时就有了。比如《尚书·大禹谟》有"奄有（拥有）四海，为天下君"的说法。《诗经·小雅·北山》有"溥（普）天之下，莫非王土；率土之滨，莫非王臣"的诗句。《荀子·议兵》有"四海之内若一家，通达之属莫不从服"的说法。荀子的"四海一家"与萧何的四海为家，仅一字之差。不管怎么说，四海为家成语的初始含义，是古代最高统治者家国不分，"我有四海、天下为家"的意思。

四海为家这一用法，西汉以后仍有所见。东汉张衡《西京赋》："方今圣上……掩四海而为家，富有之业，莫我大也。"唐朝刘禹锡

《西塞山怀古》诗："今逢四海为家日，故垒萧萧芦荻秋。"注家注解说："四海为家，言四海归于一家，即天下统一。"

北宋司马光编纂的《资治通鉴》，除引用汉朝萧何说的四海为家外，至少还有两个古义四海为家的例子。

一是北魏孝文帝要将国都由北方的平城（在今山西大同一带）向南迁移至洛阳，尚书于果以"先帝以来，久居于此，百姓安之"等种种理由，劝说不要南迁。孝文帝反驳说："王者以四海为家，或南或北，何常之有！"意思是，王者，四海（天下）就是他的家。我建国都，南方北方皆可，哪能常居一地而不动呢！孝文帝都城南迁的一个重要目的，是学习中原文化。这个帝王的迁都之举，对促进中国南北民族大融合起了重大作用。

二是唐朝大臣狄仁杰劝谏女皇武则天改立太子的事，这可关乎天下安定，唐朝兴亡！武则天本有意立自己娘家的侄儿（武姓后人）为太子，并对劝说她的狄仁杰说："这是朕家里的事，你不要打听参与。"狄仁杰则说："君王以四海为家，四海之内，谁不是臣妾，什么事不是陛下家里的事呢！"意思是，君王家里的事就是四海的事，四海的事就是君王家里的事，君王以四海为家，你立太子既是家事又是天下事啊！在狄仁杰等大臣的劝谏下，武则天终于改变了想法，改立自己的亲生儿子（李氏后代）为太子。这样，延续了李氏的宗室朝廷，更重要的是避免了天下大乱。狄仁杰用四海为家的道理参与了武则天立太子的"家"事，并劝谏成功，功莫大焉。

以上列举多项古义四海为家的事例，意在追溯这个成语的源头。我国不少成语，都有这样一种古义离今天越来越远的现象。

社会在变化，语言在发展，四海为家这个成语，渐渐产生了"变异"。它由古代帝王一个人居高临下"专用"，演变成为平民百姓的常用语了。

首先，它同"天下作客，四方飘泊"意义类似。

唐宋元明清的戏剧、话本、诗词、小说中，常写一些义士、豪侠浪迹江湖，到处飘泊，路见不平拔刀相助，有的甚至成就了一番大业。他们常说这样的话："身如飘蓬，四海为家，何暇计及家室？"一些和尚道士，身背布袋，手端钵盂，边走边念经传道，走到哪儿"化斋"到哪儿，云游天下，四海为家。他们把一生中游历过多少古刹名寺，当成成名的资历。还有些文人墨客，到处游历名山大川，吟诗作赋，四海为家。宋朝诗人戴复古，登上传说中的三国古战场赤壁矶，写《满庭芳》词："登临，还自笑，狂游四海，一向忘家！"一个"笑"，一个"狂"，一个"忘"，表达了诗人长年漂泊在外，流连山水的洒脱豪迈情怀。

其次，它同"走南闯北，打拼创业"意义类似。

20世纪80年代以来，改革开放大潮席卷全国，四海为家的含义又多了一层，常指某些人跳出本乡本土小圈圈，闯荡天下，淘金打工，干大事业，长年不归。比如北方人到广东、海南或江浙一带打工创业，东部沿海的企业家到大西北创办企业，他们之中既有白领高科技人才和高级管理人才，又有农民工，也有刚出校门的青年学生，现在许多人经过打拼，已创业有成，发家致富。

说起四海为家打拼创业，不得不提一提我国的一个特殊地区、特殊群体，这就是浙江省温州地区温州人。温州自古地少人多，当地人祖祖辈辈就有外出打拼谋生的传统。他们可谓是四海为家"祖辈传"的人群，改革开放更给他们创造了实现梦想的有利条件。据有关资料统计，多年来温州在外创业的群体，遍及大半个中国，世界许多个国家也留下他们的足迹。

某大城市郊野有一条东西马路，行人来来往往，一对外来打工的夫妻在路边开了一家小酒馆，门口贴出一副对联，似乎也是专门针对同自己一样的外地打工者的，很有味道：

四海为家，坐片刻，无分你我；
两头是路，吃一盏，各奔西东！

最后，它同"转战南北，卫国戍边"意义类似。

无论是革命战争年代，还是今天和平建设时期，作为革命军人，或南征北战，或卫国戍边，随时准备为国为民牺牲自己的一切，哪有时间顾及家庭，用四海为家形容他们的奉献精神和广阔胸怀，再合适不过了。青山处处埋忠骨。那些在革命战争年代，牺牲在异地他乡的先烈们，有的在烈士纪念碑上都未能留下姓名，有的虽然留有名和姓，却直到今天都不知道他的家乡在哪里……他们就是这样，长眠在祖国四面八方山山水水的大地上。四海，就是他们英魂安息的家！即便现在和平年代，执行紧急重大任务，有的干部战士仍免不了为国捐躯。至于家乡父母病重病逝，不能尽孝床前，送最后一程；孩子几岁了，由于见面太少，临时回家探亲时，竟把爸爸叫"解放军叔叔"，都已不是什么新鲜事了。越是雪野高原，越是荒山孤岛，越是海角天涯，越需要军人的长年守护，那里就是军人的家。军人的天职是服从命令听指挥，奔向哪里哪里就是家。正如早年一首歌的歌词唱的："毛主席的战士最听党的话，哪里需要到哪里去，哪里艰苦哪安家。祖国要我守边卡，扛起枪杆我就走，打起背包就出发！"

提起海洋成语五湖四海，人们很容易联想起毛泽东在《为人民服务》一文中说过的这段话："我们都是来自五湖四海，为了一个共同的革命目标，走到一起来了。"毛泽东的这段话，是在延安为追悼山中烧炭牺牲的共产主义战士张思德而说的，意在教导以全心全意为人民服务为宗旨的部队官兵，无论来自哪里，都是革命大家庭的成员，都要互相关心，互相爱护，互相帮助。

现在，我们在说到班子建设和干部队伍建设的时候，也常强调选人用人要德才兼备，一视同仁，搞五湖四海，不要任人唯亲。五湖四海，因毛泽东的使用，知名度大大提高。

其实，五湖四海词语古已有之，至少在唐朝就有人使用了，如《全唐诗》中吕岩的《绝句》："斗笠为帆扇作舟，五湖四海任遨游。"宋人彭耜《喜迁莺》词中有"五湖四海，千岩万壑，已把此生分付"的句子。明朝小说甚至概括出"九江八河、五湖四海"的对应式提法。

至于五湖四海到底指我国哪五个"湖",哪四个"海",众说纷纭。四个海还好说一点（古今概念也不同）；特别是那五个湖,莫衷一是,有的说这五个,有的又说那五个,有的重合又有的不重合。据《辞源》的说法,古代一是把太湖就叫五湖,二是把太湖及附近的四个湖并称为五湖,三是五个湖并不都在太湖一带,分布较广,比如包括洞庭湖等等。《辞海》则给出近代五湖的概念："近代一般以洞庭、鄱阳、太湖、巢湖、洪泽为五湖。"如果我们对古五湖的概念太觉纷繁复杂的话,不妨以近代概念认定这五大湖泊。实际上,只要不是作专门的学术研究,一般性的读者,对五湖四海这一成语的湖与海,其具体名称、方位不必细究死抠,因为它本身就是泛泛而指。

有一个新兴成语倒是从毛泽东诗词中概括出来的,就是五洲四海。《现代汉语词典》在解释"五洲"时说："指亚洲、非洲、欧洲、美洲、大洋洲,泛指全世界各地：五洲四海。"此句中的五洲四海,已是固定词组,应视为成语。其他如《现代汉语规范词典》《古今成语词典》等,都已经认定五洲四海为人们经常使用的新成语,辟为独立词条。它出于毛泽东词《满江红·和郭沫若同志》中的"四海翻腾云水怒,五洲震荡风雷激"的名句。

"湖"与"洲",一字之差,含义有别。五湖四海,代指全国各地；五洲四海,代指全世界各地。这两个成语的使用范围,上述几个词典都有严格界定。我们不要混淆二者含义,言谈话语中出差错。

# 纵横古今说"四海"

在我国古代海洋词语中,"四海"是出现最早、也是含义最为复杂的词语之一。以先秦经典著作为例,《尚书》中已有"敷于四海""四海会同""永清四海"等句子。

我们不是常说"马克思主义真理放之四海而皆准"吗?这"放之四海而皆准"就是从《礼记·祭义》中的一段话概括出来的。这段话原是说"孝"的广泛适应性:"夫孝,置之而塞乎天地,溥之而横乎四海……推而放诸东海而准,推而放诸西海而准,推而放诸南海而准,推而放诸北海而准。"后人就据此概括出"放之四海而皆准"。

不是有句流传很广的俗语,叫"四海之内皆兄弟"吗?原来,这句话出自记录孔子及其弟子言行的《论语》的《颜渊》篇,此篇记有两个人的对话。司马牛忧愁地说:"人皆有兄弟,我独亡。""亡"这里是"无"的意思。子夏回答说:"……君子敬而无失,与人恭而有礼,四海之内皆兄弟也。君子何患乎无兄弟也?"此"四海之内",即普天之下的意思。普天之下,到处都是好兄弟。君子何必担忧没有兄弟呢?

小说《水浒传》中,多处出现"四海之内,皆兄弟也"的话语。此书有多种外文翻译本,书名各异,其中的一个英译本就名为《四海之内皆兄弟》。

那么,"四海"究竟是什么意思呢?是指现今我们说渤海、黄海、东海、南海吗?

"四海",自古以来,概念十分复杂。

可以这样说,凡说"四海"这个词的时候,大多是虚指,它和周边、偏远、天下、四方、社稷国土的含义差不多。

明朝人李贽在《焚书·四海》中说得很明确："所云四海，即四方也……岂真有东、西、南、北之海？"清朝人胡渭在《禹贡锥指》中说："古书所称四海，皆以地言，不以水言。"他还举出个例子：我国最早的解释词义的辞书《尔雅》，在解释"四海"的时候，放入"释地"的章节，却不放入"释水"的章节。另外，《列子·汤问》还有"四海四荒四极"的说法，都是指周边极远的地方。

但是，凡言"四海"中的具体海名的时候，那可就要谨慎一点了，分析它到底是虚指还是实指。

有时它就是指极远的地方，是虚指。比如《左传·僖公四年》的"君处北海，寡人处南海"，著名学者杨伯峻注解说："此所谓北海、南海者，犹言极北、极南，不必以实地证之。"《礼记》《荀子》等古书都有东、西、南、北海的称谓，唐朝杨倞注解《荀子》说："海谓荒晦绝远之地，不必至海水也。"你看，注释家一个指出不必到实地去找到底哪里是北海、南海；一个指出那是指荒晦绝远之地，不必非要去找海水。这些，还不是虚指吗？

至于实指，也要分清指的是哪片海水；有时指的并不是那片海水，而是临近那片海水的行政区辖地。这就有了所谓的"海域指"和"地域指"。因为古代设有东海郡、西海郡、南海郡、北海郡，是地名。有时行文为求简略，干脆把那个"郡"字省略掉，那块行政区辖地也称为东海、西海、南海、北海了。

总之，"四海"，古代赋予它大致三层含义。

其一，不是指"海"，而是代指天下、国土。

为什么不直言"天下"，而说"四海"，基于古人这一认识：中国国土中间高四周低，周边皆有大海环绕，中国就位于"海内"，外国就是"海外"了。"四海"就是国土周边都是海，就是"天下"，即中国国土。

西汉桓宽《盐铁论》："言满天下，德覆四海，周公是也。"将"天下"与"四海"对应，二者同一含义。

《孟子》："天子不仁，不保四海；诸侯不仁，不保社稷。"将"四海"与"社稷"（国家）对应，二者同一含义。

宋朝王安石《上仁宗皇帝言事书》，两次出现"九州之大，四海之远"的提法，"四海"与"九州"（中国）同一含义。

有两首当今少儿都常背诵的唐诗，涉及"四海"：

春种一粒粟，秋收万颗子。四海无闲田，农夫犹饿死。

上述四句，是李绅的《悯农》诗。"四海"，显然不是指四周大水浩渺的海，而是泛指广大的中国国土。

圆魄上寒空，皆言四海同。安知千里外，不有雨兼风？

上述四句，是李峤的《中秋月》诗。"圆魄"，指圆圆的银亮的月亮。中秋节夜晚，银亮的圆月升上高寒的天空，人们都说这皎洁的月光能普照天下。可谁又能知道，千万里之外，没有浓云密布（遮住月光），边下雨边刮风呢？"四海"，也显然指广大的国土。

其二，实指海面，不同历史时期说法不一。特别要注意，不能生搬硬套理解为是指现今的渤、黄、东、南四个海。

古人点出的四个海名是东海、西海、南海、北海。古代科技不发达，人们对中国周边的认识有很大局限性，四个海名极为含糊笼统，只能是泛泛而指，而且具体到方位，更是说法纷纭。比如现今俄罗斯、哈萨克斯坦、伊朗等国共同濒临的里海，古人就有时说是西海，有时说是北海。可是后人偏偏太较真，因名求实，硬要考证古人说的四个海的具体方位，问题就来了：东海、南海还好说一点，那里确有一大片海水在；西海究竟在哪儿？北海究竟又在哪儿？而且，那时说的东海、南海所包含的范围，肯定就和现在的东海、南海一样吗？为了有个直观印象，我们就先从东海、南海说起吧。

东海。古时东海之名，所指因时而异。先秦古籍的东海，实则相当于今天的黄海。《礼记·王制》："自东河至于东海，千里而遥。"古人注释说，东海在"徐州域"，恰恰位于今天之黄海。古代设置的"东海郡"（行政单位），其郡府大多位于今山东及江苏一带，面对的也是黄海。战国时，古东海开始延伸至今东海的北部。秦汉以后，今天的黄海、东海，统称东海。再到了若干年后，才有了黄海之名，黄海与东海并称，这片海域的北部称为黄海，南部仍称东海，这时的东海海域，就大致同今天的东海海域相当了。

南海。古时南海之名，因时而异。《辞海》说："先秦或以为南方各族居地泛称，或有实际的海域可指。"就海域来说，秦朝以前称今天的东海为南海。《史记·秦始皇本纪》写秦始皇"上会稽，祭大禹，望于南海"。此南海实际上是今浙江绍兴一带的东海海面。当然，今广州一带的海面也属当时的南海范围，秦置"南海郡"，其郡府就在今广州的番禺。若干年后，因东海的方位已渐渐形成，南海的方位也就渐渐南移，南海就与我们今天所称的南海海域大致相当了。

西海。我国西部是高原荒漠，干燥少雨，何"海"之有？所以西海这个概念，十分模糊复杂，争议也最多。有的说，没有所谓的西海，古籍说有四海，那是因为有了北、南、东海后，又类比想象出一个西海罢了。有的反驳说，不对，有西海，西汉出使西域的使节本来就亲眼见过，而且《史记》《汉书》等史书都有记载呀！又有反驳"言有西海者"说，你说的那个西海，就是湖，北方人叫湖为"海子"呀！的确，西海，有时指我们西部的某个湖泊，有时则指更西的外国的湖或海了。比如《史记·大宛列传》："于田之西，则水皆西流，注西海。"此西海，或指咸海，或指里海，已不位于我国西部境内了。《史记·大宛列传》《汉书·西域传》都有条支国"临西海"的记载，此西海则又指今波斯湾等一带海域。那么，我国境内"西海"者谁？古人视青海湖为西海，西汉还在这一带置"西海郡"。还有的认为，内蒙古居延海为西海，新疆博斯腾湖为西海，等等。

北海。我国北方是塞北荒原,同样无"海"可寻。《辞海》这样介绍北海:"所指因时而异。初为北方远僻地域泛称;春秋战国时又或指今渤海。……秦汉后凡塞北大泽,往往被称为北海。"至于这些"塞北大泽"具体是哪儿,辞书举出例子。比如,《史记·大宛列传》:奄蔡(国名)"临大泽,无崖,盖乃北海云"。此北海,则指今欧亚大陆交界处的里海。比如,《汉书》记载有一个著名的历史故事:苏武牧羊。被匈奴扣留的汉朝使节苏武,不降匈奴,匈奴"乃徙武北海上无人处"。此北海,即今俄罗斯境内的贝加尔湖。苏武就在此湖一带孤身牧羊,历尽生死艰辛,19年后经搭救回汉。北海在我国境内只有一个地方,即今渤海。西汉曾在濒临渤海湾的山东半岛置"北海郡"。

以上主要依据辞书提供的资料,加上参考其他材料,泛泛考查了古时的四个"海"。有的书刊说得更详尽,可以说越详尽越细分,对于普通读者来说,越感到头绪纷乱,查不明记不清。但有一点可以确定,古时说的四个"海",与我们今天说的渤、黄、东、南四个海,在概念上和范围上都有不同。其"海"的称谓和海域的历史演变,我们了解个大概就行了。

其三,"四海"不仅泛指偏远之地,还指居住于中原周边的少数民族地区。

这又要提到《尔雅》这部辞书。此书在"释地"篇中是这么说的:"九夷、八狄、七戎、六蛮,谓之四海。"这里的夷、狄、戎、蛮,都泛指古代的少数民族。"四海",谓这些少数民族居住地,也指其地偏僻荒远也!

# "海外"指哪里

"海外"这个词现在频繁使用,司空见惯。但是,作为"海洋成语名言典故"来研究,就会涉及这一问题:"海外"的概念最初是怎么形成的?"海外"现今究竟指哪里?

"海外"概念的形成可追溯到战国时期。据《史记·孟子荀卿列传》记载,战国时的齐国人邹衍,是当时阴阳家的代表人物。《史记》说他说话"必先验小物,推而大之,至于无垠"。也就是此人往往先研究细小之物,由小物向大处推理想象,以至大得无边无沿,所以他的话"闳大不经",即无边无沿没个准头。邹衍身居的齐地,濒临大海,大海诱发了他"推而大之,至于无垠"的想象,提出了"大小九州"之说。他指出,儒者谈论的所谓中国,对于无限大的天下来说,"乃八十一分居其一分耳"。中国所在的这个州,叫"赤县神州"。邹衍的"大小九州"之说,概念比较笼统复杂,后人解说也不尽一致。我们只记个大概就行了:无限大的天下,中国人所居的"赤县神州",占世界八十一分之一;各州由"裨海"(小海)环绕,更有无边无沿的"大瀛海"环于大九州之外。

邹衍认为,"中国名山大川,通谷禽兽,水土所殖,物类所珍,因而推之,及海外人之所不能睹"。也就是说,中国("赤县神州"这个州)国土繁殖生长的禽兽和产出的种种珍奇的物产,是"海外人"(其他州的人)所见不到的。邹衍说的"海外人",大致相当于我们今天说的外国人。有专家据此认为,邹衍可能是我国历史上比较朦胧地提出"海外"概念的第一人。

当然,早于邹衍,"海外"这个词已见诸典籍。比如春秋时期的孔子整理的《诗经》，其中的《商颂·长发》篇，就有"相土烈烈，海外有截"的诗句了。比邹衍稍早一点的孟轲著《孟子》一书，还有"海内之地"的对应性提法。不过，对后世影响比较大的，应属于邹衍提出的"海外"说。

邹衍提出的"赤县神州"说，具有极其重大的意义，使后人对中国地理、世界地理的认识，大大前进了一步。

在此之前，古人认为，中国大陆位于天下的中央，上有天空覆盖，周边四海环绕。甚至还有认为"天圆地方"的。而邹衍认为，世界很大很大，有更大的海域和更多的陆地，海水和陆地互相环绕，中国只是在其中的一个州上，这个州叫"赤县神州"。中国不在世界的正中央，而是"在东南隅"，即位于世界的东南方。东汉王充的《论衡·谈天》，对邹衍的观点作了进一步阐释。

邹衍的"大瀛海"环于大九州之外的想象，也极有价值。有人据此推测，他想象的那片"大瀛海"，可能近似于我们今天说的"洋"。当然，战国时期的人是提不出现代"洋"（大洋）这个概念的，再广阔的水也叫"海"，哪怕叫"大瀛海"。

邹衍依据推理、想象发出的这番高论，相当一段时间被视为异端邪说，惊世骇俗。不仅《史记》说他的话"闳大不经"，王充《论衡·谈天》中也说"此言诡异，闻者惊骇"。可以想见，邹衍学说在当时是行不通的。

不管遇到什么阻力压力，邹衍学说对后世仍产生了深远的影响。北宋时期的大文学家苏轼，因与朝廷政见不合，被贬至海南岛。初来乍到，他很感孤单甚至恐惧，就是先人邹衍的学说给他解除了思想困惑。他在儋耳《试笔自书》中写道："吾始至南海，环视天水无际，凄然伤之曰：'何时得出此岛耶？'已而思之，天地在积水中，九州在大瀛海中，中国在少海中，有生孰不在岛者？"这段话的意思是，我刚来到海南岛时，环视周围水天无际，为之凄然伤感！我自言自语地说："什么时候才能离开这个孤岛呢？"等了一会儿又想想，天地在积水中，九州在大瀛海中，中国在小海中，人的一生，有谁不在"岛"上生活呢？

苏老先生确实"思"得通、"思"得在理！按"大瀛海"的概念，世界上无论大块陆地、小块陆地，都是被大水环绕，人都是生活在"岛"上的。"我老苏在海南岛上生活，又有什么可'凄然伤之'的呢？"

古代有的官员被贬到遥远的海南孤岛后，写下的文字很是凄凉感伤。苏轼本是旷达之人，加上邹衍"大瀛海"理念，更给他增添了开怀看世界的精神动力。

古人称我国的海南岛"孤悬海外"，甚至苏轼被贬海南时写的诗也被称为"海外诗"传诵一时。此处"海外"皆为比喻性说法，而非古人邹衍说的"海外"，更非今天科学定义的"海外"。这都是由于历朝历代政治中心在北方，海南岛离大陆北方太遥远又隔海相望，交通极不发达造成的。

现在对"海外"的定义，有的辞书说得很明确："古人认为我国的疆土四面环海，故称中国以外地方为海外。"还有的词典对"海外"干脆用两个字去解释，即"国外"。

但是，真正具体到应用，对"海外"的理解却容易陷入两个误区。

一是认为"海外"虽指国外、外国，但既然有"海"，那些与我国隔海相望的国家才能称之为"海外"。至于与我国陆地相连的近邻、内陆国家，诸如蒙古国、哈萨克斯坦、阿富汗、尼泊尔、老挝等，能称它们是"海外"吗？

其实，这种困惑或误解是没必要的。既然"海外"即国外，那么所有外国皆应涵盖于内，当是无疑。我们常说的"海外侨胞"，当然指世界所有国家的侨胞。早有专家指出："即使和本国领土连在一起，如我国自西南到东北的许多友好邻邦，也是外国，是异邦，对于那些地方，都可以称之为'海外'。"

二是把与大陆隔海相望的我国岛屿，出于某些原因，与"海外"

的既定概念相混淆，弄出政治性差错。

例如，多年前，有家报纸的一篇文章标题为《海外嘉宾谈"商会"》，文中把来自香港、澳门、泰国、新加坡、马来西亚的工商界知名人士，一律称之为"海外嘉宾"。这样不加区分、混为一谈，明显是错误的。专家指出："台湾、香港、澳门自古以来就是我国领土不可分割的部分。这三个地区，理所当然不应称为'海外'。另外，海南岛、西沙、东沙、南沙诸岛也都有海洋与大陆相隔，能把这些海上明珠称为'海外'吗？"由此可见，把港、澳、台混同于"海外"，是一个不应出现的误区。这种差错属于政治性差错，涉及维护我国领土主权完整的底线问题，涉及宣传工作坚持正确的舆论导向问题。

通过以上对"海外"一词的探讨，我们的启发和收获是："海外"的概念最初是怎么形成的？有兴趣者可以追溯历史，丰富知识——比如我们知道战国时期有个阴阳家邹衍，"海外"定义的最初形成与他有关，我们中国又称"赤县神州"（现在多简称为"神州"），也与此人大有关系。更重要的，多查查权威辞书，弄清"海外"的确切含义，明确"海外"现在到底指哪里。这一点，有很强的现实性和针对性，能使我们在宣传或涉外工作中，避免出现政治性差错。

# 海外奇谈

海外奇谈，是一个要说清楚须颇费口舌的海洋成语。

顾名思义，"海外"，即国境之外；"奇谈"，即奇怪的言论。所以某些词典将之定义为："有关异国他乡稀奇古怪的谈论或传说。"但古代典籍中的"海外"地域，随时代变迁有差异。

我国成书于战国时期的神话地理著作《山海经》，就是海外奇谈式的书，被称作"古今语怪之祖"。此书记述的光怪陆离的山川形貌及奇人怪物，令人眼花缭乱。其中像夸父逐日、精卫填海等，早已成为流传后世的神话故事。说海外奇谈，追溯的第一部古书应是《山海经》。

二十四史，是记载国家兴亡和朝廷更替的正史，也记载了中国历朝历代与海外各国交往的历史。这些海外国家有东北亚地区的，有东南亚地区的，有印度洋地区的，还有非洲和欧洲地区的，史家记载了这些国家不少奇风异俗，有的耸人听闻。比如《梁书》《南史》都记载，齐永元元年，从遥远的扶桑国来了个叫慧深的和尚。他说，"扶桑东千余里有女国，容貌端正，色甚洁白，身体有毛，发长委地"，最奇怪的是这些女人"入水则妊娠"，她们胸前无乳房，脖子后生毛，毛中分泌乳汁以喂养婴儿。此人又说，"天监六年，有晋安人渡海，为风所飘至一岛"，登岸后看到，岛上的女人说话听不懂，男人都是"人身而狗头，其声如吠"。长着狗脑袋的男人们，说话也如同"汪汪"的狗叫声。看，连文笔严肃的正史，也偶尔在传播海外奇谈哩！

南宋赵汝适，到福建路市舶司当官，这个市舶司是当时福建管理海外贸易的官府。出于为官的需要和便利，他遍查海外诸国地图，访问来港交易货物的中外商人、海员，让商人、海员讲述海外诸国奇异风俗和珍奇物产等等，据此写成《诸蕃志》一书。此书为唐宋时期描述海外风情的一部重要著作。《诸蕃志》记载了东自日本及东南亚，西至非洲索马里、摩洛哥及地中海东岸等几十个国家的风土人情，其中不乏一些奇闻怪事。这部书的不少内容，为《宋史·外国传》所采纳。

元朝汪大渊，著名民间航海家，他一生两次出海，航程之远，游历之广，在元朝乃至元朝以前都是少见的。他历经占城、爪哇、苏门答腊、印度、波斯、阿拉伯、埃及、摩洛哥、索马里、莫桑比克、斯里兰卡、澳大利亚、菲律宾等许多国家和地区，据亲身所见所闻所感，著《岛夷志略》一书，记载了许多异域岛国奇异风俗、奇谈怪论等。

明朝郑和七下西洋，历遍西洋等几十个国家，随行人员写下《瀛涯胜览》《星槎胜览》等见闻性著作，生动记述了这些国家当时的山川风物、奇风异俗、奇珍异宝，海外奇谈味道很浓。

明朝吴承恩创作的小说《西游记》，写的是孙悟空等保唐僧西天取经，历经多处异国风情，又有无数妖魔鬼怪，人、鬼、妖、兽之间变化多端，神、仙、佛、道法术无边，山中水中，天上地上，争斗不断，故事连连。虽然出于想象，但从某种角度说，此真乃一部带有西部地域色彩的海外奇谈之书也！

清朝人李汝珍写了一部小说《镜花缘》，写主人公乘船出游海外，记述许多奇闻异事，什么君子国、女儿国等。就拿写大耳之国来看，着实令人惊诧："走了数日，到了聂耳国。其人形体面貌与人无异，惟耳垂至腰，行路时两手捧耳而行。"书中一个叫多九公的老船工说："其实聂耳国之耳还不甚长。当日老夫曾在海外见一附庸小国，其人两耳下垂至足，就像两片蛤蜊壳，恰恰将人夹在其中。到了睡时，可以一耳作褥，一耳作被。还有两耳极大的，生下儿女，都可以睡在其内。若说大耳主寿，这个竟可长生不老了！"

海洋出版社多年前曾出版了一本名为《海外见闻》的书，以节选的形式，收录了晋代至晚清中国人所写的102部海外见闻著作中的故事，其海外风情、奇人怪事，丰富可读，令人大开眼界。

有兴趣者，寻找海外奇谈并不难，可供翻阅的古今书籍数不胜数。

值得注意的是，海外奇谈并不属于中国人的"专利"。在外国人看来，中国对于他们也是"海外"。他们游历了中国，回国后记叙中国的山川风土、奇闻怪事，对他们国家来说也是一种海外奇谈。

最典型的例子，是13世纪意大利旅行家马可·波罗。他出生在威尼斯一个商人家庭，来中国游历，当时元朝竟挽留他生活了十几年。回国后，由马可·波罗口述，他人整理出版了著名的《马可·波罗游记》。此书主要记载中国的山川风物、奇风异俗。没想到，当地人对马可·波罗讲述的海外见闻，反应很强烈，除感到新奇外，主要是认为不可信。有人竟视他为骗子、狂人。比如马可·波罗说中国山中能开采出黑色的石块，黑石块能燃烧，火焰比烧木炭还旺，从夜晚烧至天明仍不熄灭。这实际上说的是中国民间百姓烧的煤。但那时，他的家乡还不知道煤是何物，竟被当地人视为奇谈、谎言。

海外奇谈有不少确实荒诞。明朝《瀛涯胜览》这部书，记载占城国有"鳄鱼潭决狱"的官场习俗。两人打官司，主判官员实在断不清谁理直、谁理亏，就令二人分别骑上水牛，涉水过"鳄鱼潭"。此大潭与海相通，有可怕的鳄鱼出入。官场相信鳄鱼能辨善恶、真伪。理亏者骑牛过时，鳄鱼就出来把他吃掉了；理直者即使骑牛过10次，鳄鱼都不吃。连此书作者都称"最可奇也"。占城国官员的这种断案方法，令人毛骨悚然。

荒诞的还有元朝周达观在《真腊风土记》记载的真腊国的断案法：一家丢了东西，疑为此人所盗，此人又不招认，就烧一锅油，将油烧至极热，叫此人将手伸入油中。若真是贼，手就被烫烂了；若不是贼，皮肉无损。这种断案法，也够吓人的！

从以上罗列的书籍、资料可以看出，海外奇谈这一成语，内容含量确是太复杂了。

其一，有一部分海外奇谈，内容新奇独特，且有教育意义，被人们以神话传说或传奇故事等形式固定下来，在社会长久流传，不能认为荒诞有害。

比如，《山海经》中的夸父逐日、精卫填海等，在讲中国古代史和中国文学史时，都以具有积极意义的神话故事提到它们；《诸蕃志》《岛夷志略》这些书，详细记载了海外多国的风土人情、物产、贸易等，是不可多得的宝贵历史资料，大型辞书都有专条介绍；《西游记》，已被列为中国学子必读的"四大名著"之一，孙悟空等师徒西天取经途中所见的异国风情、斗妖魔鬼怪的故事，家喻户晓，津津乐道；游历海外诸国的传奇小说《镜花缘》，被列为清代名著；《瀛涯胜览》《星槎胜览》两部书，对研究当时西洋异国风情极具参考价值，是可读之书。

还有一种现象，有的在此地本是寻常事物，比如中国的煤能燃烧，而在彼地（马可·波罗的故乡欧洲）却成了无法理解的弥天大谎，这是现实存在和认识上的差异造成的。这种海外奇谈，一旦谜底揭开，真相大白，甚至在当地也已成为事实，人们就见惯不怪，由海外奇谈转化成老生常谈了。

其二，有一部分海外奇谈，纯属想象，只能作茶余饭后谈资，一笑置之，不必当真。比如写海外某国某地的人长得奇形怪状，类同妖怪，等等。

其三，有相当数量的海外奇谈，故事本身违背科学，不合情理，荒诞不经，有的甚至危害生命和身体健康，可视为糟粕，理应遭到否定、抛弃。

笔者查阅多部词典，给海外奇谈下的定义，多是"有关异国他乡稀奇古怪的谈论或传说"，"指没有根据的、稀奇古怪的谈论或传说"，等等。这些定义，基本上都是贬义的。

如果把海外奇谈全盘否定，就把人们的思想给封闭住了。对于听到的异国他乡的奇风异俗、处置问题的奇谈怪论，要具体分析：哪些是我们看不惯、想不通，却是适应那里自然历史环境和生活风俗的客观存在，不可一概斥之荒诞；哪些是根本不可信、不可行的必须抛弃的糟粕，那就一笑置之或给予批判否定。对于不是来自海外的传闻，纯属国人想入非非的奇谈怪论，人们也往往一概斥之为海外奇谈。有这样一种现象：昔时是奇谈怪论，现时已成为事实。古人曾幻想千里眼、顺风耳，现在的远程视频无线通信，不都实现了吗？古人曾生发嫦娥奔月的奇思怪想，现今人类不已登上月球了吗？世界上还有很多未被认识的事物，需要人们大胆去幻想、去预测。真理可以不断被揭示，但真理永远不会被穷尽。说不定哪一个人突发奇思怪想，触动了某一科学家敏感的神经，导致世界上一项重大发现或重要发明的诞生——这绝不是不可能！

总之，海外奇谈就其内容来说，不全是胡说八道，个别的新奇有趣，甚至有根有据。

据此，在保留词典定义的前提下，我们是否可以给海外奇谈的定义作点补充："有关异国他乡稀奇古怪的谈论或传说，内容庞杂，大部分荒诞不可信。个别有益的，演化成人们经常谈论的新奇故事。"

诚然，统而观之，海外奇谈稀奇古怪的东西确实太多了。人们在言谈写作中，大都凭借固有的"奇谈怪论、胡诌乱侃"总印象来使用它，这就只能归之为贬义。本文上面给它"丰富"的那部分新奇有趣的故事，也只能作为参考。但了解一下这部分（哪怕极少）内容，能开阔思想，并非无益。

考察我国的古籍和近现代著作，多从贬义角度使用海外奇谈。如清朝人写的《何典》（又名《十一才子书·鬼话连篇录》），是一部借鬼说事的滑稽讽刺小说，被称作天下奇书。此书《序》的开头几句，写得十分滑稽俏皮："无中生有，萃来海外奇谈；忙里偷闲，架就空中楼阁。全凭插科打诨，用不着子曰诗云；讵能（岂能）嚼字咬文，又何须之乎者也。不过逢场作戏，随口喷蛆；何妨见景生情，凭空捣鬼……"此段的不少言词，贬义味儿较浓，海外奇谈便是其中之一。

# 精卫填海

精卫填海这一海洋成语，出自我国远古一则神话传说。因其情节十分感人并蕴含深刻的世事哲理，今天被广泛运用。

这一神话传说，来源于我国古代著名的神话地理著作《山海经》。其书的《北山经》说：

发鸠之山，其上多柘木。有鸟焉，其状如乌，文首、白喙、赤足，名曰精卫，其鸣自詨；是炎帝之少女名曰女娃。女娃游于东海，溺而不返，故为精卫，常衔西山之木石以堙于东海。

上述这段文字是什么意思呢？发鸠之山，长着许多柘木（桑树的一种）。山上有一种鸟，形状像乌鸦，头上有花纹（"文首"），白白的嘴，红红的爪，名字叫"精卫"。精卫的叫声嘛，就是自叫（"自詨"），即叫声就是呼唤自己的名字——"精卫""精卫"。此小鸟原是炎帝的小女儿，名字叫女娃。女娃到东海游玩，不幸淹亡在海中，就化成这只精卫鸟。精卫鸟用嘴常衔西山上的小树枝、小石子，往东海填去……

看，小小的精卫鸟嘴衔木石，长年不息，立志把东海填平，以报自己被淹亡之恨之冤！

所以，精卫鸟又叫"冤禽"，或者叫"志鸟"。

说起《山海经》这部奇书，与我国古代海洋传统文化有着密切关系，它对山、海、河流水道及奇鸟异兽的描绘，许多超出一般人的想象。它可以说从奇思异想的神话角度，开创了我国海洋文化的一个源头。别的不说，仅精卫填海这一则神话故事，就可以传之不朽。

一只小小的精卫鸟，竟敢口衔微木、碎石，欲将浩荡无涯的大海填平，这种超乎寻常的举动，自古以来就引起人们不同的议论。有赞美的，有同情的，也有讥笑它不可能成功的。因此，精卫填海成语的含义及其运用，就呈多角度、多侧面。

不过，从古至今，人们多从积极的褒扬方面，去理解和运用这一成语典故，赞扬精卫鸟有冤必报的志气和坚持不懈的斗争精神。这也正是精卫填海成语典故的本质含义。

精卫填海用作比喻义时，往往应用于两个方面：一、对国破家亡的深仇大恨，立志必报。二、要成就一番大事业，必须志向坚定，自强不息，从点滴做起，坚持就是胜利。

精卫鸟衔木衔石的直接目的，就是填海报冤复仇。这一形象，被许多处于国破家亡之际的爱国诗人、作家所运用，表达他们的誓死救国的悲愤情怀和坚强不屈的气节。

南宋末年，元军大举南侵，宋朝河山破碎，摇摇欲坠。宋朝大臣文天祥，写下一批抗击元军、恢复山河的诗篇。其《赴阙》诗云："壮志欲填海，苦胆为忧天。"前一句用精卫填海的神话典故，后一句用春秋时期越王勾践卧薪尝胆灭吴复国的历史典故。一个"欲填海"，一个"为忧天"，都是立志报仇雪恨。

明朝末年，清军大举南侵，一批仁人志士揭竿而起，诞生了为抗清而英勇就义的少年英雄夏完淳。他写的著名的《精卫》诗中，就有"志长羽翼短，衔石随浮沉"，"滔滔东逝波，劳劳成古今"的句子。另一个想匡扶明室又壮志难酬的明末清初著名学者顾炎武，也写《精卫》诗以自比："我愿平东海，身沉心不改；大海无平期，我心无绝时！"

清朝末年，西方外强入侵，烧杀淫掳，瓜分中国大好河山。爱国诗人黄遵宪怀着驱逐外房、还我河山的沉痛心情，写下这样的诗句："杜鹃再拜忧天泪，精卫无穷填海心。"

革命战争年代，老一辈无产阶级革命家也将精卫填海典故写进他们的诗词。第五次反"围剿"失利、红军长征后，陈毅因负伤留在中央苏区打游击。他挥笔写下的《野营》诗，就有"微石终能填血海，大军遥祝渡金沙"的句子，"微石填血海"显然暗用精卫填海典故，表达报仇雪恨、惩救人民于水火之中的思想情怀。

赞扬精卫鸟自强不息矢志不移、日积月累终生奋斗精神，以此勉励一个人成就一番大事业的，也大有人在。这是精卫填海成语典故另一个角度的运用。

比较典型的，是唐朝韩愈写的一首《学诸进士作精卫衔石填海》诗。有一年，省试为进士出的考题为《精卫衔石填海》。当时韩愈为河南令，主持进士省试（省试后向朝廷推荐），仿效诸考生作了此诗，所以诗名为《学诸进士作精卫衔石填海》。诗人叙述了精卫鸟"口衔山石细，心望海波平"的宏大志愿后，写道："人皆讥造次，我独赏专精；岂计休无日，惟应尽此生！"大意是，人们都讥笑精卫衔石填海太不自量力，而我独独欣赏它的这种专注、笃行的精神；它可能也有生命终结的时候，但只要活着，就要坚定地做下去，这样才不枉此世此生！这几句，是全诗的主旨。既然此诗与学子考试有关，也有鼓励学子用精卫填海精神，日积月累顽强学习，立志成就大业的寓意。

唐朝王建在《精卫词》中，更以精卫鸟的身份写出："高山未尽海未平，愿我身死子还生！"也就是精卫鸟认为，即使自己死了，还有子子孙孙继承"填海"的未竟事业。王建的词，牵出另一则关于精卫填海的故事传说。

南北朝成书的《述异记》记载：昔时炎帝的女儿溺死在东海中，化为精卫鸟，它叫的声音就如同它的名字"精卫"一样。精卫鸟衔木石填东海，长年奋斗中，找到雄性的海燕做配偶。它们生了雌性的小鸟，就像妈妈精卫；生了雄性的小鸟，就像爸爸海燕……

所以，王建"子子孙孙"的说法是有根据的，他是依据比《山海经》晚成书的《述异记》。至于《述异记》为什么又添枝加叶，幻想出精卫鸟"配偶生子"的情节，就不得而知了。

我们不难看出，韩愈、王建赞扬的"精卫"精神，是一种积极向上、生命不息奋斗不止的精神。

当然，也有诗人清楚地看到，精卫鸟衔木衔石填海尽管精神可嘉，但不可能成功，只是白费力气，只能给予同情和劝慰，也不乏个别诗句有嘲讽味儿。比如："怨积徒有志，力微竟不成；西山木石尽，巨壑（大海）何时平？""杞人惟恐青天坠，精卫难期碧海干。""浊浪翻天地，微躯付海风。恨他精卫鸟，衔石竟无功。"这些诗句说得也有一定道理，但不是精卫题材诗文思想表达的主流。

值得一提的是，愚公移山与精卫填海，是我国从神话传说中提炼出来的两个具有生命力的成语，总的是赞美一种敢于胜利、奋斗不止的伟大精神。历代诗文，也不乏将二者并用者。比如近代著名民主革命家蔡锷，就写过"各奋愚公之愿，即可移山；共怀精卫之心，不难填海"的句子。但从历代诗人的作品来看，写精卫的似乎更生动一些。这大概原因有三：

一是"悬念"最容易触动敏感诗人的诗思。老愚公率子孙一锹一镐挖石搬山，最终感动了天帝，命令大力神将两座山给搬走了，落得个圆满结局，可以画上句号；而精卫鸟用尖尖的小嘴，衔木衔石填东海，尚没有感动"上天"，还得日复一日、年复一年地"衔"下去，"飞"下去，"填"下去。这种"悬念"，正是诗人们最善捕捉、最喜吟咏的题材。

二是同情弱者是诗人的天性。精卫鸟由淹亡的小女孩化成，竟敢嘴衔细木枝、碎石子填东海以报冤复仇，比老愚公一家人挖石搬山"弱"得多，它是一鸟冲天、孤军奋战啊！诗人肯定更同情、关注这只飞来飞去的小小精卫鸟。

三是精卫填海容易构成文学创作的背景画面。劲吹的海风，飞翔的小鸟，滔滔的海面，从海空抛下来的小树枝、小石子，是天然的文学创作画面，更能激发灵感，构思意境，很容易写出优美动人的诗歌。

# 泥牛入海
# 石沉大海

泥牛入海，出处是宋代僧人道原写的《景德传灯录》卷八"潭州龙山和尚"。其情节相当简单，而由此化成的这一成语却流传百世。

说的是一个叫洞山的和尚，周游四方，到了潭州龙山，暂住并参见龙山和尚。于是两个和尚有了下面一问一答的对话：

洞山云："宾主相见有何言说？"
师（龙山和尚）云："清风拂白月。"
洞山又问："和尚见个什么道理，便住此山？"
师云："我见两个泥牛斗入海，直至如今无消息。"

从寺庙主人对来客的回答中，我们可以看出，老禅师龙山和尚选此山居住，是因为见两个泥塑的牛相斗双双入于海中，化为乌有，至今没有消息。

当然，这一问一答，看似简单，它却可能是为说明某一深刻的禅理的。比如汇集佛教禅宗源流本末的巨著《五灯会元》中还有这么一段："抚州灵岩圆日禅师，上堂：'悟无不悟，得无不得。九年面壁空劳力，三脚驴儿跳上天，泥牛入海无踪迹。为甚如此？九九八十一。'"我们普通人不明深奥禅理，圆日禅师的这段话不必深究，只关注与本文有关的"泥牛入海无踪迹"一句就行了。这是又一处出现了泥牛入海的说法。实际上，后世人也仅是从浅表理解和运用了这一成语。

至于禅宗为什么习惯于用我们看来"言不及义""答非所问"的方法回答问题，有专家作过解释：禅宗回答问题时，答案往往是随意的，这几乎是禅宗不成文的语言规则。当然，这种"反常"，却是合乎其"道"。我们体会到，他们的答非所问，可能蕴含着他们听得懂、猜得透，而我们局外人却听不懂、猜不透的玄奥禅理。不管怎么说，一般人要读懂他们回答问题的话语，是很吃力的。

    泥牛入海成语，就是表示一去不返、杳无音信的意思。

    有意思的是，它最初出自禅宗的典籍，其本身就是一句话，讲不出一个有头有尾圆满的故事，后来在社会上却得到了广泛应用。不知是谁注意到这句话，并率先使用起来的。

    元朝尹廷高《送无外僧弟归奉庐墓》诗："踏遍名山眼界宽，归闲且得一身安。泥牛入海无消息，万壑千岩空翠寒。"

    晚清著名谴责小说家吴趼人，是喜用泥牛入海写文的作家之一。其名著《二十年目睹之怪现状》，写的是1884年至1904年这20年清朝官场、商场、洋场的黑暗、腐败。小说第七回，写了有个四川人，到上海开店做买卖，几年间骗了十几个钱庄20多万两银子，突然人间"蒸发"。此人是个官迷，更名改姓，拿着这笔赃钱到南京官场捐了个道台的官。上海钱庄老板联合告他，却寻他不着；八九年后，终于发现了这个更名改姓的骗子。老板们推举一人，专程到他那里讨账。谁知道此人已由店老板摇身一变，变成了官，摆起官架子，推三阻四就是避而不见。讨账人大半年竟没见到他一面，只好又回上海公堂控告。公堂见被告人是个道台，又事隔多年，推脱叫他们到南京去告。此时钱庄又选派两个能干事的人到南京去告。"谁知衙门里的事，难办得很呢……里里外外，上上下下，都打点到了，然后把呈子递了上去。……此时那两个钱庄干事的人，等了好久，只等得一个泥牛入海，永无消息……"清朝官场关系网之错综复杂，为官者之腐败，读了"泥牛入海，永无消息"八个字，可以体会一二了！他写的《近十年之怪现状》，也用了泥牛入海："这封信去后……谁知就如泥牛入海般永无消息。"

与泥牛入海相关的俗语，有"泥菩萨过河，自身难保"等。用"泥"入成语或俗语的，还有一些。

当然，泥牛入海这一成语，近些年来被人们广泛运用，与诗人郭沫若1963年元旦填《满江红》词呈送毛泽东主席，毛主席又赋《满江红》词"和郭沫若同志"，两首著名词作在世上广为流传大有关系。郭沫若词中有这样的句子："桀犬吠尧堪笑止，泥牛入海无消息。迎东风革命展红旗，乾坤赤。"

石沉大海，也是"没有踪影、没有回音"的意思，它与泥牛入海有时通用。

但若细分，二者用法仍有差别。泥牛入海在书面语言方面较多使用，突出一个"入"字，给人以"泥牛入海、远行不归"的想象，所以用"杳无音信"与其搭配，极为恰当。石沉大海在通俗语言环境中较多使用，突出一个"沉"字。大石块投海中，"扑通"一声，往深海中沉下去，无声无息了，所以用"不见回音"与其搭配，极为恰当。也就是说，宜用泥牛入海的地方，换上石沉大海，虽也能大致表达同样的意思，但不是很贴切；反之亦然。倘若把郭老上述的"泥牛入海无消息"词句，改成"石沉大海无消息"，则根本不像古体诗词了，意蕴全无，味同嚼蜡。

石沉大海，与市井俗文化有密切的关系，在元代的杂剧和散曲中使用较多。如王实甫《崔莺莺待月西厢记》第四本第一折："他若是肯来，早身离贵宅……他若是不来，似石沉大海。"张国宾《罗李郎大闹相国寺》："出门去没一个人知道，恰便似石沉大海，铁坠江涛，无根蓬草，断线风筝。"马致远散曲中也有"扑通地石沉大海，人更在青山外"的句子。剧和曲，创作于文人，贴近于民间。

与石沉大海类似的成语是石投大海、石沉海底等，也是比喻毫无反响或杳无音信。明代小说《封神演义》第八十回："吕岳闻杨戬之言，如石投大海，半晌无言。"

我们今天在口语中，石沉大海的使用频率，远远高于泥牛入海。比如，"我向某报社投稿，3个月不见登报，也没收到编辑的处理意见，稿件石沉大海。""我买的那件伪劣商品，向商场的上级主管部门投诉，至今没有回音，石沉大海。"

　　那么，石沉大海成语尽管元代使用较多，是否最早见于元代呢？《汉语成语溯源》一书认为，它早于元代，源于唐代。比如唐代传奇《李章武传》中有这样一首诗："石沉辽海阔，剑别楚天长。会合知无日，离心满夕阳。"（笔者注：此诗在《全唐诗》第七百八十五卷也可以查到，作者为无名氏，诗题为《绝句》，"楚天"作"楚山"）诗句中的"石沉辽海阔"，虽与石沉大海四字稍有差异，但视为石沉大海成语形成的一个源头，当是有参考价值的。

# 苦海无边　回头是岸

"苦海无边，回头是岸"，是佛家的用语。

"苦海"，指现实的人间世界。在佛门看来，俗世之人有生老病死等生死轮回，除了生死，还有七情六欲，恩怨情仇，名缰利索，总之红尘世界的众生是充满烦恼、痛苦和磨难的。有的佛教经典甚至说有"八苦"，如生苦、老苦、病苦、死苦、爱别离苦、怨憎会苦、求不得苦等。这种"苦"有如大海那样深不可测，无边无涯。怎么脱离"苦海"呢？就要"回头"。只要"回头"，即悟道、悔改，就可以"上岸"，获得超脱。这句海洋成语名言，又叫"苦海回头"。

浙江杭州佛寺众多，规模宏伟。一寺中的对联是："世路崎岖，看迷人捷足登山，争利悬崖无退步；佛天悲悯，愿众生回头是岸，早离苦海渡慈航。"这一对联是劝人皈依佛门的。其下联，便是对"苦海无边，回头是岸"禅语的具体阐释。

我们在游览佛教名山名寺时，常常看到石碑或摩崖石刻上有"同登彼岸"四个大字。这几个带"岸"的字，也大致是说人世间是一片生死轮回的苦海（"此岸"），佛家劝人们脱离苦海，超脱生死，即达到"涅槃"境界，同登"彼岸"的极乐世界。"涅槃"，佛教常用语，它的本义是指经过修行，进入超脱生死、自由无碍的境界，此处的"彼岸"使用的是此义（"涅槃"后来又多用作僧佛之人圆寂的代称）。"同登彼岸"与"苦海无边，回头是岸"，说法不同，表达的意思基本相近。不过，"同登彼岸"有"同登"二字，意在劝导大家一起修行。

现在再回到"苦"字上来。有一年，笔者在参观重庆大足石刻时，导游小姐站在巍峨的半山石刻佛像下，向参观者们提出这么一个有趣的问题：

"游客们，先生们，女士们，大家猜猜看，'苦'是怎样构思而成字的呢？"

当大家答不上来时，小姐开言："它体现了佛门思想。这个'苦'字，就是人的脑袋。上面的草字头，是人的头发；中间的'十'，象形人的双眼和鼻子；下面的'口'，就是人的嘴啦。也就是说，人的脑袋或脸面，就是一个'苦'字。在佛家看来，人来到世间，就是受苦，人世间一切皆苦呀！"

参观回来我查了几部权威字典，特别是查找老祖宗构架"苦"字的初始含义，皆找不到导游小姐的那种"解释"。但是将"苦"字作这样的发挥和分析，使之为"脱离苦海，修道成佛"的佛门学说服务，给游人留下很深的印象，又不得不赞叹导游小姐（她们可能信佛）的一片"苦心"了！

正因为把人世间看成是无边的"苦海"，所以佛门将"死"看得就比较超脱，谓死叫"涅槃"，或者叫"圆寂"。这两个词的本义，都是诸德圆满，诸恶皆灭，脱离世间一切烦恼，进入自由无碍的境界。

还有生死轮回之说，也是把生与死都看得比较随便、自然，甚至看成是"双美"之事。这有唐朝著名诗僧寒山的一首诗为证。诗中用水结冰、冰化水比喻生死轮回："欲识生死譬，且将冰水比。水结即成冰，冰消返成水。已死必应生，出生还复死。冰水不相伤，生死还双美。"这就是佛教徒的生死观。

此外，俗语中还有"苦行僧"一说。人们对"苦行僧"的印象是压抑一切欲念，宁愿受遍人间千般苦，苦苦"修行"，以求来世，而获得至高无上的精神境界。

佛教传入我国很早，况且，佛道两家都接受"人间苦海"的概念，所以"苦海""苦海茫茫""苦海无边，回头是岸"等词语在我国古代各种著作特别是诗文、小说、戏曲中得到广泛的应用。比如南宋《朱子语类》："适见道人题壁云：'苦海无边，回头是岸。'说得极好。"元杂剧《庞居士误放来生债》中还有这么一句："兀那世间的人，那贪财好贿，苦海无边，回头是岸……"

　　清代小说《镜花缘》第四十四回，写主人公之一的小山（女），乘船途中遇一穿破衣、脸难看的道姑，要求搭船。小山问搭船去哪儿，道姑道："我要到苦海边回头岸去。"小山暗暗思忖："据这禅语，明是'苦海无边''回头是岸'了。"呆了半晌，小山下拜道："弟子愚昧，今在苦海，求仙姑大发慈悲，倘能超度，脱离红尘……"这段描写，反映了"苦海"之语，对当时社会的广泛影响。

　　值得注意的是，"苦海无边，回头是岸"这句佛家用语，为民间消化接受后，演变成谚语，赋予了新的含义，直至今天，仍很有应用价值。

　　现在它的含义是：犯下了罪行，即使罪孽深重，只要抛却邪念，真心悔改，便有出路，可以重新做人。比如马烽、西戎的小说《吕梁英雄传》第五十二回："八路军抗日政府是宽大的，只要你们改邪归正，绝不杀害你们。苦海无边，回头是岸呀！"这是劝诫那些投靠日本的伪军士兵改邪归正的。

　　当然，反动分子也利用这一成语名言，妄图瓦解共产党人的斗志。在当年的重庆渣滓洞，国民党当局囚禁了大批共产党人，百般摧残他们的身体和消磨他们的斗志，在狱中架着电网的围墙上就用大字写着"迷津无边，回头是岸"之类的标语。将"苦海"换成"迷津"（"迷津"亦佛家用语），说明反动分子在选词用字上真是煞费苦心。不管反动派怎么转换说法或概念，都理所当然地受到有气节的共产党人的坚决抵制和有力批驳。他们怀着崇高的理想信念，高呼"中国共产党万岁"，倒在敌人的枪弹之下。这也说明，"苦海无边，回头是岸"，不同阶级、立场的人使用它或套用它，含义就迥然不同，甚至完全相反。

还有一种活脱的用法，富有深刻的讽刺意味和幽默感。1998年，美国总统克林顿与白宫女实习生莱温斯基的性丑闻震惊全美国，愈演愈烈。1999年1月19日，面临参议院弹劾之际，克林顿毅然到国会联席会议发表国情咨文，大谈执政多年来自己的"政绩"，妄图以此转移视线，渡过难关，摆脱越陷越深的尴尬境地。《南方周末》对此作了精彩的新闻分析，并以《国情咨文能救克林顿逃离苦海吗？》作为标题，把佛家的"人间苦海"概念杂糅进去，比喻恰切，语中带刺，颇有风趣。

最后需要说一下，共产党人是唯物主义者，共产党人也讲"苦"。比如我们现在仍常用的劳苦、辛苦、刻苦、吃苦、艰苦奋斗、艰苦创业、艰难困苦、苦尽甜来、"一不怕苦二不怕死"等等。我们在承认"苦"的前提下，主要强调一种迎难而上、吃苦为荣、夺取胜利的奋斗的精神，这是崇高的理想信念所决定的，是无产阶级苦乐观的具体体现。在使用"苦海无边，回头是岸"成语名言时，我们一定要全面理解掌握其含义，恰如其分地使用，不可毫无条件地乱套、乱用。

# 沧海不能实漏卮

明末清初思想家顾炎武著《天下郡国利病书》，书中引用了一句社会流传的名言：

沧海不能实漏卮

名言出自书中这段话："然田增至二千顷，以增较旧为九倍也。何前加之少，而后加之多乎？语云'沧海不能实漏卮'，矧非沧海乎哉！"（转引自上海辞书出版社《中国俗语大辞典》）顾炎武说这段话是什么背景，针对什么，我们可以不去深究，单说他引用的"沧海不能实漏卮"这句社会名言，价值就不容小觑，足以警诫后世。

这句名言，与大海有关。"卮"，古代的盛酒器。"漏卮"，有漏洞的盛酒器。这里，我们姑且把"漏卮"，假设为有漏洞的酒杯吧。"实"，是"充满"的意思。"沧海不能实漏卮"，就是说，倾大海之水，慢慢灌来，永远也灌不满底部有漏洞的一个酒杯。

以沧海之大，水量之多，难道永远灌不满一个底部有漏洞的酒杯吗？从理论上讲，确实如此！滴滴常漏之水，千年万年亿年，能把大海之水滴干、漏干，而杯子最终"无水可满"。这正如一个漏斗，可以漏干大海一样。

这句名言常常用来比喻积存的财富再多，甚至如大海一样，也经不起长期的、无休止的跑冒滴漏，挥霍浪费。它告诫人们要注意开源节流，勤俭节约。

只可惜，"沧海不能实漏卮"这句与海洋有关的名言，顾炎武那个时代有流传（所谓"语云"即"古语说"或"俗话说"），现代社会却流传不广，许多人还不知道它。

那时的社会还有一句类似的流行语，叫"大海不禁漏卮"，出自明末清初世情小说《醒世姻缘传》第九十四回："如今素姐管家，所入的不足往年之数，要供备许多人家的吃用。常言'大海不禁漏卮'，一个中等之产，怎能供他的挥洒？""大海不禁漏卮"的"不禁"，是"禁不住""经不住"的意思。全句是说，海水再多也禁不住漏水酒杯的细水长"漏"，家大业大也禁不住各方面挥霍浪费，家财长年入不敷出，迟早要枯竭。

它们确都是古代名言。不仅仅顾炎武和世情小说上这么说，古代许多典籍都能找到"水灌漏卮灌不满"的比喻性说法，现代词语中也能找到古语遗留下来的痕迹——"漏卮"。《现代汉语词典》对"漏卮"的解释是："有漏洞的盛酒器，比喻使国家利益外溢的漏洞。"

"沧海不能实漏卮""大海不禁漏卮"，已作为俗语、谚语被辞书收录。

当然，这些名言的比喻义是多方面的，不仅限于财物用度方面。

战国时期的著作《韩非子·外储说右上》中，有一段有趣的对话。

堂溪公这个人对韩昭侯说："现在有个价值千金的玉制酒杯，下面通透没有杯底，可以用它盛水吗？"

昭侯说："不可以呀。"

堂溪公又问："有个价值不高的瓦制酒杯，但杯底不漏，可以盛酒吗？"

昭侯答："当然可以啦。"

堂溪公说："瓦制酒杯尽管太贱了，但不漏，可以盛酒；玉制酒杯价值千金，非常贵，却无杯底，是漏的，连水都不能盛。那么，谁还往玉杯中倒醇酒琼浆呢？"

对这番道理，韩昭侯连声称"是"。

原文中的玉酒杯就叫"玉卮",我们也可以叫它为玉"漏卮"吧!这个玉"漏卮",比上面说的杯底有漏洞,一滴滴漏的"漏卮"漏得更厉害,因为杯没底儿。这段对话,除了没说用海水灌之外,"漏卮"的比喻性用法已经很明确了。不过,它比喻的不是漏财,而是漏信息、漏秘密。原来,韩昭侯作为韩国国君,说话大大咧咧,口无遮拦,经常把与大臣议定的机密大事有意无意泄露出去。堂溪公就用无底的玉漏卮打比方,劝他把嘴管严点,小心祸从口出。韩昭侯也真把话听进去了,十分警醒,以后凡决断机密大事,就独寝,连妻妾都不准来,生怕夜里说梦话把机密大事泄露出去,当了"漏卮"。

以"漏卮"打比方的名言,西汉刘安及其门客编著的《淮南子·氾论训》,有这么一句话:"今夫霤(雷)水足以溢壶榼,而江河不能实漏卮,故人心犹是也。"

这句话的前面先赞扬了"达道之人",他们精神境界是应该得的就得到,不应该得的永无贪欲之念,很容易满足。接着作者慨叹:从屋檐滴下来的那么一点点水,能把壶榼灌满;而倾江河之水,却灌不满底部有漏洞的酒杯("漏卮"),足见今天一些人如同"漏卮",贪欲之心难满足啊!"霤水",屋檐水。"霤"现已简化为"溜"。"壶"与"榼",皆为古代盛水或酒的器具。

我们看到,明末清初顾炎武引用的名言,只不过把上述"江河不能实漏卮"换成了"沧海不能实漏卮"。"沧海"当然比"江河"水量更大,但仍然是灌不满底儿有漏洞的酒杯的。

桓宽同是西汉人,其《盐铁论》中也有"川源不能实漏卮,山海不能赡溪壑"之语。"川源",即指江河之水。

东汉人王符,作《潜夫论》,留下了"山林不能给野火,江海不能灌漏卮"的名言。

汉魏时曹操之子曹植,在《与吴季重书》中写文友的豪华游宴生活说:"举泰山以为肉,倾东海以为酒……食若填巨壑,饮若灌漏卮。""漏卮"用什么"灌",当然是东海之水了(以水代指酒)。

这句话是形容肉吃得多，饮酒量大。看，举"泰山"（肉）填"巨壑"（人的肚子），吃下的肉太多了；喝的酒，就如同倾东海之水灌"漏卮"，喝多少都没个够，"灌"不满也！这些当然都是极度夸张之词，写宴席上觥筹交错的场面和人物放荡不羁的形象。后世对酒量大、饮酒不知有节制的人，雅称之为"海量"，戏称之为"漏卮"。

东晋人葛洪，在《抱朴子·极言》中说："夫有尽之物，不能给无已之耗；江河之流，不能盈无底之器也。"这句名言里的"无底之器"（无底的器皿），当然包括饮酒器，可以理解是"漏卮"的换一个说法，也是告诫人们要节约用度。

鸦片战争前夕，林则徐上呈给朝廷的禁烟奏折中，有这么几句："若一百分之中仅有一分之人吸食鸦片，则一年之漏卮即不止于万万两，此可核数而见者。况目下吸食之人，又何止百分中之一分乎！"这几句，给朝廷算了一笔账：假如全国百分之一的人吸食鸦片，那么一年之内，比万万两还多的白银就流出去了，这是可以核数而见的。况且，目前全国吸食鸦片的人，又何止百分之一啊！这里用"漏卮"打比方，指国家"漏"出去的白花花的银子。

以上作了诸多引证，无可争议地证明，"沧海不能实漏卮"、"大海不禁漏卮"以及"漏卮"，确系古代名言典故。它主要用于财物用度要堵塞漏洞、防止浪费方面的比喻，也用于其他方面的比喻。这些海洋名言典故，在今天仍有现实意义和广泛应用的价值。

一是建设节约型社会，就要开源节流。我们的社会财富尽管如大海一样丰富、涌流，但若不注意节约，堵塞各方面浪费的漏洞，任其跑冒滴漏，形成"漏卮"，终有一天社会将因财富无穷无尽的细小流失而重返贫穷，更不要说"全面小康"了。"欲心难厌（难满足）如溪壑，财物易尽若漏卮"，《幼学故事琼林》概括的这句名言，意在让幼儿少年都要从小懂得抑贪心、尚节俭的道理。

二是用漏卮难满比喻贪得无厌、索求无度，十分恰切。欲壑难填的腐败分子的形象，不正像倾大海之水都灌不满、漏不完的"漏卮"吗？这句名言，对我们加强党风廉政建设和反腐败斗争，很有启发和借鉴意义。欲壑难填和漏卮难满，是一对可以并列使用的同义词语。笔者认为，漏卮难满，形象生动，比喻恰切，应被辞书吸纳为成语词条。

　　三是酒杯的细小长漏之水，能把大海"漏干"，倾大海之水永远灌不满一个有漏洞的酒杯，这一形象的比喻蕴含着极深刻的哲理。我们若认真汲取，对于丰富既有的理论体系，加强人生思想修养，指导各项工作开展和国家建设实践，是颇有裨益的。

# 千古"子胥潮"

我国东南沿海的钱塘江大潮，是世界一大自然地理奇观。

据专家考证，海潮涌入钱塘江口，形成"高墙"向江内推进，一是因为太平洋传向我国的潮波运动，浙江沿海首当其冲；二是由于杭州湾钱塘江口一带地形特殊，呈喇叭形，向内逐渐浅狭，海水涌来时易形成特大潮峰。概括地说，是天体日月的引力和地球自转的离心作用，加上杭州湾钱塘江口的特殊地形，造成如此巨大的涌潮奇观。特别是月亮的引力，对钱塘大潮的形成更为直接。

古人也早说过，潮水从东边涌来，地广道远，乍入狭处，陵山触岸，从直赴曲，其势不泄，故隆崇涌起而为涛。南宋周密《武林旧事》中《观潮》一文，对钱塘大潮有一段生动逼真的描写："浙江之潮，天下之伟观也。……方其远出海门，仅如银线；既而渐近，则玉城雪岭际天而来，大声如雷霆，震撼激射，吞天沃日，势极雄豪。"

钱塘潮，以每年农历八月十八日最为显著。苏东坡说："八月十八潮，壮观天下无。"

可是，相当多的古人却把钱塘大潮的成因，与春秋时期的吴国重臣伍子胥挂上了钩。认为大海潮逆江水而上，汹涌向内陆推进，特别是每年肃杀之秋风推动大潮出现高峰，是忠臣伍子胥死后的冤魂不化，驱水泄愤所为，把钱塘潮称为"子胥潮"。

"子胥潮"一说，当然没有科学根据。因为伍子胥死之前，钱塘江口涌海潮就已存在好多年了。但"子胥潮"一说，却给钱塘潮蒙上一层神秘的色彩，或者说悲壮的色调。

春秋时，吴国和越国争霸，越国战败，越王勾践为了保命，乞求吴王夫差宽恕，被迫到吴国以奴仆身份侍奉夫差。勾践受尽凌辱，但复国灭吴报仇之心不死。吴国重臣伍子胥早已看出勾践内藏的野心，认为将来灭吴国者，必是勾践，就多次力劝夫差杀掉勾践以绝后患。但是，昏庸的夫差已经被越国奉献的珍宝美女弄得神魂颠倒，更被勾践服服帖帖甘当奴仆的假象所迷惑，加上身边奸臣（收了越国贿赂）从中诱导，始终下不了决心杀勾践，反而很厌恶耿耿忠心的伍子胥。三年后，夫差竟然将勾践放回了越国。越国不断以臣属国的姿态"尽忠"吴国，还献上两个绝色美女西施、郑旦（郑旦不久死亡），使夫差更偏重于荒淫享乐。伍子胥眼光敏锐，深为忧虑，坚定认为勾践统治的越国是吴国的心腹大患。伍子胥的不断提醒、劝说，终于惹恼了夫差，最后夫差赐伍子胥"属镂"之剑，令其自杀。

伍子胥被迫以剑自刎之前，立下遗嘱："我死后将我两个眼珠子剜出来，悬挂于城东门之上，我要亲眼看看越国的军队是怎样打进来灭掉吴国的。"吴王夫差闻听后大怒，将伍子胥的脑袋砍下放到城楼之上，并将伍子胥的尸体包裹上革囊，扔到江中。

自此，钱塘江口开始涌海潮，人们都认为是伍子胥之魂为泄愤而驱水为涛，有人还看见伍子胥乘"素车白马"，立在潮头之中，这当然只是传闻而已。钱塘江两岸人民怕水凶涛猛，淹人害命，冲毁家园，纷纷建庙祭祀子胥，"欲慰其恨心，止其猛涛"。

鲁迅《古小说钩沉·录异传》也说："伍子胥恨吴王，驱水为涛，今会稽钱塘丹徒，皆立子胥祠，欲止其涛也。"

后来历史证明，越王勾践被吴王夫差"施恩"放归国内，果真复国灭吴之心不死，经过卧薪尝胆，发愤图强，苦熬多年，训练军队，终于抓住时机一举灭掉了吴国。吴王夫差兵败，恳求越王勾践也"施恩"于他，饶一条活命。勾践虽有短暂犹豫，但没有效仿他大发慈悲。夫差不堪受辱，被迫自杀。夫差自杀之前，也有个遗嘱："我死了以后，你们用三重罗纱把我的脸遮住，我实在没脸去见伍子胥啊！"

伍子胥之魂因冤恨而驱水涌潮，即"子胥潮"，历代用此典故入诗者不计其数。这些诗写得很有气势，颇具文采，为钱塘大潮增添了很大的知名度。

宋朝范仲淹观潮诗："破浪功难敌，驱山力可并。伍胥神不泯，凭此发威名。"宋朝米芾观潮诗："怒气号声逬海门，州人传是子胥魂。天排云阵千家吼，地拥银山万马奔。"明朝邢昉观潮诗："晓色千樯发，危涛万马奔。岂知此澎湃，中有子胥魂！"清朝许承钦观潮诗："霸气至今消不尽，素车白马驾虹蜺。"

伍子胥的忠耿之气，包括他对昏庸君主的怨怒之气，都通过诗人笔下汹涌澎湃、滚滚奔腾的钱塘大潮水，淋漓尽致地表现出来，甚至说发泄出来了！

令人感兴趣的是，多年后，"子胥潮"中又加入了一个人的魂灵，这就是越国的大臣文种。伍子胥事吴王夫差，文种事越王勾践，二人本是敌手，怎么跑到一块儿去了？

原来，勾践灭吴之后，对功臣渐生猜忌之心。范蠡曾陪他去吴国以奴仆身份侍吴王，文种曾代他治理好越国留下的烂摊子，二位谋臣可谓忠心耿耿，不计生死，兴越灭吴功莫大焉！范蠡看出勾践的"可与共患难，不可与共安乐"的本性，不顾勾践的"挽留"，悄悄乘扁舟"涉三江入五湖"，隐秘齐国做了个发财致富的"陶朱公"，终其一生。而文种，未听范蠡临行前的提醒劝告，执迷不悟不肯离开。为避猜忌，他也称病不再上朝。但勾践仍没放过他，视为心腹之患，趁到文种处探病之机，给他留下一柄宝剑。文种一看，此剑正是吴国夫差赐伍子胥自刎的那把"属镂"剑！他深知勾践用意，悔不听范蠡之言，仰天长叹后含恨自刎。

文种死后，《东周列国志》中这样描写："葬一年，海水大发，穿山胁，冢忽崩裂，有人见子胥同文种前后逐浪而去。今钱塘江上，海潮重叠，前为子胥，后乃文种也。"

看，伍子胥在前，文种在后，二人一前一后带动着、驱赶着钱塘大潮，滚滚而来！

　　伍子胥和文种，各被其主子赐与了同一把宝剑，自刎而死，真乃可悲可叹啊！大潮把他俩联系在一起，是偶然也是必然。不过，伍子胥乃一员武将，性格刚烈，直言敢谏，正气凛然，钱塘涌潮正合他的怨怒之气；文种乃一文臣，虽满腹韬略，身居高位，死得却不如伍子胥那样悲壮气足，对钱塘大潮也就谈不上有多大影响了。

　　到了近代，列强入侵中国，中华民族危在旦夕，有些诗人常借"子胥潮"来抒发自己的悲愤之情，慨叹祖国的危亡。有一首诗写得音节铿锵，雄壮感人，这就是陈去病于1908年写的《中元节自黄浦出吴淞泛海》。尽管他写的是出长江口"泛海"，但南面不远就是钱塘江口，于是把伍子胥魂灵化作怒涛之事也写进去了，不愧为近代的一首诗歌佳作：

　　　　舵楼高唱大江东，万里苍茫一览空。
　　　　海上波涛回荡极，眼前洲渚有无中。
　　　　云磨雨洗天如碧，日炙风翻水泛红。
　　　　唯有胥涛若银练，素车白马战秋风！

　　"子胥潮"，已成为我国海洋传统文化中的一个悲剧传说和著名典故。我们不必因为它没有科学根据而责之荒诞，它毕竟反映出一种爱国者（伍子胥）的忠耿气概，对奢侈享乐的历史昏君（夫差）是一种谴责，表达了千百年来民间的一种伸张正义的愿望。文学创作追求浪漫夸张，也需要它的渲染。

　　"子胥潮"，千古澎湃！

# 射潮与弄潮

1957年9月11日（农历八月十八日），在浙江省钱塘江口海水涌潮最大的那一天，毛泽东主席乘车到海宁七星庙观潮，写下《七绝·观潮》一首：

千里波涛滚滚来，雪花飞向钓鱼台。
人山纷赞阵容阔，铁马从容杀敌回。

在毛泽东笔下，钱塘海潮波澜壮阔，滚滚而来，雪浪飞溅上江边的钓台（"钓鱼台"），如山似海的观潮人群纷纷发出惊叹！潮水阵容如此阔大，犹如铁马万骑，远方杀敌得胜后，从容奔腾而归！

海面涌来的大潮扑向海岸江口，壮观无比，现今不失为游览胜景。

但是，在古代，"十万军声半夜潮"，大海潮水气势汹汹涌来，震天动地，有时为害剧烈。钱塘江两岸的人民，在这种大自然力量的威胁之下，往往产生畏惧心理。而钱镠"射潮"与吴儿"弄潮"两个海洋典故，则反映了沿海人民与海潮作斗争的勇敢顽强精神。

唐朝灭亡后，钱镠在吴越国称王，称为"吴越王"。这个吴越国，大致相当于今天的浙江省一带。据《北梦琐言》等书记载，当时海潮涌入江口，常常冲出江岸，威胁杭州城的安全。钱镠下令征召役夫、工匠，凿石担土，修筑"捍塘堤"，即修筑挡潮石堤，保卫杭州城。但怒潮汹涌，多次边筑堤边被潮水冲垮。钱镠突发大胆奇想，制造三千竹箭，命"水犀军"驾驭强弩五百（"弩"，利用器械力量射箭的弓），一齐发箭射向涌来的潮水，与"潮神"交战。说来也奇，万箭齐发，声势威壮，竟逼得滚滚扑来的潮水，避开正面塘堤，转向其他方向冲去，并且渐渐退去。这样，工匠得以奠基并筑成长长的坚固石塘，完成了"拒潮护杭州"的历史性工程。

何谓"水犀军"？原来是披挂"水犀甲皮"的最精锐善射的部队，亦称"水犀手"，最初为春秋时期吴王夫差所创建，这次竟被吴越王钱镠"射潮"用上了！

当然，万箭齐发，竟然把汹涌扑来的大海潮射得改了道，不敢近前，这明显有传说的浓厚色彩。

钱镠"射海潮护杭州"的壮举，历来受人称颂，据说现在的钱塘名字中有个"钱"字，就与纪念他有关。"万箭齐发射潮水"极具浪漫色彩，广被诗人引用。如北宋苏轼《八月十五日看潮》中有名句："安得夫差水犀手，三千强弩射潮低！"还有明朝高启的"犀弩三千射潮水"，清朝赵翼的"千秋英气潮头弩"，都写得神奇而气势非凡。

词典是怎样解释钱镠射潮这个典故的含义的呢？一句话：比喻雄心壮志或英雄壮举。

与钱塘海潮勇敢作斗争的另一个著名典故，是每年农历八月潮水最大的那一天，吴地善泅渡的青少年，成群结队跳进汹涌而来的潮水中，与潮水斗智斗勇，戏弄和驾驭潮水，胜利而归，号称"弄潮"，此风俗唐宋时颇为盛行。南宋淳熙十年八月十八日，孝宗皇帝与太上皇一起，亲临浙江亭看吴儿弄潮。吴儿蹈浪争雄，各显技艺，两皇大喜，太上皇令随行的臣子以《酹江月》为词牌，各填词一首，当晚呈上评出名次。

臣子们将填好的词呈上来之后，由太上皇评阅，定臣子吴琚写的那首《酹江月》为第一。吴词中确实有几个精彩之句，比如"此景天下应无，东南形胜，伟观真奇绝。好是吴儿飞彩帜，蹴起一江秋雪"，写钱塘大潮和吴儿弄潮，是蛮生动的。

《武林旧事》《梦粱录》等书记载了当年弄潮时情景。《武林旧事·观潮》说:"吴儿善泅者数百,皆披发文身,手持十幅大彩旗,争先鼓勇,溯迎而上,出没于鲸波万仞中,腾身百变,而旗尾略不沾湿,以此夸能。"《梦粱录·观潮》也说:"伺潮出海门,百十为群,执旗泅水上……或有手脚执五小旗浮潮头而戏弄。"弄潮的勇敢青少年被称为"弄潮儿"。

"弄潮儿"是个有生命力的词语,现今仍广泛应用,如"做市场经济大潮的弄潮儿","做新时代改革创新的弄潮儿"等。

古代"弄潮儿"有两重含义:一是泛指长期与江海风浪周旋的久经磨练的优秀水手,如唐诗名句:"早知潮有信,嫁与弄潮儿。"二是专指每年农历八月钱塘大潮来临时,迎潮竞渡或表演泅技,以赢得观潮者赞赏的吴地青少年。

弄潮儿,指那些敢冒险有进取精神的人!

还有两首描写钱塘大潮弄潮儿的诗词,不可不读。

一首为北宋潘阆的《酒泉子》词:

长忆观潮,满郭人争江上望。来疑沧海尽成空,万面鼓声中。

弄潮儿向涛头立,手把红旗旗不湿。别来几向梦中看,梦觉尚心寒!

看,大潮来时,其水量疑将沧海之水尽倾,声势浩壮万面响如擂鼓;而弄潮儿却一个个勇敢地跳进大潮水,勇立涛头,高举或挥舞着红旗,旗子不沾一点儿水,可见弄潮之技高超。因为吴儿此举太惊险,诗人观后竟久久难忘,几次做梦梦见,醒后还为他们的生命安全担惊受怕呢!

另一首是南宋高翥的《看弄潮回》,只有四句:

弄罢江潮晚入城,红旗飐飐白旗轻。

不因会吃翻头浪,争得天街鼓乐迎?

此诗的诗题、作者，版本各异。比如作者，有的标为"钱塘军人"，有的标为"无名氏"。但后来有人考证，此诗实为南宋诗人高翥所写。这是揣摸弄潮儿的心理而写的诗：他们冒着生命危险下海弄潮，丝毫不感到害怕，反而充满胜利回城的自豪感、荣耀感。他们就是要以自己的勇敢和冒险，赢得世人的尊敬！原来，当地风俗，弄潮儿胜利回城之际，全城男女老少，甚至官员，摇旗擂鼓奏乐欢迎他们，使他们感到，不敢"吃翻头浪"（在大潮最大的浪头中蹿上钻下），怎能得到全城隆重欢迎的礼遇呢！"飐飐"，旗飘动貌。

　　吴儿弄潮，启迪着我们不畏风险，勇于斗争，敢于胜利，其乐无穷！

# 海上"鸥鸟盟"

古书《列子》的《黄帝》篇,有这样一个有趣的涉及海洋的典故,原文是:

海上之人有好沤鸟者,每旦之海上,从沤鸟游,沤鸟之至者百住而不止。其父曰:"吾闻沤鸟皆从汝游,汝取来吾玩之。"明日之海上,沤鸟舞而不下也……

上述这段文字中的"沤鸟",即海鸥,我们在文中统称"鸥鸟"。"住"通"数","百住"即"百数"。

大概情节是:

有一个住在海边的青年,非常喜欢与鸥鸟一起玩耍。每天早晨他划船去海上,同鸥鸟游戏,成群的海鸥飞落在他的身上、身边,每次竟有一百多只。他爸爸知道后,就对儿子说:"我听说海上鸥鸟都喜欢同你游戏玩耍,明天你抓几只回来,我也与它们玩玩。"儿子答应了父亲的要求。

好生奇怪!第二天,这个青年照例划船来到海上,只见那些平时落到他身上、身边,与他尽情游戏玩耍的鸥鸟,像看穿了他的心事似的,都只在贴近他头顶的上空盘旋飞舞,没有一只在他的身上或身边落下来……

古人在评论这一现象时,悟出这样的道理:

"心和而形顺者,物所不恶。"也就是说,心地和善,形态和顺的人,世上万物(包括海鸥)都不厌恶远离他。

"心动于内，行变于外。禽鸟犹觉，人理岂可诈哉！"也就是说，人在内心深处萌生了抓鸟的私欲、杂念，必然在表情、动作中有所流露，这一点连异类鸥鸟都看得出来，开始厌恶地躲开了他。更何况生活在世间的人与人呢！人与人应真诚和善相处，哪有互相伪诈、欺骗之道理！

后世人引用这一典故，比喻不计较利害关系，纯朴无杂念，互相无所猜忌，才能真诚自然、亲密无间地相处。

有人根据这个完整的故事，分别从青年的角度、鸥鸟的角度、青年父亲的角度，概括出三层有益的启示：

一、诚心才能换来友谊，背信弃义将永远失去朋友。

二、对存心不良的人，万勿同他接近。

三、主观想法不等于就是现实。

将这一典故写入诗文，又多用于表现古人厌恶世间人情险恶、官场倾轧，而倾情于绝尘脱俗、融入自然、隐逸山水的一种复杂心理和感怀。常用的词语有"鸥盟"——人与鸥鸟盟誓，成为真诚盟友；"鸥鸟忘机"——人与鸥鸟之间忘却猜忌与伪诈之心，或忘却功名利禄之心等。"鸥鸟"也有写为"鸥鹭"的。

南宋著名词人辛弃疾，满怀抗金复国抱负，却因朝廷软弱昏庸而壮志未酬。他后来被迫退隐，移情山水田园，是最喜用"鸥盟"典故的词人之一。他专写了《水调歌头·盟鸥》词，有句云："凡我同盟鸥鹭，今日既盟之后，来往莫相猜。白鹤在何处？尝试与偕来。"看，词人不仅"盟鸥"，还要"偕鹤"！在另一些词中，他还写："还堪笑，机心早觉，海上有惊鸥"；"富贵非吾事，归与白鸥盟"；"谪仙人，鸥鸟伴，两忘机"。最有意思的是，他写的那首《丑奴儿近》，下阕基本就是写了"鸥鸟盟"：

午醉醒时，松窗竹户，万千潇洒。野鸟飞来，又是一般闲暇！却怪白鸥，觑着人、欲下未下。旧盟都在，新来莫是，别有说话？

白鸥这次见了他，为何"欲下未下"、若即若离呢？是最无机心的白鸥，似也看出他虽正处闲暇，却隐藏着心事？这次是不是要悔弃旧盟约，"别有说话"，不当他的盟友了？辛弃疾整首词，大部分都在描画山光水色，表达作者热爱自然的情态。不过，我们联系他的经历和胸怀，也可悟出：他隐藏着的心事，就是抗金复国。他是不甘心过这样"午醉醒时""一般闲暇"的悠闲自得的日子的。这几句，恰恰是作者爱国情怀的婉转抒发，用最无机心的海鸥，窥察出他的"心事"，与他若即若离的情态写出来了。

　　古代诗人大量用此典故入诗词，不乏名句多多，也足见"鸥盟"对后世影响之深远。除辛弃疾外，如唐朝王维的"野老与人争席罢，海鸥何事更相疑"，唐朝李白的"明朝拂衣去，永与海鸥群"，宋朝吴儆的"目力已随飞鸟尽，机心还逐白鸥闲"，元朝刘秉忠的"自任飞来飞去，伴他鸥鹭忘机"。到了清末，诗文中仍广泛引入这一典故。如黄遵宪的"下与鸥鹭盟，上告云天知"。

　　更为有趣的，是武汉黄鹤楼的一副楹联，将"黄鹤"与"白鸥"对比，一"黄"一"白"，色彩鲜明。奇特的是，此联依次集纳了古代著名诗人孟浩然（唐）、崔颢（唐）、谢朓（南朝·齐）、黄庭坚（北宋）的诗句，每人一句，联缀成联，浑然一体，如同新作，巧妙之至：

我辈复登临，昔人已乘黄鹤去；
大江流日夜，此心吾与白鸥盟。


　　今人写诗文，也有用鸥鸟心地纯真的意境入诗的。但是这些鸥鸟，已变成非常纯朴可爱的海鸟了，大大淡化了《列子》所讲故事中鸥鸟的形象，也有别于古代文人所写诗文中鸥鸟的形象。这些鸥鸟，似乎与我们更贴近，特别是与穿漂亮海魂衫的大海水兵们更贴近，读起来很有味道。笔者看到一本与大海、水兵有关的诗选，有一首《秦皇岛观海》:"秦皇岛外碧无垠,黄净沙滩不染尘。兴至且邀鸥共舞,心随大海悟天真。"另一首《读海军南沙守礁部队纪事有感》,更把白鸥的纯真可爱与南沙水兵丹心守礁的形象相联系,立意更高:"人民卫士众咸夸,以苦为荣岛作家。碧海白鸥常作伴,丹心赤胆守天涯!"

《列子》中的海上"鸥鸟盟",是古人幻想的一个寓言故事。有没有现代版的真实的"鸥鸟盟"呢?有!

《人民日报》2008年2月9日曾登过一篇《海与海鸥的秘密》的文章。文章说,每年11月初开始,从北方西伯利亚来的成千上万只海鸥,飞临我国南方昆明市的湖面,尤其是翠湖湖面。"一座城市的居民,受到飞鸟年复一年的完全信任,是一种荣幸"。

文中特别讲述一个"海鸥老人"的故事。"说的是城里一位平凡无奇的老年男性市民,在每年冬天海鸥飞临昆明时,日复一日地前往城中的翠湖边,仰起苍老的笑脸,朝空中投去面包块,给海鸥喂食。海鸥对他很信任,常常在老人喃喃自语的呼唤中落下,停在老人的腕上啄食面包。""老人喂海鸥,十年如一日。每天傍晚,海鸥全部飞离城区,歇息到郊外的神秘之处,老人才蹒跚消失在暮色中。某年,海鸥再来,老人不见了,热心人四处打听,知道老人过世,就翻拍了老人的照片,装进镜框,放置在翠湖的石栏边。奇迹出现了,一只海鸥落下,停在老人的照片前,左右偏着脑袋,看几眼,拍翅飞走,人群里顿时升起一阵无限温柔的感叹。""人鸟相依的真诚场面让世界屏住了呼吸……"

这篇文章以其新奇而真实的故事情节,获得《人民日报》征文二等奖。

海上"鸥鸟盟"的典故,对于我们今天建设和谐社会,保护好自然生态环境,有很强的借鉴意义。

《人民日报》,曾发表过一篇《"环境友好"古今谈》的文章,在论及"环境友好"的古代思想渊源时,就重点引用了海上"鸥鸟盟"这一典故，并一连引用了辛弃疾等人写的三组"鸥鸟盟"的诗词名句。同时，该文还赞赏了宋代苏轼的"侣鱼虾而友麋鹿"（以鱼虾为伴侣、以麋鹿为朋友）的佳句，还有宋代隐士林逋"以鹤为子、以梅为妻"的生物为伴的美谈。

这篇文章强调说："人不是生杀予夺的万物主宰，而应当善待地球上的有益生命，切实保护好自然生态，保护动物的多样性，为人类营造一个多样性、可持续发展的宜居环境。"

# "鞭石入海"为哪般

"神人"挥动神鞭,像放牧人驱赶羊群一样,令山上的块块巨石纷纷滚入海中,自动搭起一座伸入大海几十里的石桥——这真是旷古未有的奇闻奇观!

搭石桥干什么?为的是让秦始皇踏着石桥,到极远的大海深处,去看东方的海上日出。

"鞭石入海",成了我国海洋文化中的一个著名的神话传说典故。

这一传说典故出于晋代古书《三齐略记》。大致内容是,秦始皇平定天下后,东巡至山东半岛海边,被东方日出的壮丽景象所吸引。他自认为是人间帝王,天下事无所不能为,就顿生奇想,搭一座石桥,伸入东方远海,踏着石桥去观看日出之处。这时,有个神人说,能驱赶山上的石头滚入大海,去搭石桥。只见神人鞭子一扬,一山的石头皆开始晃动,竖立起来,向着东方大海岌岌倾斜,欲滚入海中。大石头滚动太慢,神人着急,就扬鞭抽打,块块巨石被抽打得鲜血直流。就这样,在噼里啪啦的鞭声中,块块巨石流着血,踉踉跄跄滚入大海,搭起一座几十里长的石桥。至今,这些流过血的石头还都带有棕赤色。

《三齐略记》还记载了这样一个生动的情节:秦始皇欲在海中搭石桥,人力不可为,海神为之竖起了石柱作桥墩。始皇感谢海神相助,求与海神相见。海神回应:"我形貌丑陋,不要画我形貌,方可与你见面。"始皇答应了,就登上石桥入海四十里,与海神见面。相随的人中有一个心乖手巧的,看见海神丑陋可憎,偷偷地用脚画其形象,这当然瞒不过海神。海神愤怒地对秦始皇说:"你破坏了咱们的约定,快回去吧!"秦始皇赶紧掉转马头,马的前蹄刚登上岸,后蹄的石桥石礅就哗啦啦崩陷于海水中，四十里石桥全坍塌了，始皇勉强保住性命，画像之人葬身大海。

秦始皇搭石桥的遗址，即今山东半岛的成山头。成山头位于半岛最东端，狭长的石脊伸入黄海之中。这里是观海上日出的最佳地点。

"鞭石入海"典故有许多不同说法，比如秦帝桥、秦桥、秦王鞭、鞭山驱石、鞭石等等。

古书记载，秦始皇从遥远的都城咸阳（在今陕西）出发，千里迢迢东巡至此，这里号称"天尽头秦东门"，留下"秦桥遗址"等不少历史传说遗迹。

今日游人登上成山头，只见这里海中怪石嶙峋，山上的巨石条条道道的裂缝特别多，像当年"神人"用鞭子抽打石头留下的鞭痕；这里的山石都是一种锈迹斑斑的棕赤色，又像当年受鞭打后的血迹尚存。更奇怪的是，海中的几个断断续续的巨大石块，使人联想海中见面时，神人对秦始皇发怒，四十里石桥轰然垮塌的情景……

后人咏秦桥典故的诗文颇多，足见其影响深远。

唐代大诗人李白以《古风》为题写了59首诗，有一首就专咏秦始皇架石桥入海之事："秦皇按宝剑，赫怒震威神。逐日巡海右，驱石驾沧津……力尽功不赡，千载为悲辛。"李白叹息秦始皇驱石作桥大功难成，引为千古憾事。

唐代大诗人杜甫有诗咏叹："合欢却笑千年事，驱石何时到海东？"诗人笑问：始皇，您那个"驱石搭桥"，何时能搭到大海东岸呀？

明朝人黄宗庠《望海》诗云："荒哉秦帝意，驱石一桥难。"秦始皇的想法是多么荒诞啊！驱石作桥、渡海观日，是难以实现的。

我们今天究竟如何看待秦始皇驱石入海、搭桥观日这一神话传说典故？笔者以为，其意义是多角度多侧面的。

其一，此事暴露了秦始皇凭借皇权，驾驭一切，为所欲为的狂妄思想。古代诗文多对他的这一不可能成功的荒诞之举，给以讽刺、悲叹，这是可以理解的。

其二，就秦始皇欲跨海看日出的愿望来说，不可一概否定，更不能认为荒唐可笑。因为自然界现象，比如壮丽的海上日出，自古以来就吸引世人的好奇，上至帝王，下至平民百姓，都兴味颇浓地给予关注与欣赏，甚至很想到日出之处看个究竟。围绕海上日出，产生了许多神奇的民间传说，反映了古人对自然现象的一种积极探索的心态。传说比秦始皇更早的西周著名人物姜太公，就曾在成山头拜日神、迎日出、修日祠。秦始皇想到东方的远海，看看日出的景象，不必多加嘲笑和责难。

其三，"鞭石入海"仅是想象和传说，不可能是真的历史事实。但是，在成山头，大自然造就了特殊的山形地貌，加上秦始皇确实来此巡游，后世人幻想出"鞭石入海"这样的传说故事，不能不说是一种神奇的想象和伟大的文化创造。这种文化创造，在今天愈发显示出珍贵的价值：它已给成山头增添了无穷的魅力和浓厚的人文色彩，使成山头成为全国著名的旅游胜地。由此，我们不禁联想，我国的万里海岸线，不仅需要有美丽的自然景观，更需要有神秘的人文色彩，这样才与"海洋大国""文明古国"相称啊！

# 大海能"煮"吗

滔滔大海，无边无沿。站在海边，人们突发一种奇特甚至怪诞的想象：大海能"煮"吗？

能！下边的传奇故事，便是大海能"煮"的证据。

元代杂剧有《沙门岛张生煮海》，俗称"张羽煮海"。说的是潮州书生张羽（张生），借居东海海边石佛寺读书，清夜弹琴，被出海游玩的东海龙王的三女儿琼莲听到，十分欣赏迷恋，来寺见书生。她自称是"龙氏之女"，两人一见钟情，相爱私定终身。龙女拿出"鲛绡帕"作为信物，约定回去后禀明父母，中秋节重会完婚。当时，张羽尚不知道她是龙王之女。

龙女走后，焦急等待的张羽在海边漫步寻龙女，遇一仙姑。经仙姑指点，才得知那天深夜入寺听琴、自称姓"龙"的女子，竟是东海龙王的第三个女儿！龙王十分傲慢凶狠，怎会把龙宫娇女，嫁给他这个凡俗世间的穷苦书生？他慌乱得手足无措，彻底灰心了。

正在发愁之际，仙姑答应成全他与琼莲的姻缘。办法就是，相会日一旦龙王不让女儿与他成婚，招他为婿，他便可以用火"煮"海，把大海煮得沸沸腾腾，熬个底朝天，逼龙王就范。

大海无边，海水无量，张羽要用什么"神火"，才能把大海煮沸、熬干？这是个令人无法想象的天大难题！

此时，仙姑送给了张羽三件宝物：银锅一只，金钱一文，铁勺一把。仙姑教他：用铁勺将海水舀进锅内，放金钱于水中，以火煎之。煎一分，大海之水被熬下去十丈；煎二分，大海之水被熬下去二十丈……煎干了锅，大海也就熬干见了底，那东海龙王在龙宫里还坐得住吗？必然被迫差人来请，答应这门亲事，招他为婿。

不久，张羽按仙姑的指点，在沙门岛海边，用三角石头把银锅支好，果真"煮"起大海来。

只见舀进锅里的海水（放入金钱）被煮得翻滚时，与之相对应，那无边的大海也同时翻腾沸滚起来——原来锅里这一点点海水，就代表了整个大海之水，此事甚是神奇！在龙宫看来，这真是"放火光，逼太阳，烧的来焰腾腾滚波翻浪。纵有那雷和雨，也救不得惊惶。则见锦鳞鱼活泼剌波心跳，银脚蟹乱扒沙在岸上藏……"老龙王本不同意婚事，但眼见大海像开了锅一样沸腾，热浪逼人，海水不断下降，鱼鳖虾蟹无处躲藏，他本身也被"煮""熬"得无奈，只得答应小女儿的婚事。他托梦给石佛寺的长老，请他劝张生赶快熄火，并请长老当个媒人引张生入龙宫成亲。这位长老为救龙宫灾难，就去沙门岛找张生。两人见面，有一段关于"煮海"的对话：

长老："来到此间，正是沙门岛海岸了。兀那秀才，你在此煮着些甚么哩？"

张生："我煮海也。"

长老："你煮他那海做甚么？"

张生："老师父不知，小生前夜在于寺中操琴，有一女子前来窃听，他（她）说是龙氏三娘，小字琼莲，亲许我中秋会约。不见他（她）来，因此在这里煮海，定要煎他（她）出来！"

长老说明了龙王招婿的意愿，劝张生熄了火。于是，作为媒人，他带着张生，入海进龙宫，成亲去了……

值得注意的是，剧本有大量对大海不同景物的描写，奇词丽句甚多，被评论家赞之为"犹如一篇海赋"。比如，除了上面段落引用的大海被煮时出现的"焰腾腾滚波翻浪"的惨景外，还有大量大海被"煮"前太平美景的描写："你看这大海澄澄，与长天一色，是好景致也"，"海水汹汹，晚风微送，兼天涌，不辨西东"，"恰离了澄澄碧海，遥望那耿耿长空。你看那万朵彩云生海上，一轮皓月映波中"，等等。可以说，元杂剧《沙门岛张生煮海》，为我国海洋文学的丰富发展，作出了贡献。

大海被"煮"沸、"熬"干，想象十分奇特。全剧表现了古代青年男女冲破阻力，对爱情大胆、坚定的追求，充满浪漫主义色彩。

除"张羽煮海"的传奇故事外，在现实生活中，我国自古以来确有"煮海"一词。不过这个"煮海"，不是煮整个大海，人也没那个"神力"，而是指煮海水制盐。

这牵涉到汉景帝时，发动"七国之乱"的叛乱头子刘濞。据《史记·吴王濞列传》记载，刘邦当了皇帝后，为巩固汉朝天下，分封子侄四方为王。侄子刘濞身强力大，封东南之地为吴王，辖三郡五十三城。临别时，刘邦召见这个侄子，看这个侄子的相貌，像是有野心的样子，有点担忧。于是，刘邦特别告诫他："天下同姓为一家也，慎无反！"意思是，咱们姓刘的可是一家子呀，谨慎做你的王，别造反！吓得刘濞频频磕头："不敢！不敢！"

事实证明，刘邦没有看错，刘濞果真是个野心家。到了吴地，他看到所辖的豫章郡有铜山，吴地又临大海，就招募天下亡命之徒私下开铜矿冶铜铸钱，煮海水制盐，为将来反叛朝廷、篡夺皇位积累了大量财富。因此，他也益加骄横。为此，御史大夫晁错对汉景帝说："（吴王）乃益骄溢，即山铸钱，煮海水为盐，诱天下亡人，谋作乱。"后来，60多岁的刘濞果然发动七国造反了，这是刘邦死后几十年的事儿了。当然，朝廷发兵平定了七国之乱，刘濞身死国削。

《史记》中的"煮海水为盐"这句话，有简称为"煮海为盐"的，又有简化为"煮海"的。西晋文学家左思的《三都赋》："煮海为盐，采山铸钱。"《宋史·志·食货下》记载，南宋孝宗时大臣的奏折："今日财赋，煮海之利居其半。"把"煮盐"说成"煮海"，也是沿海盐民的俗语。

现在，铸山煮海已成为成语，它的源头虽然与汉代吴王刘濞反叛朝廷之事多少有点牵涉，但使用中完全脱离了贬义味道。所谓"铸山"，依山开矿炼铁炼铜；所谓"煮海"，加热、蒸发海水制成食盐。正如俗话说的，"靠山吃山、靠海吃海"。词典解释铸山煮海成语为"形容积极开发和利用自然资源"。

另外，与"煮海"有关的，还有一篇七言古诗《煮海歌》。

此诗是北宋著名词人柳永所写，标明"煮海歌，悯亭户也"。"亭户"即盐户。写的是今天舟山定海一带盐场的盐民劳作情景。诗的开头就说："煮海之民何所营？妇无蚕织夫无耕。衣食之源太寥落，牢盆煮就汝输征。"意思是，海边的盐民靠煮海卖盐为生，男人没有耕地种庄稼，妇女也无条件养蚕纺织。他们衣食的来源太少了，用"牢盆"煮出了盐，还得赶紧缴赋税！

从诗中看，"煮海熬盐"过程大致是：海潮退后，盐民在海滩刮海泥，晾晒海水，加浓咸味，灌潮波，使之变成咸卤。还要冒着虎豹加害的危险，到深山采樵砍柴，回来后将柴投入巨灶，煮咸卤，最后制出海盐。《煮海歌》中的"晨烧暮烁堆积高，才得波涛变成雪"诗句，是说将蓝色的大海波涛，日夜烧柴以火熬之，使之水分蒸发，变成了雪白雪白的海盐。诗句生动、形象，有丰富的动感和鲜明的色彩。

柳永一生写词，以写缠绵悱恻的青年男女恋情见长，但他却也写出这么一首描写盐民劳作、同情盐民疾苦的现实主义诗歌，受到后人赞誉。说到"煮海"，应该提一提这首《煮海歌》。

大海能"煮"吗？既有"张生煮海"的传奇故事，又有"煮海熬盐"的古代人民的生产生活，文学作品中还能找到一首描写"煮海"的长篇古诗，我们可以再次回答了——

大海，能"煮"！

# "放火烧海"世称奇

听说过"放火烧山",未听说过"放火烧海"。山有林木杂草,放火可烧;海水浩瀚无际,况"水火不容",水自来就是灭火之物,谁敢妄言"放火烧海"?

"放火烧海",确系奇闻!

"放火烧海"虽纯属想象,但它在古代海洋典故中实有所本。最著名的典故,就是"八仙火烧东洋"。

明朝人吴元泰写过一部小说《八仙出处东游记》(亦称《东游记》),专写李铁拐、汉钟离、吕洞宾、张果老、蓝采和、何仙姑、韩湘子、曹国舅等八仙故事。"八仙东游过海"一章流传后世,"八仙过海,各显神通"成语至今仍广泛应用。

许多人因为成语的流传应用,可能认为,八仙既然"各显神通",肯定顺利渡过了东海。其实这是只知其一,不知其二。

阅读该小说便可知晓,八仙此次渡海并不顺利,未一起到达胜利的彼岸。其中蓝采和在渡海途中被东海龙王的太子拦截扣押,并扣押其宝物玉板。

七仙到了对岸,才发现少了一仙,吕洞宾马上回头向龙王太子要人,高声叫道:"龙王好好送人还我,如其不然,举火烧干汝海!"龙太子与他争吵几句,随即入海遁去。

此时,"洞宾乃把火葫芦投入海中,须臾变出千百葫芦,烧得水面皆红,海中鼎沸"。这是小说第一次写以火烧海,将滚滚大海烧红、烧沸。此举惊得海底龙王赶紧下令放了蓝采和,但仍扣留其渡海的宝物——玉板。

为讨回玉板，八仙委派吕洞宾、何仙姑再战东海，俩龙太子一死一伤，引起龙王大怒。为报杀子之仇，龙王亲自出海大战八仙，八仙齐迎战。鏖战一阵，龙王不敌，入海奔逃。又是此时，"铁拐、洞宾放出葫芦之火，烧干海水，烟焰腾天……须臾之间，东洋火炽，竟成一片白地。龙王挈其妻子逃于南海，其他鱼龙等类皆为煨烬"。

　　看，八仙这第二次"放火烧海"，更猛更烈，不仅是烧红、烧沸，更把浩瀚的东海烧干，烧成了一片白地，连一滴水也不见踪影！除了龙王一家子逃往南海外，逃不了的鱼兵蟹将，全被烧成熟肉，成为灰烬！

　　小说还交代，因海水被"烧干"，隐于大海深处的龙宫凸显出来，富贵豪华，珍宝满地，成了一座"旱地宫殿"。八仙得到被扣押的玉板，并想在奇珍异宝的龙宫美美睡上一夜。谁知逃走的龙王不甘失败，邀请其他三海的龙王助战，连夜灌水。"四面潮头，如山如练，滚滚而来，八仙急欲登岸，并无去路"。幸亏曹国舅腰间的宝带是辟水犀片做的，众仙各取一片，可在水中开路，得以登岸逃出。在龙宫睡觉的八仙，差点成了海中之鳖。

　　后来，八仙又移泰山填东海，竟把滔滔东海填成陆地。双方争斗愈演愈烈，惊动天庭。最后，在佛门观世音的调停下，才摆平了这场纷争，泰山与海水各归复其位。由此可知，八仙过海之后，"火烧东洋""移泰山填东海"，才是更惊心动魄的故事哩！这也为我们谈海洋典故，添上神奇的一笔。

　　巧合的是，"放火烧海"的奇闻不仅中国有，外国也有。俄国著名寓言作家克雷洛夫（1769—1844年），生活的年代大致相当于中国清朝乾隆至道光年间。他用诗歌形式写的寓言中，有一篇《山雀》，这只山雀，就扬言要"烧枯海洋"。据有关译文，大致的故事情节是：

一只山雀飞到海上，
　夸口说要"烧枯海洋"。

它的话马上传播开来——
京城的居民陷入一片惊慌，
鸟儿成群在空中盘旋，
野兽也从森林里跑出来观望，
要看看怎样"烧枯海洋"。
那些喜爱宴席吃喝的人，
更是争先恐后跑到海边，
手拿羹匙准备喝顿丰盛的鱼汤。
大家挤来挤去，
都想先看到奇迹；
大家眼睛盯着大海，
静静等着，一声不响。
只是偶尔有人低语：
"看，沸腾了；看，马上要烧起来了！"
——完全不是那么回事，
大海根本没有燃烧。
是不是沸腾了？
也没有沸腾。
要问荒唐而狂妄的山雀如何收场？
它不得不含着羞愧飞回故乡。
——牛皮吹得不小，大海并未燃烧！

值得注意的是，革命导师列宁在《唯物主义和经验批判主义》这部著作中，就以"起初山雀扬言要把大海烧干"之语提到这篇寓言，为阐明自己的观点服务。

分析上述中外两则"以火烧海"的故事，我们有趣地发现：中国明朝人写的"八仙火烧东洋"，基本上归于神话类故事。所以，"烧海"不仅可行，而且大获成功，意在说明八仙的神通广大，魔法无边。而年代稍晚一点的俄国作家写的"山雀扬言要烧枯海洋"，明显属于寓言类故事。作者构思这个故事时，就认定山雀不可能成功。借此寓言，告诫人们"事情还没有结果，就不要先夸下海口"。后来人们常用山雀的形象，讽刺那些厚着脸皮，吹牛撒谎，开空头支票的人。

从文学创作角度看，两种写法都可以成立，不必分优劣。从中我们也可以得到如下启示：不同作家可以想象、构思出基本相同的故事，如八仙"放火烧海"和山雀"烧枯海洋"，但立意和揭示的主题，包括写作的具体故事情节，却往往迥然不同。

# 海为龙世界

海为龙世界

云是鹤家乡

　　带"海"的名联很多。"海为龙世界，云是鹤家乡"是流传很广的一副名联。据说，齐白石老人曾将自己书写的这副名联，呈送给湖南湘潭老乡毛泽东主席。

　　大海，是龙的世界；白云，是鹤的家乡。游龙飞鹤，阔海云天，色彩明丽，词句工整。当然，为了说"海"内容的需要，我们不全面分析欣赏这副名联，重点说说"海为龙世界"这一话题。

　　第一个话题，龙和龙王、龙宫。

　　龙是什么？各种词典解释有简有繁，《现代汉语词典》解释稍详一些："我国古代传说中的神异动物，身体长，有鳞，有角，有脚，能走，能飞，能游泳，能兴云降雨。"《三国演义》第二十一回讲到，曹操请刘备喝酒，"煮酒论英雄"，突见阴云漠漠，骤雨将至，天上现一"龙挂"（龙卷风，古人认为这是施雨的龙下挂吸水），曹操即兴对此大发了一通议论："龙能大能小，能升能隐：大则兴云吐雾，小则隐介藏形；升则飞腾于宇宙之间，隐则潜伏于波涛之内。……龙乘时变化，犹人得志而纵横四海。龙之为物，可比世之英雄。"总之，词典和古籍比较统一的认识是：龙是动物，这种动物在现实的世界是找不到的，它是传说中的、由我们祖先幻想出来的一种神异的动物。这种神异动物，从头到身到脚到尾都由人们所见到的实有动物拼接演化而成，它是鳞虫之长，万物之首，世间之神。它统领众水,生活在大海;腾云驾雾,遨游于天穹;变化万端,神秘莫测。它的主要职能是奉上天旨命,空中兴云布雨,霖泽大地万物。中国民间多地建有龙王庙,就是每逢大旱,向龙王求雨用的。至于它是由几种动物拼接演化构成,众说纷纭,可以摆出多种说法。综合众说,比较简单明了的一种说法是:驼头、鹿角、兔眼、牛嘴、蜃腹、鹰爪、虎掌、鱼鳞、蛇身——九种动物(鹰属鸟类)合而为一,这就是龙的形象。

龙统领众水,兴云布雨,这又涉及下述概念:龙王与龙宫。

江河湖海都有龙王,各司其职。海有海龙王,海龙王又分四海龙王。按《西游记》的说法,东海龙王敖广、南海龙王敖钦、北海龙王敖顺、西海龙王敖闰。海龙王是大龙王。江河湖泽的龙王,是小龙王。比如,唐朝李朝威的传奇小说《柳毅传》,写的是洞庭龙王之女远嫁给泾河龙王的儿子为妻,备受夫家虐待,牧羊于河边,托路过的书生柳毅捎书信给父母,得救回洞庭龙宫,最后费尽曲折,与柳毅结为夫妇。这两位儿女亲家龙王都不是海龙王,而是湖、河之龙王。唐朝诗人刘禹锡说:"水不在深,有龙则灵。"此水,肯定也不指大海。

大海龙王毕竟最有代表性。四海龙王中,以东海龙王为兄、为首。《西游记》龙宫借宝的孙悟空、《八仙出处东游记》渡海的八仙、《封神演义》闹海的哪吒,与东海龙王打交道最多。

龙王居于大海,它们的住所称为龙宫,又称"水晶宫"。深海的龙宫从海面上就看得出来,史书和笔记小说都有记载,且看下面两条。

《旧五代史》记载,后汉有个叫司徒诩的大臣,平生喜宾客交游,并笃信佛教。在后汉乾祐年间,他曾出使吴越(今江浙一带),由北向南航海前往。船行着行着,忽见前面一片海面黑绿如墨,驾船的人告诉他:"其下龙宫也。"司徒诩马上焚香祷告,许以回途路经时,向龙宫奉献一函金粉篆体字写成的佛经。我们知道,龙和龙宫的概念，都与佛经有关。比如龙王"兴云布雨"的功能，佛经就有记载。龙王当然喜观、喜听、喜诵、喜藏佛经啦。船回来再经过这片海面时，司徒诩果然将一函佛经投入海中。一会儿，佛教做法事时念诵经文的声音，夹杂着丝竹之声，喧哗于舟船之下，驾船的人又告诉他："此龙王来迎其经矣。"船上百余人，都听到了这种声音，无不惊叹。

读史至此，我们联想到，古人写史应是极严肃的事，不同于写杂记小说，必须忠于历史事件的真实；但是，古人叙史，有时也把一些神话传说之类掺杂其中。《史记》就有多处写了海上神山、仙人。《旧五代史》此处记载海底有龙宫和龙王迎佛经，虽写得活灵活现，终乃杂入的神话传说而已。

唐末五代道士杜光庭著的《录异记》，说海龙王宫宅，在苏州以东，入海五六天的航程就到。此海底龙宅位于一个小岛前，方圆百余里宽阔。四面的海水都黏稠浑浊，唯独下面有龙宅的这片海水清澈。这片海水即使无风，也浪高数丈，舟船不敢靠近通过；只有大海潮涌来，更高的海水漫过这里的海面，不见了它原有的大浪，舟船才敢通过。到夜间，远望这片海水，像早晨的太阳要升出来一样，红光照射百里海面，冲上夜空，高与天连。往返这里的船夫世代相传："龙王宫在其下矣。"

海面观龙宫如此不一般，那么潜入海底，进入龙宫，展现的又是一种什么景象呢？我们只能从古代小说的描写中，一窥其景了。

《西游记》第三回，写孙悟空苦于没有称心顺手的兵器，去东海龙宫借，"捻着诀，扑的钻入波中，分开水路，径入东洋海底"。因为此段文字主要描写龙宫借宝，对龙宫的殿阁楼台着墨不多，只点出"瑶宫贝阙""水晶宫殿"等。但对龙宫主人及护卫的组成，宝物的形态种类，展现得却很详细。组成有老龙王敖广，有龙子、龙孙和虾兵、蟹将，有拿大捍刀的鳜都司，有抬三千多斤重九股叉的鲌大尉、鳝力士，有抬七千多斤重方天戟的鯿提督、鲤总兵，后来还出来龙婆、龙女。宝物方面，龙宫的镇海之宝——一万三千五百斤重的神铁柱，化作了孙悟空手中的如意金箍棒。不仅如此，为满足孙悟空的披挂要求，聚到这里的北海龙王献出一双藕丝步云履，西海龙王献出一副锁子黄金甲，南海龙王献出一顶凤翅紫金冠。这些，都是不可多见的龙宫珍宝。特别是东海的定海神针，可是传世万年的无价之宝！

《西游记》第六十回，写了一个名为"乱石山碧波潭"的山中清水深潭，潭底有一"老龙精"居住的龙宫，此时"老龙精"正宴请远道而来的牛魔王。孙悟空变作一只螃蟹，游进去偷看。那龙宫展现得十分气派："朱宫贝阙，与世不殊。黄金为屋瓦，白玉作门枢。屏开玳瑁甲，槛砌珊瑚珠。祥云瑞蔼辉莲座，上接三光下八衢。非是天宫并海藏，果然此处赛蓬壶！"宴会上"长鲸鸣，巨蟹舞，鳖吹笙，鼍击鼓"，"青头鲈妓抚瑶瑟，红眼马郎品玉箫"等等，尽是海底特有的珠光宝气，鱼鳖虾蟹精灵演化。据此，可以想见，凡龙宫，其构架、装饰及宴乐场面，可能就是大同小异。既然第三回写孙悟空龙宫借宝，没有展现东海龙宫的全貌，那么我们从第六十回的深潭龙宫，可以窥见东海龙宫这方面的一点影子了。不过可以肯定地说，东海龙宫会比这个深潭龙宫更加豪华、阔大、壮美、威严！

此外，唐朝人李朝威的传奇小说《柳毅传》、元朝人李好古的《沙门岛张生煮海》杂剧、明朝人冯梦龙《喻世明言》辑录的《李公子救蛇获称心》、清朝人蒲松龄的《罗刹海市》等，都写到龙王和龙宫，他们笔下的龙王和龙宫有同有异。

《李公子救蛇获称心》写西海老龙王的形象是"蝉冠大袖，朱履长裾，手执玉圭"，坐在龙宫大殿有龙君王者之风。仰视见其"满面虬髯，目有神光，左右之人，形容皆异"。龙宫不仅正殿高峻豪华，宴客的偏殿都是金碧交辉，"内列龙灯凤烛，玉炉喷沉麝之香，绣幕飘流苏之带"，酒席器皿"皆是玻璃、水晶、琥珀、玛瑙为之，曲尽巧妙，非人间所有"。

《柳毅传》写洞庭龙宫"台阁相向，门户千万，奇草珍木，无所不有"。会客在灵虚殿，"人间珍宝毕尽于此。柱以白璧，砌以青玉，床以珊瑚，帘以水精"。龙王听经在玄珠阁，留宿客人在凝光殿，宴客在凝碧宫、清光阁，龙王夫人宴客则在潜景殿。真是殿阁重叠，连成一片！

《沙门岛张生煮海》写东海龙宫的龙王，本领超强，变化多端，恶狠刚烈："他把那牙爪张开，头角轻抬，一会儿起波涛，一会儿摧山岳，一会儿卷江淮。变大呵，乾坤中较窄；变小呵，芥子里藏埋。他可便能英勇，显神通，放狂乖！""他兴云雾，片时来，动风雨，满尘埃……"他居住的龙宫，"只在这沧海三千丈，险似那巫山十二峰"。面对这样强势的龙王，张生只能用"煮海"的强制手段，使之在龙宫中坐不稳睡不安，才答应了女儿的婚事。

《罗刹海市》写东海龙宫的正殿，"玳瑁为梁，鲂鳞作瓦，四壁晶明，鉴影炫目"，此大殿用光润的玳瑁甲壳和鲂鱼银色的鳞片建成，四壁明亮闪光如镜子一样炫人眼目。至于新婚龙女洞房，更是"珊瑚之床，饰以八宝；帐外流苏，缀明珠如斗大"。宫中有玉树一株，围可合抱，树干晶莹透彻如白琉璃，叶子像碧玉，花开满树……

文学作品描写龙王和龙宫的还有很多，琳琅满目，光怪陆离，新奇虚幻，令读者一饱眼福。很明显，以上所有这些，都出于历代文人的想象。

第二个话题，皇帝与龙。

皇帝号称真龙天子，龙的化身。"皇帝"，是从秦始皇才开始叫起来的。《史记》中称秦始皇为"祖龙"，未详解龙与皇帝的关系，而且"祖龙"一词，是在咒他死亡之时出现的："今年祖龙死。"其语不祥。而《史记·高祖本纪》写汉高祖刘邦，则不一样了。写他母亲（刘媪）在一大泽边休息，睡着了，梦与神遇。此时天已昏黑，伴有雷电，刘邦的父亲（太公）出来找她夫人，见一条蛟龙缠绕在她身上，不久夫人怀孕，产下刘邦。刘邦就把自己说成龙之子。刘邦出身低微，他想领兵起义推翻秦朝战胜项羽，编造了这么一个神奇故事，在那个时代肯定很多人相信。而他编造的这样一个故事，也为后代皇帝所效仿，都把自己说成"龙种""真龙天子""君权神授"，天生就是统治天下的，百官都是他的御用奴仆，百姓都是他的"子民"。他的身体是龙身，面目是龙颜，穿的是龙袍，坐的是龙椅，睡的是龙床，子孙是龙子龙孙。北京故宫的主大殿太和殿，又名金銮殿，而民间的一些老头儿老太太，直到今天还叫它"金龙殿"哩。

  皇帝称龙为自己祖先，此龙是我们前面已说的海龙王吗？从刘邦母亲雷雨天被蛟龙缠身看，像是正在上天兴云布雨的海龙王。况且，龙袍上绣有九条龙，飞龙周围五彩祥云，袍的下摆图案则是大海波涛水纹，龙是腾跃于海天之间的。可见，皇帝之龙，确实与海有联系。但是，后人传说的海龙王有善有恶。比如八仙过海中，东海龙王骄横的太子扣押了八仙一名成员及宝物，引发八仙讨人讨宝与之恶战，打死龙太子，老龙王又与八仙恶战，导致八仙烧干东海，龙宫露出于白地。更有那闹海的哪吒，不仅打死凶恶的龙太子，还抽了它的龙筋；继而在天宫门前，把前来告状的老龙王一顿痛打，还揭了它的龙鳞。这些龙王都不能算好龙王，不令人崇敬膜拜。皇帝，不会认可这种龙为自己老祖，吹捧皇权的人也会极力回避。那么，他们认可的化为皇帝的龙，应该是天庭授予的，腾跃于海天之间的，更为虚化的龙，是十全十美、形象崇高的龙。

  其实，"皇帝"出现之前，对有影响的杰出人物，都可称之为"龙"。最典型的例子，是春秋时期孔子向老子请教"礼"的问题，回来对弟子说，龙乘风云而上天，"我今天见到老子，他就像龙啊"。可是，龙为皇帝专用后，谁要是称自己是龙或称他人是龙，就犯了谋逆之罪，惹下杀头灭族大祸。那么，皇帝果是真龙天子吗？现代人不信，古人也不全信。否则，从秦始皇当皇帝始，至清朝两千多年，为什么改朝换代那么多，农民起义那么频繁，所谓"皇帝轮流做，明天到我家"，所谓"舍得一身剐，敢把皇帝拉下马"，不正是向皇权挑战思想的反映吗！事实也证明，若真是"龙种"家族，皇权来自神授，应该传位万世，无所撼动。而我们看那历史上一个个末代皇帝，到了灭朝亡国之际，可怜得简直连一条小虫都不如，有的被杀，有的自尽，有的当了"阶下囚"。谈什么真龙天子！

第三个话题，龙的传人。

"古老的东方有一条龙，它的名字就叫中国；古老的东方有一群人，他们全都是龙的传人……"说到龙，必须说龙的传人这一话题，它与东方大海也是联系着的。中国，是腾跃于世界东方的一条巨龙；华夏大地的子孙，就是龙的传人。这是龙的精华所在，是我们真正要颂扬的龙！

我们的古人崇拜龙的图腾，源于这一传说：远古的伏羲，同女娲结成夫妇，他们成了繁衍人类的先祖。他们都是人首蛇身，我们都是他们的子孙。由蛇演化成龙，成为龙的图腾，我们就都成了龙的传人。龙，成为凝聚中华民族团结奋进、繁荣昌盛的精神纽带。巨龙腾飞于东方，黄皮肤、黑头发的中国人群体屹立于世界民族之林。现在，这群东方巨龙的子孙，正为民族复兴，为建设人类命运共同体，为世界的和平发展进步，作着重大贡献。

龙文化，是中华民族独特的文化。元宵节舞龙灯，端午节赛龙舟，二月二龙抬头，十二生肖中龙与蛇（俗称大龙与小龙）就占了二位。还有龙绘画、龙雕刻、龙书法等等。仅繁体字的"龍"，历代书法大家就创造了多种风格的写法，成为传世艺术珍品。北京古皇城留下的"九龙壁"，成了游人瞻仰的珍贵文物。至于龙组成的成语，更是精彩纷呈，数不胜数，比如龙飞凤舞、龙凤呈祥、龙腾虎跃、虎踞龙盘、龙马精神等等。这些，充分表达了中国人对龙的热爱和崇拜。

我们身为龙的传人，值得骄傲和自豪！

# 瞒天过海

瞒天过海——瞒住上天，偷渡大海。

瞒天过海这句海洋成语，从字面上似乎很难理解。海在天之下，天比海更广，要偷渡大海，怎能瞒得过"天"？

原来，它出自一个典故。其最初本意，不是瞒着"天空"，而是瞒着"天子"，意思是瞒着"天子"，渡过大海。这个被瞒的"天子"，就是历史上有名的皇帝唐太宗李世民。

故事出自《薛仁贵征辽事略》（据考证，约为元代作品，今人移录自《永乐大典》）。

唐朝贞观年间，唐太宗率30万大军征辽东，遇海阻途。面对茫茫大海，太宗心生畏惧，连连叹息，后悔东征，但还是召集众将官问渡海之计。众将官皆哑口无言，无计可施。

此时，有个小官薛仁贵，考虑到太宗畏惧渡海，心生一计：将所有大船皆用彩色帷幕围起来，表面上看海边停泊的船就像一处豪华的庄院。只要让太宗进了"庄院"，大船就可以悄悄出海了。当太宗再问有无渡海之计时，众将官就骗太宗说，海边住着一个豪富老人（实为假扮），很希望见见皇上，老人说将过海的30万将士的军粮都备好了。太宗听了非常高兴，会见"老人"后，被引至海边。

奇怪，这里许多庄户人家的房屋都被彩布围遮。于是，在"老人"引导下，太宗进入一栋大房子。只见屋内陈设很是豪华气派，落座之后，众官进酒，仙乐声声，太宗也很兴奋。过了一段时间，外面似乎有风吹动，夹着波涛声响，有如雷鸣；杯盘倾倒，人的身子老是摇摇晃晃的。太宗甚是惊奇纳闷。他命人将幕布揭开，"但见清清海水无穷"！太宗急问这是什么地方。这时，前部总管（官名）张士贵跪拜奏道："此乃臣设的过海之计，得一风势，30万大军乘船过海，已经到达东岸了。"

太宗这才明白，自己进的"屋子"，就是用彩幕伪装起来的大船，趁他饮酒作乐转移精力之际，船已悄悄驶向大海；等他生疑醒悟之时，船已抵达东岸了。

这就是瞒"天"过海！

这个典故很是有趣，只是当今人们解释瞒天过海含义时，已不再追溯瞒的是"天子"的"天"了。多数人都知道它出于"三十六计"，用于军事打仗的计谋，而且被列为"三十六计"的第一计。

瞒天过海在"三十六计"中的表述是："备周则意怠，常见则不疑。阴在阳之内，不在阳之对。太阳，太阴。"

军事专家通常的解释是：认为防备十分周到的，就容易松懈斗志，麻痹轻敌；平时看惯了的，往往就不再怀疑了。秘计隐藏在暴露的事物里，而不是和公开的形式相排斥。非常公开的，往往蕴藏着非常机密的。

瞒天过海，用一句话概括它，就是"示假隐真"疑兵之法。

瞒天过海具体用在军事上，就是利用敌方熟视无睹、常见不疑的错觉，来掩盖真实的军事意图，达到出其不意而突击取胜的效果。

例如第二次世界大战，希特勒德国军队就惯用瞒天过海战术。他们在进攻比利时、荷兰、法国时，要么制造"立即进攻"的假象，却一而再、再而三推迟进攻日期，使对方产生"狼来了""狼来了"而狼却未来的麻痹心理；要么大力制造"和平友好"气氛，使对方丧失警惕。最后，德军闪电突袭，一战而胜。

日本偷袭珍珠港更是著名战例。日海军在积极策划、备战偷袭珍珠港美国舰队的同时，多次大放"和平""和谈"烟幕。日驻美大使与美方"会谈"多次，日首相致函美总统表示"和平诚意"，就在日本派出和平特使去美"和谈"之际，军方却悄悄下达了作战命令。

1941年12月8日凌晨（东京时间），利用星期天，日军偷袭珍珠港。当美国空军指挥官看到突然飞来的日本机群时，还误认为是自己的飞机……就这样，日军用瞒天过海战术，使美国太平洋舰队几乎全军覆没。另外，为迷惑美军情报部门，日军战前集结作战舰艇，采取分散行动、化整为零、迂回行进的办法，制造没有异常调动的种种假象。瞒天过海之计谋，可以说被他们玩到家了！

中国史书记载的或文学作品中描写的用此计的战例，也不胜枚举。仅举与汉朝相关联两个著名战例，足以窥其一斑。一个是楚汉相争时期的韩信明修栈道暗度陈仓，一个是三国时期赤壁之战中"用奇谋孔明借箭"。

据《史记》等书记载，秦朝灭亡，项羽火烧了咸阳秦朝宫室，然后领兵西进，自立为西楚霸王，建都彭城（今徐州），中国东部大部分国土就归他了。他以当时最高当权者自居，分封各路诸侯。刘邦是他的死敌，他就把偏远的巴、蜀、汉中之地（今陕西南部和四川一带）封给刘邦去做汉王，而把军事价值最高的关中（今陕西西安、宝鸡、咸阳、渭南、铜川一带）分成三块，分别封给章邯等秦朝三个降将，令他们各自为王，以钳制刘邦。刘邦由关中向南方封地进发，要走几百里栈道。所谓栈道，就是在陡峭山腰上人工架起的弯弯曲曲木桥，路途极其险恶。刘邦接受谋臣张良的建议，边前进边烧毁后面的栈道，用以麻痹东部的项羽，示意我刘邦去偏远的巴蜀为王，连归路都毁掉了，就不准备回来了跟你争夺天下了。这算是一次小小的瞒天过海。

最著名的一次运用此计，叫"明修栈道暗度陈仓"。刘邦在巴蜀站稳脚跟后，接受大将韩信的建议，决定北上夺取三个秦降将占据的关中（亦称三秦），再东进与项羽争夺天下。为麻痹章邯等三个秦降将，韩信派兵开始修复先前烧毁的栈道。身经百战的章邯得晓后不知是假象，认为重修栈道工程这么艰巨，你韩信何年何月才能修到我关中？没有为此加强防备。他没想到，韩信却暗暗率精锐部队，向西迂回，神速进军，偷袭陈仓之地，奇兵穿插到章邯军的侧后。章邯大惊，仓促迎战，兵败自杀。另两王无力抵抗，只得投降刘邦。一"明修"一"暗度"，声东击西，韩信不愧是善玩瞒天过海计谋的将帅之才。刘邦取得关中，为东进击败项羽奠定了坚实的基础。

东汉末年，进入魏蜀吴三国纷争时代，小说《三国演义》就展现了这一时代的全景。当然，各种计谋的运用，也穿插于小说的情节叙述之中。诸葛亮草船借箭就是玩瞒天过海之计的一个精彩篇章。

话说当年曹操在长江北岸陈兵83万（诈称百万），欲灭对岸东吴。东吴周瑜兵卒只有五六万，压力极大。曹操的大兵压境，促成了吴蜀联合抗曹。诸葛亮来到江东，帮周瑜出谋划策，极显才智。周瑜既利用诸葛亮，又深忌诸葛亮才能，认为此人今后必是吴国之大患，欲加害诸葛孔明。当时赤壁之战急需10万支箭，周瑜就"委托"诸葛亮10日内监造出来，没想到，诸葛亮慨然应允3日完成。周瑜严肃地申明"军中无戏言"。言下之意，3日造不出来，那就军法从事了！诸葛亮在好友鲁肃的协助下，暗暗准备快船20只，船上皆用青布为幔，各立草靶子千余个，分布船两边。第三日天未亮，趁夜雾弥江，诸葛亮令20只船擂鼓呐喊向曹营进发。曹操闻报后怕雾中有埋伏，急令水、陆军万箭齐发，射杀吴水军。诸葛亮与鲁肃，只管在船舱中饮酒。船只回来后，拔下草靶子射插上的箭，10万支有余。周瑜得知后大惊而叹，曹操得知中计后则是"懊悔不已"。

《孙子》说："兵者，诡道也。""诡"即欺诈多变。瞒天过海等"诡道"的运用，使得战场敌对双方布阵隐秘，攻守无常，变化多端，胜败难料。

毛泽东在《论持久战》中，对"兵不厌诈"有精彩论述："我们不是宋襄公，不要那种蠢猪式的仁义道德。我们要把敌人的眼睛和耳朵尽可能地封住，使他们变成瞎子和聋子，要把他们的指挥员的心尽可能地弄得混乱些，使他们变成疯子，用以争取自己的胜利。"

宋襄公是春秋时期宋国的君主。有一年，他率宋军屯兵宋国边境，抵御强大的楚国军队的进犯。两军已隔河相望，大战即将开始。宋军排好阵势作好战斗准备，对岸的楚军正在渡河。身边人认为楚军多宋军少，建议趁楚军渡河未毕时出击，宋襄公却说不可，君子不乘别人困难的时候去攻打人家。楚军渡河上岸后，还未排列成阵，身边人又请求赶快出击，宋襄公又说不可，君子不攻击不成阵势的队伍。结果，宋军被楚军打得大败，宋襄公也受了伤。宋襄公的愚蠢，就在于他面对你死我活的敌人，千变万化的战争，只恪守君子的所谓"仁义道德"，而不懂兵家的"诡道"。

但是，瞒天过海等兵家"诡道"，是不是可以毫无约束地乱加使用呢？也不是。现代战争法也谴责背信弃义行为。比如你在海上故意发出求救信号，诱使敌方舰船前来营救，接近时却对人家实施突然攻击，这种"诡道"就要受到国际谴责。还有，据海战法，交战双方对救护伤员、标有特殊标志的医院救护船，是不能进行攻击的。但是，你乱用瞒天过海之术，让医院船间接甚至直接参与战斗，那么，敌方军舰就有权予以打击。

瞒天过海也可以推而广之用于"商战"，作为商家市场竞争的一种战术手段。据闻，有些在商界打拼多年的企业家和营销高手，都对孙子兵法潜心研究，从中获益。有的商家在"商海之战"中，嗅觉敏锐，善抓商机，满腹韬略秘不示人，瞄准机会突发奇兵大胆出手，这种出人意料的运作方式往往收到"一夜暴富"功效。但是，社会主义市场经济条件下的商品竞争、市场营销，是以诚信为底线的。运用竞争计谋、战术，要掌握好"度"，不能冲破底线。为保证市场经济正常运行，国家制定了一系列法律法规。如果谁过分迷信瞒天过海之类的"诡道"，坑蒙拐骗，为害社会和广大消费者，就会受到法律的严厉惩处。有的商家因违法犯罪而倾家荡产一败涂地，甚至带来牢狱之灾。

# "海大鱼"三字成典故

"海大鱼",无非是说"海中的大鱼"。此三字明白如话,三岁幼童皆可听懂,又为何说它是一个与海有关的典故?

原来,它出于我国汇集战国时期史料的古籍《战国策》。

《战国策·齐策》中有一篇《靖郭君将城薛》。"靖郭君"即当时齐国齐威王的少子田婴的封号。薛,田婴的封地,在今山东省枣庄市一带。"将城薛",田婴准备在薛地构筑城墙。

田婴本是齐威王的儿子和臣下,在封地薛构筑城墙,就意味着宣告薛地独立。这种行为很危险,肯定破坏父子、君臣关系,失去国王的庇护。若一旦加兵讨伐,田婴将自取灭亡,齐国也会因内乱而被削弱。所以,劝田婴不要筑城的人很多。可是田婴一意孤行,下令凡为此事求见的,一律不予通报,拒之门外。

偏偏有一个齐国客人求见,并对负责通报的人说:"臣见靖郭君只说三个字,多说一个字,愿受烹刑。"即若多说一个字,当场用沸水将他煮死都心甘情愿。田婴可能感到这个来客真是怪怪的,于是,破例传话接见了他。

只见这个人刚进来,就快步走到田婴面前说:"海大鱼!"

说完,此人转身就往回跑。

田婴赶紧说:"来人不要往回跑,留下,看样子你还有话要说。"

来人回答:"小臣不会拿生死当儿戏呀!"

田婴说:"我不会处死你,请你说下去吧!"

客人说:"君不闻大鱼乎?网不能止,钩不能牵,荡而失水,则蝼蚁得意焉。"

意思是，君主，您没听说过"大鱼"（即"海大鱼"）吗？因为它太大了，渔网网不住它，鱼钩钓不动它。可是它游着游着不小心失去了深水，搁浅到岸滩边，再大的身躯也不能转动，再大的威力也不能施展。那么，弱小无能的蝼蛄和蚂蚁，都敢欺负它，它白白葬送于蝼蚁之口！

海大鱼"荡而失水，则蝼蚁得意焉"，《庄子》也有类似的话。其《庚桑楚》篇："吞舟之鱼，砀而失水，则蚁能苦之。""砀"，作"荡溢"讲。

客人以"海大鱼"的遭遇作比喻后，进一步劝谏田婴说："当今的齐国，就是您依靠的大海、深水，您有齐国的庇护，为什么还要在薛地筑城呢？相反，失去齐国的庇护，即使把薛地的城墙筑得耸入云天，您也会像游离深水搁浅的那条'海大鱼'，毫无用处啊！"

田婴闻得这番道理，就说："对呀！"于是，停止了在薛地筑城。

古代臣下劝谏君主的事例很多，但进门小步快走上前，劈头盖脸只说三个字，就赶紧往回跑的，恐怕仅此一例。正是"海大鱼"这三个字的费解之语，引起了君主的惊奇、震动，才迫不及待地让劝谏者回来，把话说完，最后幡然醒悟。对于劝谏者来说，也达到了劝谏的目的。

"海大鱼"这一比喻，展现了"大鱼"与"大海"的关系。大鱼再有能量，也离不开大海的环境和舞台；失去深水的大鱼，只能自我毁灭。这个故事，又说明了局部与全局的关系，在局部可行但影响全局的事，绝对不能干。因为如果干了，往往既毁了局部，又损坏了全局。田婴薛地筑城，就是要在局部干一桩蠢事，幸亏"海大鱼"三字救了他，也避免了齐国的一次内乱。

"海大鱼"之所以成为典故，不仅要看它故事的新奇、比喻的生动和含义的深刻，而且要看流传的广泛和深远。

据查阅，这个故事不仅载于《战国策》，还载于战国时韩非著的《韩非子·说林下》，西汉时刘安组织编撰的《淮南子·人间训》，西汉时刘向著的《新序·杂事》等。今人编选的《战国策名篇赏析》，将有"海大鱼"的那篇列为重要篇目。翻翻寓言典故故事书，也往往有"海大鱼"的一篇。更有意思的是，客人在进一步解释"海大鱼"三字含义时，注释家们很计较"海大鱼"不能脱漏"海"字，仅说个"大鱼"。比如本文引用的《靖郭君将城薛》，说的是"君不闻大鱼乎"。《韩非子》中的那篇，说的是"君闻大鱼乎"。注释家们指出，此二处的"大鱼"，均应写为"海大鱼"。脱漏了"海"字，是"文义不完"。

而《淮南子》和《新序》这两部书，客人在解释"海大鱼"三字含义时，就没有脱漏"海"字。《淮南子》写为"海大鱼……荡而失水，则蝼蚁皆得志焉"，《新序》写为"君独不闻海大鱼乎……砀而失水，陆居则蝼蚁得意焉"。按我们今天的理解，只有海中的大鱼，与大海的深水，才能圆满构成这一比喻。江河湖沼岂有这样的大鱼乎，这样的深水乎？尽管劝谏者刚一进门说了三个字"海大鱼"，但第二句把"海大鱼"说成"大鱼"，仍属于表达的意思不够周密完整，读到这儿总感到有点简略过当，难怪注释家们要较较真、挑挑刺了。

或许受"海大鱼"典故的影响，后世许多寓言、杂记、故事小品，写海中巨鱼游至岸边，失水搁浅，受欺丧命的很多。

明代宋濂有一篇寓言小品，就写了东海一条叫"王鲔"的巨大无比之鱼。只要这条大鱼一喷水，海面上的万条船舶就全被大水吞没。但就是这样一条游大海无所敌的巨鱼，游进罗刹江口，退潮时搁浅回不去了。江边的人都看到江口出现一座长长的山岗，登上去才感到"山"还会颤动，大惊，原来是一条未死的巨鱼！于是，纷纷用刀割其肉，装满了几百条船，剩下的被群鸟饱餐多日。寓言慨叹：巨鱼在大海，声势多威壮凶猛啊！一旦离开深海，困在浅滩，连条小鱼都不如呀！

另外，民间有类似的"龙游浅水遭虾戏，虎落平原被犬欺"的俗谚。

大海的吞舟巨鱼，游至岸边失水被困，惨遭欺凌宰割而无力反抗，《战国策》《庄子》和后代书籍都讲这一故事，这不足以证明它是古代的一个海洋典故吗？此典故总的寓意是，无论你有多大潜能，多强的本领，只要失去环境的依托，则将一事无成，甚至死路一条。

"海大鱼"的故事，从劝谏方式上，也给人带来启发。要达到劝谏的目的，方式可以多种多样。可以和风细雨，娓娓而谈；可以慷慨激昂，痛陈利害；对个别执迷不悟、顽固不化的当权者或者长辈，紧急关头可以冒冒风险，来一个敲山震虎、击一猛掌，使他惊出一身冷汗，幡然醒悟。说"海大鱼"三字的人，大致采取的是最后那种劝谏方式。只要事关大局，不妨一试。

"海大鱼"的典故，对后世的文学创作也有千丝万缕的影响。至少可以这样说：一开头就用惊人之语制造悬念，顿时绷紧对方的神经，引起高度关注，取得先发制人的效果，"海大鱼"在古代典籍中是出现较早的一例，具有开创意义。那么，我们看后世的评书、小说、相声、小品，为了开头就引人注意，也常常开场第一句话，就故作惊人之语。说评书的，有的说完惊人之语后，还"啪"的一声拍一下醒木，叫台下人赶紧瞪大眼睛，竖起耳朵，吊起听书的胃口。这样，同"海大鱼"一样，收到强烈的轰动性效果。

# 说"海量"

"海量",是自古至今使用十分广泛的一个词。词典对它的传统解释大致有两种:一是比喻人的宽宏度量,二是比喻人的酒量很大。

无论度量大,还是酒量大,与海何干?

这大概源于大海给人的印象。百川归海而海不溢,海纳百川而海不满。大海对于水,无论巨流,还是涓滴,来者不拒,多多益善,它的容量有多大啊!正如一句名言所说:"海纳百川,有容乃大。"

先说人的胸怀与度量。一个人胸怀阔大,能容万事,能容万人,哪怕是于己不利之事,哪怕是反对过自己被证明反对错了的人,都抱着一种宽容、厚道、豁达的态度去看待和处理,我们就称赞他有"海量"。俗话说,"将军额上能跑马,宰相肚里能撑船"。是的,位高权重之人,没有海量的胸怀气度,那是"德不配位"。即使平民百姓,在社会生活中,做了对不起人家的事,敬请对方原谅,也常用一句简单的流行语——"请您海量包涵"(海涵)。

有"海量",对我们领导干部来说,是十分重要的品德修养问题,也涉及领导者的形象。老一辈无产阶级革命家朱德元帅,就是一位既身经百战,又很有"海量"的人。他在《大海》诗中,赞扬大海的广阔和永不盈满:"百川汇集成大海,大海宽怀永不盈。"他在《游七星岩》诗中,赞扬山峦大岩洞的开阔涵容:"开心才见胆,破腹任人钻。腹中天地阔,常有渡人船。"毛泽东对朱老总的评价是:"度量大如海,意志坚如钢。"1946年11月,董必武老人为祝朱总司令六十寿辰写的诗中,有这么两句:"骨头生若铁般硬,胸次真如海样宽。"

然而，一个领导干部要真正做到有"海量"，是很不容易的。个别人唯我独尊，唯我正确，功劳不大架子不小，听到了一些不同意见就不高兴，为小事小非往往发雷霆之怒，"老虎屁股摸不得"。这种心胸狭窄的领导干部，就不是朱老总提倡的"大海宽怀永不盈"，而是"水浅多风波"——很难称之为有"海量"了。

在古代，有作为的君王和大臣，为了国家和事业，他们的海量胸怀和容人度量，往往受人称赞。

春秋时期的齐桓公坐定王位后，他手下的大臣鲍叔牙推荐管仲为相。这个管仲虽有极高的治国理政才能，但当年他坚定地站在与齐桓公（当时称公子小白）争夺王位的齐桓公哥哥公子纠一边，是齐桓公的仇敌，还曾向齐桓公射出一箭，幸亏箭头射中腰带钩，才没把齐桓公射死。此时，战败之国鲁国因怕得罪齐国，将正在鲁国的管仲用囚车囚禁，押至齐国，认为齐桓公肯定要把这个仇人杀死的。听了鲍叔牙荐管仲为相的话，齐桓公愤愤地说："他当年射我的这支箭，我还保存着，我心里每时每刻都在恨他，恨不得吃他的肉，还能拜他为相？！"当仔细听了鲍叔牙的一番深刻分析、苦口婆心劝告后，齐桓公的胸怀开阔了，一笑泯恩仇，诚心实意地拜管仲为相。管仲果然不负重托，总揽治国大权，忠心辅佐，终使齐桓公成为春秋第一霸主。

战国时期"将相和"的故事更广为传播。赵国蔺相如出身低微，但为赵国干成了"完璧归赵"等几件大事，深得赵王赏识，不断升官，地位竟在战功卓著的老将廉颇之上。廉颇很不服气，总是找机会羞辱蔺相如。而蔺相如呢，总是谦恭避让。蔺手下的人感到很憋气窝囊，对主人很有意见。蔺相如就对他们说，秦王那么威严厉害，我都不怕，敢在大庭广众斥责他，我怎么会单单怕廉将军呢！现在秦国不敢打赵国，就是由于有我们文武两人在。我和廉将军两虎相斗，势不俱生，我是优先考虑国家的安危啊！蔺相如之言传到廉颇耳中，老将军深感羞愧，登门"负荆请罪"，二人重新和好，结为"刎颈之交"。蔺相如的海量胸怀和高尚情操，深为后人敬重，"将相和"的故事搬上戏剧舞台，一直演唱到今天。

再说用"海量"比喻酒量大。一个人常饮酒而不醉倒，一个人一次能喝许多酒而不醉倒，都称为有"海量"。

用"海量"比喻饮酒量大，在古代文章典籍中常见，宋朝人的文章中就有"闻君海量，毕之（喝尽它）"的话语。古人对"海量"饮酒是推崇的。相反，把"海量"改为"海喝"，一字之差，就有贬义了。

古人认为，饮酒海量的人，往往性格豪爽，重信守诺，善于交友，有的还有江湖义气。古今交易成功签字时，传统性做法也是摆酒席一桌，"干杯"表示敲定并庆贺；有的甚至认为，"酒逢知己千杯少"，不喝得酩酊大醉，不足以表心诚。

"海量"饮酒，很早就与诗文搭上了关系。唐代号称"诗仙"的李白，就是趁着酒醉挥笔而就，诗如天成，传为美谈。杜甫《饮中八仙歌》说："李白一斗诗百篇，长安市上酒家眠。天子呼来不上船，自称臣是酒中仙。"李白纪念馆还有赞他的一副楹联："酒胆海样大，诗才天比高！"南宋陆游喜饮酒，诗豪放，诗句中往往"酒""诗"并题，自称"倾家酿酒犹嫌少，入海求诗未厌深"。东晋大诗人陶渊明，"偶有名酒，无夕不饮"，"既醉之后，辄题数句自娱"，竟以《饮酒》为题，一连写了20首诗。当然，诗人说是"饮酒自娱"，但读了他的《饮酒》诗后，倒不如说他是"以酒寄意"。

写诗时饮酒，是否有激发灵感的作用，是个有趣的话题。诗人写诗需要灵感和激情，饮酒通过酒精的刺激，也许能打开诗情的闸门，奇思妙想和清词丽句滚滚喷出？这些，只有诗人自己才能体验。我们还是举惯于醉酒赋诗的李白为例。《隋唐演义》第八十二回，李白对唐玄宗说了这样一段话："臣曾有诗云：'酒渴思吞海，诗狂欲上天。'臣妄自称为酒中之仙，惟醉后诗兴愈高。"

小说中的"海量"豪饮，往往用以形容好汉、壮士。最著名的属《水浒传》中武松景阳冈打虎了。

本来山下小酒店招旗上有"三碗不过冈"的警示语，可武松不听酒家劝阻，一气豪饮。且看他是怎样海量豪饮的：

当酒家满满筛来第一碗酒时，武松拿起碗，一饮而尽，叫道："这酒好生有气力！"

酒家端来大盘牛肉，筛来第二碗酒时，武松喝了后，又叫道："好酒！"

当他喝完第三碗酒时，再要酒，酒家却推三阻四不上酒了。

酒家是这么说的："俺家的酒，虽是村酒，却比老酒的滋味；但凡客人来我店中，吃了三碗的，便醉了，过不得前面的山冈去，因此唤做'三碗不过冈'。"

武松一再催促逼迫，酒家只好一再加酒添肉。好个武松，"前后共吃了十八碗。绰了梢棒，立起身来道：'我却又不曾醉！'"

武松不听劝告，上了景阳冈，成为赤手空拳打死猛虎的旷世英雄。

不过，这里有两个问题。一是共喝了十八碗酒，还是共喝了十五碗酒？小说版本不同，有的说十五碗，有的说十八碗，说唱文学或民间传说更是多用十八碗，姑且两存吧！本文采用十八碗之说。总之，不管多少碗，酒量确实够惊人的了。二是喝的什么酒？酒家说他家的村酒质量高、劲头大，喝三碗就醉。但据现今专家考证，古代农村酿的酒，是米酒或水酒，酒精度很低。若是喝现在60度以上的高度白酒，身体再强悍的武松，哪怕他有钢胃铁肠，恐怕出不了店门，就已经醉烂如泥了，还上什么冈，打什么虎！我们还要看到，文学作品是可以夸张的，读者也接受这种夸张。人们喜欢武松，欣赏武松，承认并佩服武松饮酒的"海量"。即使小说对他的饮酒量有些夸张，读者也会含笑认可。他借助酒劲打死多次扑向他的"吊睛白额大虫"（老虎），世代传为美谈啊！

"酒劲"在武松打虎中，究竟发挥了多大作用？《水浒传》"武松醉打蒋门神"一章，武松对施恩说的一段话，可见端倪。

原来，武松因杀潘金莲案情关系，被审判后发配孟州牢城，恰遇当地好汉施恩，施恩崇拜、厚待武松，结为兄弟。施恩在城外有一个快活林酒店，被外来颇有武功的恶霸蒋门神霸占，想请武松帮助夺回。"路见不平拔刀相助"的武松，当然对兄弟满口答应，只要求施恩一件事：路上每过一个酒店，都要喝三碗酒。这样，施恩就担心了：从这里出发到快活林酒店，十四五里地，要路过十二三家酒店，"若要每店吃三碗时，恰好有三十五六碗酒"，武大哥到了快活林酒店非醉倒不可，能打得过武功高强的蒋门神吗？武松看出兄弟的担心，联系景阳冈打虎，大笑着说了这样一段话："你怕我醉了没本事？我却是没酒没本事。带一分酒，便有一分本事；五分酒，五分本事。我若吃了十分酒，这气力不知从何而来。若不是酒醉后了胆大，景阳冈上如何打得这只大虫！那时节，我须烂醉了好下手。又有力，又有势！"所谓"力"就是力气、力量；"势"，就是胆量、气势。

读了这段话，笔者深深为之感慨！随手写下这么几句感言："海量武松，醉打逞能。胆大包天，力大无穷。气压猛虎，势盖群雄。除恶扬善，一世英名。酒也，酒也，真乃成就英雄好汉之神物者也！"

从现代养生角度看，海量饮酒容易引起酒精中毒，诱发各种疾病，对人身体有害。养生专家倡导不吸烟，适量饮酒，口号是"戒烟限酒"。据此，酒桌上不宜再逞"海量英雄"了。这是科技发展和社会进步所引起的人们认识上的重大变化。

"多饮酒有害"的观念，将越来越多地影响着当代人和后代人的生活。我们看到或听到，老朋友、老同学聚会，由于一再劝酒，喝死人的事偶有发生。喝死了人，死者家属告上法庭，要追究组织者和劝酒者的责任。虽然没有害人的主观故意，对簿公堂那是摆脱不掉的。老朋友、老同学聚会，为了多饮几杯酒，断了友情死了人，多么尴尬扫兴，唏嘘悲哀！至于"酒驾"酿成的交通事故，更是触目惊心，从全国看几乎天天发生，伤害了多少人的性命，毁掉了多少个美满幸福的家庭。

有一年春节前夕，针对城乡宴庆醉酒习俗，北京某医院医生接受记者采访，发出"劝八种人喝酒，等于劝他去死"的警示语。这话当然有点吓人。实际上，医生解释说，这八种人喝酒，容易对身体造成不可逆的伤害，有时甚至致命。这八种人是：一、肝病患者；二、肾病患者；三、酒精过敏的人；四、心脏病、高血压患者；五、孕妇和哺乳期的妈妈；六、儿童和青少年；七、患有肠道疾病的人；八、服用一些特殊药物的人。忠言逆耳，利于健康！

社会在发展，词语也会随着丰富和发展。现代化生产数量多、批量大、营销快，于是近些年出版的词典，除了沿用以上两种传统解释外，又给"海量"增加了"数量极大的"的新义项。也就是说，除"度量大""酒量大"，"海量"又有了第三个含义，词典并举出"海量存储""海量信息"等例句。"海量"这一新义项，在信息化日新月异发展的新时代，颇有应用频率越来越高的趋势，前景十分看好！

# 宦海浮沉

宦海浮沉，又名宦海沉浮，有时还写宦海风波，是一句把大海与官场相联系的海洋成语。

这一成语，对于今天我们的党员领导干部，即全心全意为人民服务的"人民公仆"来说，已不适用了。因为我们出来当领导不叫"宦"，我们各级领导层和广大干部群体更不构成旧社会的所谓"宦海"。而对旧社会的为官者，论及他们的仕途命运，宦海浮沉出现的频率却很高。

"宦"，宝盖儿下一"臣"字，其含义就是当官、官吏。"宦途"，做官的经历；"宦游"，为求做官而外出奔走；"宦海"，做官的人很多，官场像大海一样，广不到边、深不可测。宦海浮沉，把大海动荡的意象引入世间官场，大意是指官场犹如海洋，风波不定，为官者在其中升降浮沉，喜忧相随，吉凶相伴，一生仕途命运很难预测。

当然，古代做官的人，无论文臣还是武将，有不少人仕途一帆风顺，终生官位"稳如泰山"，有些人还做出了利国利民的业绩。综观历朝历代，我们都可以数出一批有文治武功的大小官员，有的治国，有的安边，有的刚正不阿，有的廉洁奉公，有的呕心沥血鞠躬尽瘁死而后已，有的为官一任富民一方，总之政绩卓著，堪称好官。但是，宦海浮沉这一成语，多多少少带有消极看官场的成分，视"宦海"为畏途。民谚云，"官大招险，树大招风"。读史看戏，那些位列朝班的文臣武将，无论忠奸，最终取祸杀身，甚至被"夷三族"的，并非个别。但不管怎么说，寒灯苦读，请缨从军，走为文为武官宦之路的，仍大有人在，源源不断。

为了体会一下究竟什么是宦海浮沉，我们不妨介绍唐朝沈既济写的传奇小说《枕中记》的故事。

唐朝开元七年，有道士吕翁，在邯郸道中仙游，正在旅店中休息。此时，一个姓卢的少年（"卢生"），身穿粗布衣服，亦来此店下榻。他与吕翁共席而坐，长吁短叹，讲自己穷困潦倒，生不逢时。吕翁问他的愿望，卢生答曰："士之生世，当建功树名，出将入相，列鼎而食……"吕翁见卢生昏然欲睡，就从囊中掏出个枕头，让卢生枕着睡一会，说可以满足他的"愿望"。卢生拿枕头睡下了，此时店家刚刚蒸上一锅黄米饭。

这个枕头是青瓷的，两端有孔。入睡后的卢生见枕中的孔渐渐扩大，景物明朗，乃全身进入，实际他已进入了梦境。他娶上年轻美貌的贤妻，不久高中进士，当上官。三年后，出京到陕西等地当官，不断调动、升迁，文治政绩卓著，安边建有大功，万民称颂，"归朝册勋，恩礼极盛"。然而荣极祸来，流言中伤，他被朝廷贬到了某地当了个小官。三年后，又回京城升官，一直做到宰相。不久又遭同僚陷害，朝廷派人来家门抓他，准备判罪入狱。他害怕极了，与妻儿说出了自己的悔悟：不该步入官场仕途，追逐功名利禄，真想回邯郸道中再当卢生，过那百姓日子呀！他欲拔刀自刎了结此生，幸被妻子救下。不承想，朝廷免了他的死罪，流放外地的他数年后又被召回京城当了大官，可谓享尽人间荣华富贵，膝下子孙成群，"皆有才器"。他活了八十多岁而终……

正此时，卢生打哈欠伸了个懒腰，一觉醒来，时间之短，连店家蒸的黄米饭还未熟哩！

这个典故又叫黄粱一梦、一枕黄粱，梦幻中卢生升降无常的为官经历，为宦海浮沉这一成语，作了形象而生动的注脚。幸运的是，他为官的结局还比较圆满。

顺着宦海浮沉，我们可以去回顾历史上众多为官者的一些有趣的现象。

楚汉相争时期，刘邦灭项羽得了天下，被他称为建立大功的"三杰"——张良、萧何、韩信，除张良机智应对免遭朝廷降罪之外，忠耿的萧何竟被刘邦下令拘禁入狱，群臣说情才幸免于难。至于屡立赫赫战功的韩信遭遇更惨，被吕后诱入宫中杀害。在此之前，韩信就曾叹息过："狡兔死，走狗烹；高鸟尽，良弓藏；敌国破，谋臣亡。"

唐太宗可谓雄才大略，从谏如流。《旧唐书·魏徵传》载，宰相魏徵死后，唐太宗曾临朝当着侍臣的面感叹唏嘘："夫以铜为镜，可以正衣冠；以古为镜，可以知兴替；以人为镜，可以明得失。……今魏徵殂逝，遂亡一镜矣！"可就是这个唐太宗，魏徵在世时，上朝当众对他净谏了几次，他感到伤了皇帝的尊严和威风，曾下决心杀掉魏徵。他的"杀心"，幸被皇后发现并极力劝阻，而未见诸行动。

赵匡胤本是五代时期后周的大臣，陈桥兵变，黄袍加身，取代后周成了宋朝的开国皇帝。政权巩固后，他担心拥有重兵的老部下也效仿他搞黄袍加身，夺了赵氏的皇权，因此寝食不安，就导演了"杯酒释兵权"一场戏。他请当年豁出身家性命捧他登上皇位的几个老部下喝酒，酒酣之际，苦吐衷肠，温情忆故交的话语中带有威逼利诱。握有兵权的石守信等众臣，终于弄懂了他的意思，开始惧怕自己继续为官为将前途凶险。经过一番思考后，他们纷纷表示愿意上交兵权，远离政治中心。看，酒桌上几杯酒，引出了皇帝收权、众臣交权的官场大变动，可否说，这是宦海风波、宦海浮沉的另一种表现形态呢？

功勋卓著的宰臣武将尚且如此，何况"七品芝麻官"之类，更是时时感受仕途变幻无常，为官为政如履薄冰。

循着宦海浮沉成语，我们可以看到另一类官，就是像赵高、董卓、李林甫、杨国忠、蔡京、秦桧、严嵩、魏忠贤、和珅等这般中国历史上的奸佞之臣。他们当官后野心勃勃，乱纲弄权，祸国殃民，残害忠良，贪贿成性，无恶不作。尽管他们位高权重（魏忠贤为宦官），飞黄腾达于一时，但最终落得个身败名裂的可耻下场。上述这几个人中，大部分被杀或被迫自杀，有的遭罢遭贬，只有李林甫、秦桧活着的时候未受惩罚，仍落下万世骂名。秦桧被列为中国第一奸相。相传清朝年间，秦氏后人去杭州游岳坟，看到跪于岳飞墓前的先祖秦桧铸像，同游者问他有何感慨。他随口吟出："人从宋后羞名桧，我到坟前愧姓秦。"

我们读书，一部《红楼梦》，煊赫一时的贾、史、王、薛四大家族的兴亡史，古代官场那种"一损俱损、一荣俱荣"形态，不就是一幅宦海浮沉的社会画卷吗？

我们观戏，无论是京剧，还是评剧、豫剧、黄梅戏、昆曲等，宦海浮沉带来的悲欢离合，世态炎凉，人情冷暖，哪一出不给人留下久久难忘的印象？

还有那么一类官，他们认清官场的险恶，失去进取的锐气，位居高官却不敢担当，唐朝武则天时期的大臣苏味道就是这样一个人。他几经升、沉，终于爬上高位，酸甜苦辣尝尽。自此，朝廷但凡棘手的大事，他都绕着走。他总结的"为官经验"是："处事不欲决断明白，若有错误，必贻咎谴，但模棱以持两端可矣。"时人称其为"苏模棱"或"模棱宰相"。模棱两可的成语，也由此而来。他说的意思是，凡事都不要决断得清清楚楚，明确表示自己的意见。不然的话，一旦有差错，后悔不说，还会受到处分谴责。所以，只要把话说得两头都站得住脚，模棱两可就行了！这样的官，有的也确实一辈子太平无事，号称"不倒翁"云云。但话又说回来，朝廷这样的官多了，光拿俸禄不玩事，皇帝也就难当了，朝廷也就危险了，百姓也就更受苦遭殃了。

清朝著名诗人袁枚观海，将海的大风大浪与人间的官宦浮沉相联系，吟出这么几句诗："地少难寻岸，龙多易起风。人间宦途客，都泊此当中！"这是对宦海风波、宦海浮沉成语的生动写照。

宦海浮沉——大海凝结的成语，使我们联想起几千年古代社会特别是封建社会的为官百态，引出一个多么丰富有趣又颇为沉重的话题！

# 侯门似海

侯门似海，或侯门如海，这个带"海"字的成语，如今使用频率不那么高了。

原因很简单：共产党执政的国家，是人民当家作主的国家，党和国家各级领导干部，尽管职务有高低之分，待遇也有一定差别，但都以全心全意为人民服务为宗旨，都是人民的勤务员和人民的公仆。所谓封建社会常用的"侯门显贵"这些陈旧词语，早就被抛弃了。侯门似海这些连带性词语，也随之受到冷落。

侯门似海的"侯门"，是指封建社会那些权大势大的高官显贵之家。侯门似海，是指这些高官显贵之家的深宅大院十分壮阔森严，一般人是进不去的。说宅院像海一样面积广大且深不可测，当然是夸张性的说法。

说到侯门似海，不禁想起北京什刹海附近的恭王府。这个王府是现今保存最完整、规模最大的一座清代王府，因清朝咸丰皇帝之弟恭亲王奕䜣在此住过而得名。在他之前，此处曾是乾隆皇帝的宠臣、大贪官和珅的宅邸。王府占地6万平方米，分府邸和花园两部分，府内拥有各式建筑群几十处，分东、中、西三路，亭台楼阁俱全。此府规模宏大，布局讲究，气势非凡。若仔细看，游客在里面转上一天，都有看头。"一座恭王府，半部清朝史"，真可谓侯门似海啦！

我们还可以读一读《红楼梦》，以长见识。

此书第六回，写"刘姥姥一进荣国府"，将侯门似海展现得生动细致。刘姥姥乃乡村贫穷的老寡妇，住在女儿家帮照看小孩。日子实在过不下去了，她便和女婿狗儿商量，利用狗儿的祖上王家与贾府王夫人祖上金陵王家有"连宗"的关系，去贾府家讨点钱粮施舍。女婿劝刘姥姥先去试试。刘姥姥说道："嗳哟哟！可是说的'侯门深似海'，我是个什么东西，他家人又不认得我，我去了也是白去的。"经过女婿再三劝说，刘姥姥又说："舍着我这副老脸去碰一碰。果然有些好处，大家都有益；便是没银子来，我也到那公府侯门见一见世面，也不枉我一生。"刘姥姥进到这侯门深府，左瞧右看，处处新鲜，眼都不够用了，果然闹出不少笑话。

再看此书第三回，写林黛玉初进荣国府的路上，瞥见与之相邻的宁国府的大门口："忽见街北蹲着两个大狮子，三间兽头大门，门前列坐着十来个华冠丽服之人。正门却不开，只有东西两角门有人出入。正门之上有一匾，匾上大书'敕造宁国府'五个大字……"

至此，荣、宁二府侯门似海的豪贵之家的形象，可略见一斑了。

侯门似海，也比喻旧日朋友，因后来的地位、贫富变化悬殊，而产生的心理和交往上的隔阂，偏重于弱者一方的感受。

侯门似海，往前追溯，出于唐代诗坛的一则典故。载于《云溪友议》《太平广记》《全唐诗话》等书，情节详略不一。

唐朝青年秀才崔郊，其姑母家中有个婢女，既美貌又会弹琴唱歌，崔郊很喜欢她，二人渐渐产生了恋情。可是后来姑母家由富变穷，只好把婢女以40万钱卖给了权贵于頔。此女到了于頔家，就被藏进深宅大院，虽仍是婢女，但再也不能自由出入了。

崔郊很想念恋人，试探去看她，可是于頔府第戒备森严，不许闲人进入，崔郊可望而不可进。恰巧在寒食节那天，婢女因事外出，在路上的柳树下与崔郊相遇。崔郊在百感交集中，写了一首诗赠给婢女，是这么写的：

公子王孙逐后尘，绿珠垂泪滴罗巾。
侯门一入深如海，从此萧郎是路人。

此诗只四句，内容却含蓄丰富，情意绵绵。大致的意思是：公子王孙争相追逐美貌女子，可是像绿珠这样的美女，为了对丈夫尽忠贞，反对权贵抢夺自己，竟流泪跳楼自尽。你（指婢女）一进入那深如大海的侯门，我（"萧郎"为崔郊自指）从此便成了与你相隔的陌路之人了！弦外之音，我想念你，你不想念我吗，咱们两人还能成亲相伴终生吗？

绿珠，是西晋富豪石崇的宠妾，绝色美女。另一更有势力的权贵向石崇索要绿珠，石崇拒绝，结果被害。绿珠闻讯，为表贞节，使丈夫的情敌欲望落空，垂泪坠楼而死。后世之人写诗著文，常以此典故，代指美丽女子的不幸命运。此诗前两句引入绿珠事例，意在鼓励婢女坚定对钟情男子（崔郊）相爱终生的信念。

后来，有人把此诗传给了于頔。于頔读后，就让人把崔郊叫到府上，特意问道，"侯门一入深如海，从此萧郎是路人"，是你作的吗？崔郊称是。于頔还算是个有善心的官僚，他便让崔郊把婢女领回去，还赠送给婢女一批结婚物品，成就了这对恋人的美满姻缘。

后人评说，崔郊不仅用一首诗，从权贵手中夺回自己深爱的恋人，还留给后世一个侯门如海（侯门似海）的成语。

无巧不成书。与崔郊大致同时的人，也有一个姓崔的书生，叫崔护，他也遇见一个美丽姑娘，也为此写了一首诗，也留下人面桃花一句成语。说的是，一年清明日，崔护独自一人到长安城南郊游，见一人家桃花绕宅，他口渴敲门求杯水喝。一美丽姑娘开门，给他喝水。二人虽未多言，但一见钟情。别后，崔护总也忘不了姑娘独倚小桃树含情脉脉望他的样子。次年清明日，崔护按捺不住，又来城南此宅求见姑娘，虽然仍是桃花绕宅，却见大门紧锁，心恋的人不见了。他不胜感慨，就在门扇上题了四句诗："去年今日此门中，人面桃花相映红。人面不知何处去，桃花依旧笑春风。"人面桃花这一成语，词典的解释是："形容男子怀念一见钟情后不能再度相见的女子。"

这两个故事的巧合之处是：二崔都是唐朝人，不仅同姓，名字也都是一个字，一"郊"一"护"；二人都有与女子的一段艳遇，而且作为封建时代文人才子，所艳遇的皆为社会底层的女子，一为婢女，一为村姑；二人都为这段艳遇写了四句诗，这四句诗都成为名诗，并各自为后世留下侯门如海和人面桃花的成语。只有一点不同，崔郊与婢女历经曲折，终成眷属；崔护心恋的人面桃花的村姑，不得再见，只能成为憾事了。后人虽也有"终成眷属"一说，那只是一种演绎。

笔者"粘贴"上一段崔护人面桃花的故事，当然与海洋成语无关，但是二崔的故事太巧合、太相似了，"粘贴"于此，一起读会感到有些趣味。

侯门似海，当今在特定环境下，仍有应用，这使人联想起郭沫若故居的故事。

2012年11月，是郭沫若诞辰120周年。北京前海西街18号的郭沫若故居整修一新，重新开放参观。2013年3月1日，《报刊文摘》以《侯门似海不是家》为标题，摘转了一篇文章，披露了郭沫若故居的一个故事。

文章说，1963年，根据国家有关部门的安排，全国人大常委会副委员长郭沫若及全家，从北京西四原住处搬进前海西街18号院。此院的前身是清朝大官僚和珅私邸的前院，和珅倒台后整座私邸废弃。新中国成立后辟为新用，几易其主，最后搬进去的主人是郭老。文章说，"不同于老舍、茅盾、田汉等文人故居的朴素小巧，一进郭氏故居，就能体会到庭院深深的豪门气派"。历史学家翦伯赞在当年朋友相聚时，还同郭老开过玩笑："你那儿侯门深似海啊。"

可是，郭老一家是怎么看的呢？他们对住进这样的深宅大院深感不安。搬家的当天，郭老的夫人于立群就在新家大门口对几个孩子说："这不是我们的家，这是工作需要，随时都可以搬出去。"入住后，郭老也几次说过想搬家。可是，由于种种原因，他一直住到1978年6月去世。如今，在其故居开设的郭沫若纪念馆，已是北京旅游的一个重要文化景点了。

我们再回到那篇文章标题《侯门似海不是家》上来。这个标题巧妙运用了侯门似海这个新社会不常用的成语，因为郭老住宅的大院就是清朝高官显贵原来的私邸，这里本来就是"侯门"，这是客观事实；而"不是家"三字才是标题的主旨、亮点所在，它体现了社会主义国家的共产党员、国家干部、人民勤务员，对这些问题应有的思想认识和正确态度。

# 封侯非我意　但愿海波平

此篇的标题，出自我国伟大的民族英雄、明朝抗倭名将戚继光写的诗句，已成为人们论及海洋传统文化，特别是保卫海防、固我海疆时常常引用的名言名句。

戚继光出生在世代镇守山东登州的将门家庭。父亲56岁才生了这么个儿子，所以父亲去世，他接替父亲担任登州卫指挥佥事这一官职时，还是个青年人。当时明朝（嘉靖年间）正在遭受日本来的倭寇入侵。倭寇对我国沿海尤其是东南沿海，烧杀抢掠，无恶不作，人民深受其害，成为全国大患。

戚继光这位意气风发的年轻将军，立志抗倭报国。他熟读兵书，舞剑习武，文武全才。他写过一首《韬钤深处》的自励诗，尾句就是"封侯非我意，但愿海波平"。

小筑惭高枕，忧时旧有盟。
呼尊来揖客，挥麈坐谈兵。
云护牙签满，星含宝剑横。
封侯非我意，但愿海波平。

诗题中的"韬钤"，指古代的两部兵书《六韬》和《玉钤》，后来也喻指用兵谋略。"小筑"，小别墅。"盟"，盟誓，誓言。"尊"，同樽，酒杯。"揖"，拱手行礼，古时宾主相见的礼节。"麈"，麈尾，用以做成拂尘（类似掸子），古人谈话时常挥动麈尾以助雅兴。"牙签"，此处不是指剔牙用的牙签，而是指书签，"牙签满"形容书籍很多。

全诗的大意是，年轻的我坐享父亲留下的官职，住在小别墅高枕无忧，惭愧呀！我要为国家抗倭的时局担忧，不要忘了过去立下的尽忠报国的誓言！呼酒来，恭迎登门来访的志同道合的客人；挥动麈尾，大家纵论用兵谋略，共商抗倭大计。我攻读兵书，书籍摆满书架；我横挂宝剑，剑光与夜空的星光交相辉映。读书舞剑，不敢懈怠，时刻准备上战场杀敌！不过，升官封侯，不是我的意向；为我大明王朝早日扫清倭寇，让百姓过上和平安定的日子，大海风平浪静，才是我真正的愿望啊！

据说，戚继光是在读书时，在一本兵书的空白处，写下了这首诗。

"封侯非我意，但愿海波平"，戚继光这种为国尽忠，驱除倭寇，拯救人民，保卫海防，而又不追求个人高官厚禄的爱国情怀和高尚情操，历来受到人们的尊崇和敬仰。他的这两句诗，理所当然地成为海洋传统文化的名句。

"封侯"为什么对读书人，特别是对练武从军的人，有这么大的吸引力？

其一，皇帝对文臣将帅封以侯爵，那可是千里挑一。非有极大功勋者，特别是军功，不能受封。正所谓"古者官以任能，爵以酬功"。对于受封者，"位极人臣"，享有极大尊崇。我们看古装老戏，那些侯爷出场，一般都高冠博带，踱着方步，摆摆派头，不同于众多朝臣。

其二，荣华富贵，乐享终生。比如，有大功于朝廷的一名武将，被封为万户侯（所谓"食邑万户"），他封地的万家农户，按照朝廷规定，要给他一家缴租纳税。万家供奉一家，他享用得了那么多源源不断的财富吗？

其三，爵位、财产可以继承，传给后代，"荫其子孙"。他的子孙可世代享受俸禄。此外，还有其他一些特权。

当然，封侯后犯有大错甚至大罪者，侯爵可以被剥夺。

侯爵如此尊崇显贵，"习武—从戎—建功—封侯"，就是古代许多青年人倾慕的人生道路。

我们可以讲一个成功的例子。东汉有个饱读诗书的有志青年班超，家贫，靠替官家抄写公文信件挣钱补贴家用。有一天，他辛辛苦苦刚抄写完一件公文，突然把笔投向砚台边，叹口气说："大丈夫生在世间，没有别的志向，应当效法傅介子和张骞，到边远之地建功立业，争取封侯才对。怎么能长久在笔砚之间讨生活呢？"傅介子和张骞都是西汉到西域建功立业的著名大臣，他们既抗击顽敌又播撒友谊的种子，沟通汉朝与西域诸国的联系，功勋卓著，都被封侯。实际上，张骞早于傅介子，名气更大。后来，班超果然实现了自己的抱负，奉朝廷之命到西域建功立业，同样功勋卓著，被封为定远侯。投笔从戎和封侯万里成语，都出于这个故事。

再讲一个功勋卓著却未被封侯，令后人同情惋惜的例子，那就是西汉英勇善战的著名将领李广。李广青年时从军，号称"飞将军"，历经汉文帝、汉景帝、汉武帝三朝，与匈奴大小70余战，60多岁仍不服老，向汉武帝请缨出战。他戎马一生，卫国戍边，立有不少战功，比他差一些的，有的都被封侯了，而他却始终未被封侯，他自己也曾产生过困惑。最终，在战场上，出于种种原因，他刎颈自杀。死时"一军皆哭"，百姓也皆为垂泪。后人更有为他鸣不平者。唐朝王勃在《滕王阁序》中就慨叹地说："嗟乎！时运不齐，命途多舛，冯唐易老，李广难封！"宋朝刘克庄《沁园春·梦孚若》词："使李将军，遇高皇帝，万户侯何足道哉！"刘克庄这句词，实际上是重复了汉文帝当年对年轻李广说的一句话，意思是汉高祖刘邦为建立汉朝，几乎天天打仗，打了许多大仗硬仗恶仗，假使李广生在高皇帝那个年代，在战场大显身手，屡立战功，封个万户侯什么的，那还不是轻而易举的事吗！

话又说回来，汉武帝时代打仗还少吗？李广历经三朝，身经70余战，一生未被封侯，除他自身"时运"不好外，武帝是否也有封赏不公的责任呢？

建功封侯，古人这种追求，不是低俗之事，而是胸怀壮志、为国从戎的一种昂扬向上的精神，为此有不少咏怀诗。特别是唐朝的边塞诗，建功封侯诗句更多。比如"男儿生世间，及壮当封侯。战伐有功业，焉能守旧丘"（杜甫《后出塞》），"莫向尊前更惆怅，古来投笔尽封侯"（许浑《赠河东虞押衙》），"闻道轻生能击虏，何嗟少壮不封侯"（钱起《送崔校书从军》）等等。

相比之下，明朝抗倭名将戚继光"封侯非我意，但愿海波平"，突发奇语，不同凡响，新风扑面！展现出来的是他一方面满腔热血竭尽全力保卫海疆保民平安，一方面又明确表示淡泊"封侯"等个人功名利禄，其为国为民情怀更为开阔，思想境界更高一层，当然也就更加受人敬仰、钦佩。下面，我们顺着这句诗的思路，进一步追述一下他抗倭的功绩和写的昂扬奋进的诗句。

明初开始，从日本来的倭寇就对中国沿海抢掠骚扰。到了嘉靖年间，倭寇勾结海盗，侵扰更加猖獗，在浙江、福建一带尤甚。戚继光由在山东备倭，调任东南沿海抗倭。他在浙江义乌一带招募慓悍的农民和矿工数千人，组成新军，严格训练，排练就用他创制的"鸳鸯阵"，战斗力大增，远远高于明朝的老牌军队。新军英勇善战，不断壮大，屡建奇功，威震敌胆，被誉为"戚家军"。在浙江，战台州连获大捷。南下福建，组织战役，一举捣毁倭寇盘踞多年的横屿老巢。接着，戚家军联合友军，打了平海卫速战速决的歼灭战。仙游之战中，创造了城市保卫战的奇迹。他还率军南下广东，扫平勾结倭寇的大海盗。戚继光从嘉靖三十四年（公元1555年）开始，在东南沿海战斗了十多个年头，基本上荡平了浙江、福建、广东沿海的倭患。他立下彪炳史册的战功，成为流芳百世的民族英雄。

戚继光后来又调北方加强边防，抗击外族入侵十余年，同样建有功绩。他在戎马倥偬之际，写了《纪效新书》《练兵实纪》等兵书，还留有《止止堂集》等诗文篇章。他写的具有强烈爱国激情的诗篇，除本文开头引用的外，可以再欣赏几首。

> 结束远从征，辞家已百程。
> 欲疲东海骑，渐老朔方兵。
> 井邑财应竭，藩篱势未成。
> 每经霜露候，报国眼常明！

此诗标题为《辛亥年戍边有感》，作者时年20多岁。这首诗描写了一名年轻武将，披甲装束后辞家奔赴海边防的心路历程。特别是后两句"每经霜露候，报国眼常明"，把作者卫国戍边的战斗激情写得十分逼真：每当边防军情紧张的时刻（"霜露候"喻指敌人最易来犯的时候），我报国杀敌的双眼，就睁得格外明亮！

> 冉冉双幡度海涯，晓烟低护野人家。
> 谁将春色来残堞，独有天风送短笳。
> 水落尚存秦代石，潮来不见汉时槎。
> 遥知百国微茫外，未敢忘危负岁华。

这首诗标题为《过文登营》，是青年将领戚继光巡视文登的营盘所写。作者乘战船入海，巡视山东沿海文登的备倭营垒，描写了营垒周边的景物，还联想起文登一带秦、汉时的遗迹和传说，最后两句和盘托出自己的心声："遥知百国微茫外，未敢忘危负岁华。""百国"，古籍中指日本倭人所居的岛国。——我遥遥地感知，日本倭寇所居之岛国，与文登隔海相望，就在这烟涛微茫之外；我怎么能忘记国家面临的危难，松懈防敌入侵的戒备，辜负了自己的青春年华呀！

"百国",也可以推而广之,理解为指大千世界诸多国家。

南北驱驰报主情,江花边月笑平生。
一年三百六十日,多是横戈马上行!

这首诗标题为《马上作》,流传很广,脍炙人口,可以说是戚继光一生战斗生活的生动写照。他南北驱驰,跃马扬戈,指挥千军,抗倭击虏,日复一日,年复一年,人不离鞍,倾尽热血,就是为了报答朝廷,报答国家,报答人民啊!"笑平生",充分展示戚继光的乐观旷达精神,也是他对自己戎马一生的满意评价。

我国曾兴起叙写以北部和西部为主要战场的边塞诗,唐朝达到高峰,多出自文人的手笔。明朝以来为抗倭的需要,东南方向的万里海疆摆开了战场,以戚继光、俞大猷为首的抗倭将帅,写出一批慷慨激昂的海战诗、海防诗,独树一帜,使我国诗坛一新其面目。读着这些诗,真真切切感受到它出自前线奋勇杀敌的爱国将帅之手。这些与西北边塞诗相对应的海防诗,同样在我国诗歌史上占有重要的一席之地。况且,明朝以后,特别是晚清,外敌入侵我国,多从海上来,海防诗愈加显示其珍贵的价值。本文引用的戚继光几首诗作,读后令人精神振奋,心潮激荡。但是,总的可以看出贯穿这些诗作的一条红线,这就是——

封侯非我意,但愿海波平!

# 陆海潘江
# 韩潮苏海

在海洋成语族群中，有两个以古代文学家名字命名的成语，这就是陆海潘江和韩潮苏海。

这两个成语，主要是赞赏陆机、潘岳、韩愈、苏轼四个文学家的思想学识和文学风格、文学成就的。这四个文学家，仅凭各种大型辞书都收录的这两个成语，就可以彪炳文学史册，传扬于后世。这是很荣耀的一件事。

陆海潘江中的陆机、潘岳，都是西晋著名文学家。

陆机少年有异才，文章冠世，与弟陆云一同进入洛阳，文才轰动京城，时称"二陆"。他善于写骈文，"辞藻宏丽"，多拟古之作。《晋书》说他写的文章共三百多篇。他写的《文赋》，是文学论文名作。当时的著名文学家张华曾这样赞扬陆机的文才："人们写文章，常恨自己的才太少；而到了你写文章，却忧患自己的才太多啦！"可见陆机对当时文坛的影响之大。

潘岳，在文坛上与陆机齐名。他少年时被乡里称为"奇童"。有一部文学家辞典，说他"辞藻绝伦，尤善为哀诔之文，所作《悼亡诗》三首，为世传诵。又有《西征》《闲居》等赋，亦传于世"。潘岳不仅辞藻华艳，人也长得很美，是地地道道的美男子。传说他驾车走在路上，不仅青年女子常围着他看，连老太婆也爱慕地纷纷向他车上扔水果鲜花，他常常"满载而归"。

对陆机与潘岳诗文的评价，南北朝时期南朝的文学评论家钟嵘在《诗品》中说："余常言，陆才如海，潘才如江。"翻看《晋书》，也有"机（陆机）文喻海""岳（潘岳）藻如江"的说法。总之是说，陆机的文才如同大海一样浩瀚，潘岳的文才（词藻）如同长江一样奔腾。

陆海潘江，也称潘江陆海，人们概括出这一成语，用以比喻人的学识渊博，才华横溢。

话又说回来。尽管古人对二人诗文才华评价很高，但今人编写的文学史，却指出他们追求形式、过分堆砌华美词藻的缺陷。当然，对他们的文学成就是充分肯定的。

唐朝诗人王勃在他名作《滕王阁序》中，就生动而诙谐地运用了这一成语。滕王阁，在今南昌，当地一个长官在阁上举行宴会，邀请社会名流赴宴饮酒作文赋诗，据说王勃当时只是个20多岁的年轻人，到南方探亲路过这里，也参加了。因他是个年轻娃娃，不被人看在眼里。他当场拟就这篇华美绝伦的骈文，读完后立即轰动了全场，人们刮目相看，此文也得以流传后世。

全文的结尾四句是："一言均赋，四韵俱成。请洒潘江，各倾陆海云尔。"大意是，在座的诸位都按各自分到的韵字赋诗，我已写成了四韵（每二句为一韵）八句，请各位发挥潘江陆海之非凡才华，为滕王阁写出瑰丽的诗篇吧！

王勃没有直说发挥潘江陆海之才，而是用了"洒潘江""倾陆海"，其"洒"与"倾"均是关系水的动作，恰恰配合"江"与"海"，十分生动、形象、传神！同时，也隐含酣畅饮酒助兴，即席泼墨挥洒成篇的意蕴，因为酒和墨汁也有水的流动形象，真是妙语连连。

宋朝梅尧臣有诗曰："天下才名罕有双，今逢陆海与潘江。"

韩潮苏海中的韩、苏，指唐朝大文学家韩愈和北宋大文学家苏轼。

说起韩潮苏海这个成语的形成，还有一段曲折的经历呢。它最早是宋朝人李涂在《文章精义》中提出来的。不过，李涂提的是"韩海苏潮"，原文是："韩如海，柳如泉，欧如澜，苏如潮。"中间的柳即唐朝柳宗元，欧即北宋欧阳修，我们姑且不去管他俩，单说把韩愈的文气比喻为海，把苏轼的文气比喻为潮，是否十分确当？后人颇有疑惑者。比如，明末清初的文人吴伟业，就把这四句从顺序上和提法上都作了点改动，改为"韩如潮，欧如澜，柳如江，苏如海"。他把位于中间的柳与欧颠倒了一下，并把"柳如泉"改为"柳如江"。看来，他是按"潮、澜、江、海"来排序的。最引人注目的，是他把打头的"韩如海"改为"韩如潮"，把压尾的"苏如潮"改为"苏如海"。这样，"海"和"潮"一前一后来了个大对换。吴氏的"韩潮苏海"的新提法，受到不少文人的认同，韩潮苏海成语也由此形成。

我们看到，"海"和"潮"相比，明显"海"的意象更阔大一些。难道二字一对换，有意要抬高苏轼，贬低韩愈？但是韩愈也是文风浩荡、名垂千古的大文豪啊！既然二人不相上下，那为什么非要对换"海"和"潮"两个字，而且得到那么多人的认同呢？费解！

笔者看到，某杂志有一篇《从"韩海苏潮"到"韩潮苏海"》的评论文章，很好地回答了这个问题："韩愈苏轼是唐宋文化之巨人，博大其文，深邃其思，曰海曰潮，均不为过。然韩愈之文浑灏流转，其势如长江秋注，潮之喻更切；苏轼海涵地负，澜翻波卷，其博其深非海不足以形之。谁海谁潮，非为先贤争高下，从'韩海苏潮'到'韩潮苏海'的转变，表明学界对韩苏二人有了更合实际和合其特色的认识……建立韩学和苏学是弄'潮'碰'海'之所需。"

看，从作品容量和文学风格的细微差异，来斟酌考量，把"潮"的帽子给韩愈戴上，把"海"的帽子给苏轼戴上，将唐宋二人并排站在一起比较一下，似乎看着更合适、更恰当一些，如此而已！二人都是受人尊崇的文学大家啊！

韩愈，字退之，是古文运动的倡导者，对唐代新文风建立作出不可磨灭的贡献，他也成为"唐宋八大家"之首。苏轼称颂他"文起八代之衰"，即他发起的古文运动，改变了东汉以来历朝历代那种轻内容、重形式、堆积词藻的衰败文风，使古文逐渐压倒骈文，树立起文坛的新风尚，功莫大焉。韩愈的散文思想深刻，雄奇奔放，富于变化，敢于创新，又流畅明快。北宋苏洵（苏轼之父）评价其文说："韩子之文，如长江大河，浑浩流转。"南宋张戒《岁寒堂诗话》评价其诗说："退之诗，大抵才气有余，故能擒能纵……放之则如长江大河，澜翻汹涌，滚滚不穷。"唐朝孟郊也说韩愈的诗如波涛翻涌："诗涛涌退之。"韩愈名篇迭出，成为唐代最大的散文作家，其诗也占有重要地位。

苏轼，字子瞻，号东坡居士，唐宋八大家之一。他的文学创作代表北宋的最高成就。他的散文、诗、词都取得极高成就，书法、绘画也有极深的造诣，仅就创作面之广、作品种类之繁多，相比韩愈来说，就可以称之为"海"。他还是宋代豪放派词的开创者。说他如"海"，最主要的，是他的作品视野广阔，风格豪迈，汪洋恣肆，意趣横生，有极为丰富的思想内容和独特的艺术风格。就文学作品和个人魅力对后世的影响来说，苏比韩显然要大一些。另外，苏轼还有一个特殊的经历，即仕途坎坷造成他沿海多地为官，他成为宋朝及以前朝代游历我国海岸线最长的文学家。北起山东的蓬莱，南至江苏、浙江、广东直至海南岛，沿海不少地方留下他的足迹和吟哦之声，他的写海诗文独树一帜。从这个角度看，他也是当之无愧的"大海"。

后世编纂的权威辞书，比如《辞源》《中国成语大辞典》等，在收入这一词条时，都把"韩潮苏海"作为正条，或者说代表性词条。由于辞书解释的文字要求极为简约凝练，这些辞书不再细解为什么称"潮"称"海"，而是笼统解释为"比喻文章之气势如潮如海，波澜壮阔"，"谓韩愈和苏轼的文章气势磅礴，如潮如海"。

为什么又说有曲折呢？还有不同认识哩！比如清末著名学者俞樾就曾说，《文章精义》说的是"韩如海……苏如潮"，"然则今人称'韩潮苏海'，误矣"。他认为，还应回到韩海苏潮的提法上去，今人说韩潮苏海，错了！然而，他作出的这种"纠偏"，响应者寥寥。

尽管辞书把"韩潮苏海"列为正条的时候,把他的不同意见也列了上去,但总的看,韩潮苏海的提法仍占压倒性优势,已是学界认同的大趋势了。

以上是与文学、文人有关的带"海"字的两个成语,说起来挺有意思。还有没有其他与文学有关的带"海"字的成语呢?有!不妨再举几例。

海涵地负。像大海包容百川,像大地承载万物,用以形容才学渊博,内涵丰厚,包罗万象。北宋范祖禹《秘书丞刘君墓碣》:"呜呼道原,博学强识,海涵地负,富有万物。""道原"即北宋的刘恕,字道原,他和范祖禹都是才华横溢、博学多识官员,都为司马光编纂《资治通鉴》史学巨著作出了重大贡献。刘恕去世后,范祖禹在他的墓碑上,用"海涵地负,富有万物"等词语赞扬他。清朝袁枚《随园诗话》卷七:"不知少陵海涵地负之才,其佳处未易窥测。"这是用海涵地负赞扬唐代大诗人杜甫的学识和诗才。杜甫自称少陵野老。

沧海横流。此成语前面已有专述,主要是形容自然灾害和社会动乱的。但此成语有时也另有他用,形容不良文风的泛滥。金代元好问写的论诗绝句云:"奇外无奇更出奇,一波才动万波随。只知诗到苏黄尽,沧海横流却是谁?""苏黄"指北宋大诗人苏轼、黄庭坚,他们写出不少好诗,然而在创作中也各有缺陷。末句的沧海横流,是指当时一些人写诗学习"苏黄",没学到他们的长处,却热衷于学他们的短处,从而在诗坛泛滥起的一种不正的诗风,出现了所谓沧海横流。

沧海桑田(简称"沧桑")。此成语前面已有专述,本是形容自然界和社会巨大变迁的。但此成语有时也另有他用,形容文学创作的一种现象。清朝赵翼有一论诗名句,即"国家不幸诗家幸,赋到沧桑句便工"。此"沧桑",指战火频仍,社会动荡,甚至国破家亡,那是国家的不幸。但从另一方面看,诗人们经历了社会磨难,亲眼看到百姓遭遇不幸,激发了爱国热情,"赋到沧桑句便工",动乱形势促使他们写出了爱国忧民的诗篇，不少成为精品杰作或名言警句，流传千古！这些诗人，反倒从国家不幸中，获得了重大诗歌创作成就，得到了一种创作丰收的"幸"。从战国时期楚国灭亡的屈原，到唐朝安史之乱的杜甫，到南宋时呼号抗金复国的陆游、辛弃疾……社会动荡可以随着时光流逝而消失，但其人其诗却永垂青史。再联系我们现在，建国70多年了，唱的国歌，仍是那首诞生在"中华民族到了最危险的时候"的《义勇军进行曲》。20世纪70年代末80年代初，出于某种原因，曾聚天下英才，适应新形势，重写歌词（仍用原曲），唱新国歌。新国歌唱了几年后，仍回到了原词曲。这在文学创作史上，是值得研究的一种现象。《义勇军进行曲》就诞生在那烽火连天的战争年代，已成为传唱多年的经典。歌词是在炽热战火中呼号出来的激昂的歌词，曲调是在炽热战火中迸发出来的激昂的曲调，原汁原味，唱起来总有一种沧桑之感。个中道理，赵翼用"赋到沧桑句便工"，给我们点出来了。

# 龙伯钓灵鳌　任公获巨鱼

唐代大诗人李白不仅写出大量浪漫情怀的诗歌，而且写出数篇气魄宏大、词语壮美的赋。他写的《大猎赋》中有这么两句："龙伯钓其灵鳌，任公获其巨鱼！"

李白希望得到朝廷重用，干一番类似于龙伯仙山钓灵鳌、任公子东海钓巨鱼那样非凡的伟业。所以在他的诗文中，常言及龙伯与任公。而神话传说中的龙伯与任公，恰恰涉及两个海洋典故。

先说龙伯钓鳌，出于战国时期的著作《列子·汤问》。前面《海上仙山缥缈间》一章，已涉及这个故事。说的是渤海之东有五座仙山，由十五只大鳌在海底分别用头顶着，有个龙伯国的巨人没走几步，一甩钩就钓走六只巨鳌，导致两座仙山漂没，海中只剩下蓬莱等三座仙山了。那一章重在说仙山的形成和演变，只简略地说了钓鳌。其实，龙伯钓鳌本身也是一个值得一说的典故。

龙伯国的巨人，究竟有多高大？《列子·汤问》的注释家估计，其体形有"百余万里"，号称庞然大物的鲲、鹏，在此巨人面前，只像跳蚤、蚊子那样微小啦！

龙伯到海上钓了鳌，做什么用？他把六只巨鳌拴在一起，背在背上回国了。之后，他杀了这些巨鳌，将其骨头烤干，做为占卜的用具。

龙伯钓鳌典故，形成了多侧面的含义，比如：

龙伯国的巨人敢于跨步走进五座仙山，一下子连钓六只巨鳌，令两仙山漂移沉没，挑战天帝和海神，"龙伯钓鳌""钓鳌"就比喻伟大非凡的事业。

"巨鳌戴山""鳌戴",从鳌的角度,写它们趴在海底,长年头顶如此重的巨山,比喻承受重压、敢于负重;或者任重道远。

"鳌岭""鳌山",从山的角度,比喻仙山,或不是凡人所能居住的高雅神秘之处。

"钓鳌人""钓鳌客",从人的角度,比喻那些气魄宏大、抱负非凡、神力无比、胸襟豪放之人。

说起龙伯钓鳌典故的应用,仍要提一提李白。

李白性格豪放,潇洒不羁,对社会的丑恶现象嫉恶如仇。他自称"海上钓鳌客"。宋代《侯鲭录》一书,记载了他与当朝宰相对话的故事。

唐朝开元年间,李白进谒宰相,封一板,上题"海上钓鳌客李白"。

宰相问:"先生到沧海上去钓巨鳌,用什么东西做钓钩和钓线?"

李白回答:"以风浪逸其情,乾坤纵其志;以虹霓为丝,明月为钩。"

宰相又问:"用什么东西做钓饵?"

李白回答说:"用天下无义气丈夫做钓饵!"

宰相听了后,大为惊愕。

看,李白不仅敢学龙伯到海上钓巨鳌,还要把天下那些无义气之人当钓饵,统统喂了巨鳌!以后,人们就以"海上钓鳌客"作为放荡不羁李白的一个代称。

李白素来有远大抱负,无奈朝廷不用他。他为此长期郁闷在胸,曾写诗说:"未夸观涛作,空郁钓鳌心。举手谢东海,虚行归故林。"另一首诗说:"空持钓鳌心,从此谢魏阙。""魏阙"代指朝廷,"谢魏阙"即辞别朝廷归隐。看,一个"归故林",一个"谢魏阙",其愤懑无奈心情表露无遗。理想落空,他甚至飘飘欲往仙界。《悲清秋赋》中,他联想钓鳌,写下这么几句:"临穹溟以有羡,思钓鳌于沧洲。无修竿以一举,抚洪波而增忧。归去来兮,人间不可以讬些,吾将采药于蓬丘。"他面临无边无际的大海,多想到沧海上去钓巨鳌呀!可手里没有那长长的钓竿可以一举,只好抚摸着大海洪波徒增忧愁。他想,还是归往仙界吧,人间不可留,将去蓬莱仙山采药去!其中,"无修竿以一举,抚洪波而增忧"两句,写了诗人欲钓鳌又苦于无法钓、钓不成的忧愁烦闷心态。

读至此处,我们可以看出李白一生最爱用两种形象自比:一比高翔云天的大鹏鸟,二比垂竿沧海的"钓鳌客"。这很符合他的性格特点和志向抱负。

说起第一个自称"钓鳌客"的人,最早的记载不是李白。唐朝人封演写了一部《封氏闻见记》的笔记小说,小说中写了一个叫王严光的人,颇有才而性狂傲,既然仕途理想达不到,就自称"钓鳌客"。王严光还行走不少郡县之地,寻找麻、铁之类物资,说是要制造钓鳌的钓具。据介绍,王严光在唐朝安史之乱后当过官,可见他与同样经历过安史之乱的李白大致是同时代的人。但是,《封氏闻见记》没提到李白自称"钓鳌客"的事。在以后的他人著作中,才陆续出现了张祜和李白的名字。张祜也是唐朝诗人,同李白一样性格狂放,他俩都自称"钓鳌客",也都有以"钓鳌客"的身份见高官的一段故事。不过,上述王、张、李三人中李白名气最大,又多次写钓鳌诗文,所以要说"海上钓鳌客",李白理所当然地充当了最具代表性人物。

写钓鳌、巨鳌戴山的诗文还有许多。

南北朝时期北周文学家庾信:"花开四照,惟见其荣;鳌戴三山,深知其重。"写的是巨鳌以头戴山,可深知其承受的压力有多重啦。

唐朝李峤诗:"三山巨鳌涌,万里大鹏飞!"看,承受三神山重压的巨鳌在海底涌动,大鹏在万里海天上展翅高飞——多么壮阔的画面!

唐朝张说诗:"海上三神山,逍遥集众仙。灵心岂不同,变化无常全。龙伯如人类，一钓两鳌连。金台此沦没，玉真时播迁……"用诗的语言，讲述了龙伯钓鳌的神奇故事。

如果说龙伯钓巨鳌，稍稍遗憾的是缺乏场面的具体描写，那么任公子东海钓巨鱼，就写得十分壮观，动人心魄。这个海洋神话故事，出自战国时期著作《庄子·外物》。

有那么一个神话传说中的善于捕鱼人物，是任国的公子，号称任公子。任公子准备用钓竿到东海钓巨鱼。他做成大钩粗绳，用五十头阉了的肥壮的牛作钓饵，蹲在会稽山上，把长长的钓竿伸向东海海面，垂下重重的钓钩……

他天天蹲在山上垂钓，天天等着大鱼上钩，就这样，蹲山举竿垂钓一年过去了，还没有钓到大鱼！任公子没有灰心，耐着性子，一直等下去……

终于，一条大鱼游过来，一口吞食鱼饵！因为鱼太大，牵动大钩向下沉没。咬住鱼饵的大鱼又疼又惊，在水中上上下下狂逃乱撞，扬头摆尾奋起鱼鳍，搅得东海白浪如山，海水震荡，巨大声响有如鬼神嚎叫，盛怒骇人的声威震惊千里，人人闻之惧怕。

任公子终于凭借神力，将这条等了一年多的巨鱼，钓上来了！

得到巨鱼后，他开剥分离，将鱼肉切成块，进行腊制，分给百姓。从制（浙）河以东，到苍梧以北，这么一大块地方，没有谁不饱食这条大鱼的肉的。

后世浅薄说客之流，都惊奇这件事并相互转告。他们拿着小竿细绳，到沟渠模仿任公子去垂钓。他们只能得到一些鲵鲋之类的小鱼而已。想钓到那么大的鱼，难啊！

任公子钓大鱼的故事启示我们：一是要敢于立大志，干一番非凡的大事业，例如蹲守会稽山，东海钓巨鱼；二是有了宏大目标，要舍得投入，贵在毫不懈怠地坚持下去，例如他蹲守一年钓鱼无果，仍耐心等待不动摇，终获成功；三是鱼肉分给百姓，成果共享，品德可赞可学。

"放长线，钓大鱼"，这句俗谚，与任公子东海钓巨鱼的典故，有无联系，不好妄加揣测。不过，道理是近似的。

　　宋朝王安石，做过地方官，直做到朝廷宰相，为官关心百姓疾苦温饱，他特别欣赏任公子钓来的大鱼，使一方百姓饱餐一顿，写诗说："任公蹲海滨，一钓饱千里！"

　　金元时期有个著名道士姬志真，写了很有气魄的一首诗《钓鲸》：

大器洪才未易求，揭竿沧海饵悬牛。
乃公岂是捞虾手，蹲坐三年不上钩。

　　此诗的前两句，完全用任公子东海钓巨鱼事。作者诗题用"钓鲸"，按照我们今天的理念，"鲸"（哺乳动物）虽然不属于鱼类，但巨鲸完全可以同任公子钓的巨鱼相类比。后两句，写得很跟劲。"乃公"，此处指首句的"大器洪才"，也可能是作者自指。"乃公"，岂是个只会捞小鱼烂虾的俗夫吗？他是钓大海巨鲸的"大器洪才"，是世间的高士！尽管"蹲坐三年不上钩"，比神话中的任公子东海钓巨鱼坐等的时日还长，但"乃公"还是要等的。他有这个胸怀、魄力，也有这个耐心、眼光，这就是他身为"大器洪才"的涵养。此诗末句，蕴含着深刻的道家哲理。"蹲坐三年不上钩"，也引发今天我们无穷无尽的思考。

# 南海"美人鱼"——鲛人

我们知道,西方有"美人鱼"的传说。那么在东方,比如中国,有没有类似的传说呢?有!

中国传说中的"美人鱼",就是南海鲛人。

西方传说中的"美人鱼",上半身为美女,美艳无比,人间找不到;下半身是有鳞片的冰冷的鱼尾。"美人鱼"对于人类,有危险性。她们(姑且用女人的称谓)不仅貌美,还会唱动听的歌,海上航行的水手受其诱惑,将船开过去,最终会船翻人亡。所以,渔船在大海上遇到"美人鱼",都认为是不祥的预兆。

而中国的"美人鱼",古代传说的鲛人呢?

她们(估且用女人的称谓)也是人面鱼身,居室在南海海底。她们偶然将鱼尾化为双腿,上岸与人杂居,交易物品。她们外形与西方"美人鱼"类似,但最大的不同是,她们与人友善,她们懂得人情世故,她们不危害人类。

我国古籍对鲛人的记载很多,但大多简单零碎,很难构成有头有尾完美动人的故事。战国时期著作《山海经》,就有"人面而鱼身"等较模糊的记载了。

具体记载鲛人的古籍有汉代《洞冥记》,晋代《搜神记》,晋代《博物志》,南北朝(南朝)《述异记》,宋代《太平御览》等。

《搜神记》《博物志》《太平御览》等书是这么说的:南海外有鲛人,在水里居住,像鱼一样生活。这些鲛人日日夜夜勤奋地织绡(丝织品),她们眼中泣出的泪珠能化为珍珠。有个鲛人从海中上岸,借宿在一个平民家,住了数天,将织好的绡带到集市上卖。卖完后,将回大海，她向房主人索要一个盘子，向盘子里泣眼泪，滴滴泪珠顿时化为颗颗价值昂贵的珍珠！她把这盘珍珠赠与房主人，以表谢恩。

《述异记》说，鲛人叫泉先，也叫泉客。南海出鲛绡纱，是泉先潜在海底织的，一名龙纱。此纱价值百余金，很贵很贵。用它做服装，入水不沾不湿。又说，南海有"龙绡宫"，是泉先织绡之处。泉先织出的绡，有的像霜那样洁白。

《洞冥记》说，吠勒国离长安九千里远，在日南（日南郡，汉代南方临海的一个郡），这里的人身高七尺，披散的长发垂至脚后跟。他们骑着大象，入海寻取宝物，住宿在鲛人的居室。他们就得到了"泪珠"——鲛人所泣之珍珠。

唐代岑参《送杨瑗尉南海》："楼台重蜃气，邑里杂鲛人。"仅这两句诗，就可引出关于鲛人的很多联想。

先说"邑里杂鲛人"。鲛人住在海底，有时也到岸上来，与城镇渔村的人们杂居，特别是常在海边或海岛的集市上与人们交易商品。人群中混杂着海里来的鲛人，当地人对这些与己不同的"种群"，已见惯不怪，习以为常了。否则，是无法容忍"杂居"的。

怎么又同"楼台重蜃气"相联系呢？原来，海市蜃楼，古人认为就是海中的大蛟或大蛤嘘气变幻而成的。蜃气与鲛人，蜃楼与鲛室，本是神秘大海中两种相对应的不同形象和事物，互不联系。但是，又有一说，古字"蛟"与"鲛"相通。于是，鲛人在海中作法演幻成隐隐现现的海市，也说得通呢！还有的诗句写得更优美形象，比如南朝（梁）刘孝威的"蜃气远生楼，鲛人近潜织"，明朝王世懋的"云暖蜃楼朝结市，月寒鲛室夜沉珠"，等等。总之，诗人笔下，蜃气蜃楼与鲛人鲛室，联系得很紧。鲛人在海市中干什么？出卖光滑透明、极薄极轻、入水不湿、柔韧美观的鲛绡。至于这种绡是用什么原料织成的，有人说是用海中滑嫩的水草，有人说用"藕断丝连"的藕丝，众说纷纭，莫衷一是。若肉体凡胎之人，有幸跨海进入海市，那就不仅眼界大开，还可购回珍奇的鲛绡或其他宝物。但是，自古至今，有谁能登得上那飘忽不定的海市呢？

写鲛人织绡、泣珠，比较通俗、完整的，是唐朝诗人李颀的《鲛人歌》：

鲛人潜织水底居，侧身上下随游鱼。
轻绡文彩不可织，夜夜澄波连月色。
有时寄宿来城市，海岛青冥无极已。
泣珠报恩君莫辞，今年相见明年期。
始知万族无不有，百尺深泉架户牖。
鸟没空山谁复望，一望云涛堪白首。

唐朝忧国忧民的大诗人杜甫，利用鲛人泣珠这一典故，联系统治阶级横征暴敛给平民百姓造成的痛苦，写了《客从》诗：

客从南溟来，遗我泉客珠。
珠中有隐字，欲辨不成书。
缄之箧笥久，以俟公家须。
开视化为血，哀今征敛无！

杜甫这首诗的大意是，有个客人从遥远的南海来，赠给我贵重的鲛人泣的珍珠（"泉客珠"）。珠子中隐隐约约有字，仔细辨认却看不清楚。我把珍珠封藏在小箱子里已很长时间（"缄之箧笥久"），用以等待官家来征敛时抵税。一次该用上它了，打开小箱子一看，呀，珍珠已化为了一摊血！我痛苦呀我悲哀，失去鲛珠，如今再也拿不出东西，应付官家征敛了！

一般说鲛人泣泪成珠，但也有鲛人泣血成珠的说法。杜诗用化"血"不用化"泪"，显得更有力，隐含着连鲛珠也为这不公的世道愤愤不平！

另外，唐朝康翊仁写了一首《鲛人潜织》，专门描绘和歌咏鲛人在海底鲛室中，辛勤地织绡，诗句生动感人。我们知道，上述著作都说鲛人在海底居住，有其居室，连晋代木华的名篇《海赋》，也点出海中有"鲛人之室"。而鲛室是什么模样？鲛人又是怎样在鲛室中织绡的？却未见其详。康诗都形象地告诉你了。比如，"幽闲云碧牖，混瀁水精帘"，通过窗（"牖"）和帘的描写，渲染织绡宫室十分幽静素雅华美；"机动龙梭跃，丝萦藕淬添"，写织绡的梭子来回飞跃，藕丝织成的绡不断成形；"透手击吴练，凝冰笑越缣"，吴地的练（丝织品）和越地的缣（丝织品）天下有名，但鲛人一"透手"一"凝冰"，一"击"一"笑"，说明吴练越缣比起在海底鲛室织出的鲜亮透明、轻薄柔韧的绡来，只能视为下品啦！

古代诗如此，现代诗也有写得精彩者。郭沫若1921年在日本留学时，写了一首《静夜》短诗。那个淡淡月光，那个白云远雾，那个疏星天河，特别是站在天河岸边那个鲛人对月流泪……异国的海天之夜，一切都那么清幽静谧，寄托着作者深深的思念——

月光淡淡，
笼罩着村外的松林。
白云团团，
漏出了几点疏星。

天河何处？
远远的海雾模糊。
怕会有鲛人在岸，
对月流珠？

"流珠"，就是流泪。俗话不是常说"泪珠""滴滴泪珠""泪珠成串"吗？古诗文和戏曲唱词中，"珠"与"泪"可以互用，

"珠""泪"难分。但绝大多数，是以珠喻指泪滴。比如唐朝李商隐的名句"沧海月明珠有泪"，重点突出诗人心情苦闷，用"珠"指眼泪。至今盛演不衰的京剧《锁麟囊》，有两句唱词："吉日良辰当欢笑，为什么鲛珠化泪抛？"指的是贫女出嫁的路上，避雨时因嫁妆太寒酸而痛哭，被同样出嫁在路上避雨的富家小姐听见，这样发问。显然"鲛珠化泪"指泪，这样唱，词句更典雅有味儿了。郭沫若《静夜》诗中，鲛人"对月流珠"，一是表达作者对祖国家乡那种悠长的思念；二是面对当时黑暗的祖国，抒发作者极为苦闷的心情。

小说中的引用，有用鲛绡的，也有用鲛珠的。用鲛绡的，可以说一说清代曹雪芹的《红楼梦》。

《红楼梦》第三十四回，写了宝玉被父亲怒打后卧床养伤，黛玉来探望他，两眼哭肿得像桃儿似的。黛玉走后，宝玉还在记挂着她，让晴雯到黛玉处看看，并送去自己用的两块半新不旧手帕。手帕传情，也可以理解是定情物吧。黛玉接到手帕，"体贴出手帕子的意思来，不觉神魂驰荡"，她想：宝玉这番苦心，能领会我这番苦意，令我可喜；我这番苦意，不知将来如何，又令我可悲……于是在那两块手帕上，提了三首诗，第一首云：

眼空蓄泪泪空垂，暗洒闲抛却为谁？
尺幅鲛绡劳解赠，叫人焉得不伤悲！

这首诗，是有暗示意义的。第九十七回写黛玉病重临终前，已经心知肚明宝玉与宝钗成婚，宝、黛定情终成泡影，悲愤地挣扎着身子，将题诗的手帕抛之火盆！上首诗中的"尺幅鲛绡"，即指丝织的手帕。"劳解赠"，烦劳（带有客气话意思）你赠给我。另外，《红楼梦》第九十二回，写了一种从外国进来的"鲛绡帐"。此帐折叠起来长不满五寸，厚不上半寸，这么小的帐打开后，面积之大，非得高屋大堂才能张挂起来。"这就是鲛丝所织，暑热天气张在堂屋里头，苍蝇蚊子一个不能进来，又轻又亮"。

清代李汝珍的《镜花缘》，写主人公唐敖等一群人，乘船去海外游历，所见所闻皆奇人异事，鲛珠、鲛绡也都用上了。第二十回写他们路过一片桑林，用到了鲛人泣珠：只见桑林内有许多妇人，妖艳异常。奇怪的是，这些妇人都以丝绵缠身，栖身在林内，有的正在吃桑叶，有的正在吐丝。随行的老船工向唐敖解释说："此处近于北海，名叫'呕丝之野'。古人言这妇人都是蚕类。此地既无城郭，这些妇人都以桑林为居，以桑为食，又能吐丝，倒像'鲛人泣珠'光景。据老夫愚见：就仿鲛人之意，把他（她）叫做'蚕人'。鲛人泣珠，蚕人吐丝，其义倒也相合。"第九十四回，写三辆飞车的外观，用到了鲛绡："车之正面有一鲛绡小帆，如遇顺风，将小帆扯起，尤其迅速。"

总之，"鲛珠"，比喻泪珠；"泣珠"，鲛人泣泪成珍珠，比喻借情还情，知恩图报；"鲛绡"，比喻又轻又薄华贵的丝织品，这种丝织品常常做成帐幔、丝巾、手帕等。这就是鲛人故事带来的有关知识和比喻性词语。

我们赞美中国古代的"美人鱼"——南海鲛人！她们的美好形象，永远印在海洋传统文化的长卷上；她们的故事传说，永远留在世间人们的言谈话语中。

# 山珍海味之"海味"

　　山珍海味，是味觉很浓的一个海洋成语。讲究吃喝的人每逢读到这个成语，总会有点馋涎欲滴的感觉。不过，真正摆到高档宴席上的山珍海味，很多人一辈子都没品尝过，甚至见都没见过。山珍海味，笼统理解，就是山野间采集来的珍贵食材，大海中产出的珍贵的美味食品。

　　山珍海味最早的说法叫山珍海错。"错"，错杂之意。"海错"，是说海产品种类繁多。"海错"的说法来自古史书《尚书》的《禹贡》篇。《禹贡》篇说，渤海与泰山之间是青州，那一带"海物惟错"，就是海产品多种多样。不过，"海错"和"山珍"搭配成山珍海错成语的时候，"海错"虽然还保留着错杂多样的含义，而对应前面的"山珍"，又增添了珍贵之义，即表示珍贵的海产品了。古人用山珍海错入诗文的，如唐朝诗人韦应物的《长安道》诗："山珍海错弃藩篱，烹犊炰羔如折葵。"这两句诗，是言当时长安富人吃喝奢侈的。清朝白话小说《歧路灯》第三回："饭铺前摆设着山珍海错，跑堂的抹巾不离肩上。"

　　山珍海错毕竟文言味太浓，欠口语化，后世的诗文用山珍海味就多起来了。这一点，从词典收录两个成语排列的变化看得很清楚。

　　《现代汉语词典》是面向大众的应用广泛的词典，在同时收录两个成语的时候，就重点在山珍海味成语下作解释，解释完之后补充说一句："也说山珍海错。"而在山珍海错成语词条下，就根本不解释，只注明"山珍海味"四个字。意思是，要看解释，就去看山珍海味词条吧，二者含义是一样的。词典这样排列处理，推崇山珍海味的用法，适应大众用词习惯，倾向性是很明显的。说来也是，现实生活中，包括大众写作中，谁还绕过山珍海味成语不用，频繁拗口地说那个山珍海错呢！而大型辞书或专业性强的辞书，就不同了。它们比较尊重传统，在收入两个成语的时候，还是要讲究点论资排辈的。比如《辞源》，只收山珍海错，在此词条下注明："也作'山珍海味'。"《中国成语大辞典》并列收入两个成语，也只对山珍海错词条作解释，解释中注明："亦作'山珍海味'。"大型的或专业性强的辞书，它们这样处理，显然是考虑到"海错"的提法要早于"海味"，从而让读者看到两个成语的源流关系。

总之，山珍海味与山珍海错含义相同，山珍海味应用广泛；我们也要了解一下山珍海错这个词，明其前后传承。

再说说山珍海味。其确切含义，也有两层意思。一是指山野和海里出产的珍贵的食品，这是实实在在的摆在餐桌上的山之珍、海之味；二是比喻性用法，泛指各种美味佳肴。至于在各种语言环境中，哪些是真真切切的餐桌上的山之珍、海之味，哪些是借用此成语笼统地比喻美味佳肴，这就要靠读者在阅读中仔细分辨了。实际上，人们的口语中，在许多场合，已把二者混为一谈："我吃惯了家常的粗茶淡饭，吃不惯宴席上的山珍海味、美味佳肴。"

运用山珍海味的例子，可以举出《红楼梦》第三十九回，写乡下的刘姥姥二进大观园，带来自家新采摘的瓜果蔬菜，请贾府的人尝尝鲜。她说："好容易今年多打了两石粮食，瓜果菜蔬也丰盛。这是头一起摘下来的……姑娘们天天山珍海味的也吃腻了，这个吃个野意儿，也算是我们的穷心。"这句话中的山珍海味，就不一定指姑娘们天天吃那山之珍、海之味，更多的是比喻义，即指姑娘们天天吃着美味佳肴。这句话从穷苦的乡下老太太口中说出，尽管她在贾府也尝了几口珍贵的菜，但她根本就没见过什么是真真切切的山之珍、海之味。清末民初长篇谴责小说《孽海花》第十二回，写一贵夫人在家请客："坐定后，山珍海味，珍果醇醪，络绎不绝地上来。"这句话的山珍海味，就有可能是指贵夫人摆在餐桌上的山之珍、海之味。

物以稀为贵。山珍海味贵在它的稀有、珍奇。生活富裕了，钱多得花不完，天天追求山珍海味、美酒琼浆，对身体，对养生，有好处吗？有的人吃出了"富贵病"，最后不得不重吃粗茶淡饭，咬着牙节食减肥，这样折腾自己，何苦！况且，对山珍海味的营养价值，也不能吹得撑破了天。

下面，我们要重点探讨一下"海味"这个词，这也与这本书要有很浓的"海味"有关。

其一，"海味"的定义是什么？

翻查常用的几部词典，下的定义有细微差别。《辞源》的定义是："可供食用的海产。"《现代汉语词典》的定义是："海洋里出产的副食品（多指珍贵的）：山珍海味。"《汉语大词典》解释为两句话："海产食品。多指珍贵者而言。"综上，海味应含两层意思：一是可食用的海产品，可以统称为"海味"，《辞源》的定义就是这样的。老百姓从超市买来海产的鱼虾，无论干货还是鲜货，摆在饭桌上，你能说不是"海味"？二是词典在肯定"海味"是海产食品或副食品的前提下，提示"多指珍贵者"而言，这也是有道理的。试想，你在家里吃了顿海产的鱼虾，会在亲朋好友中炫耀说"我今天吃了顿'海味'"吗？可你偶然去高档宾馆赴宴，吃到了价格昂贵的海产品菜肴，回来就可以向亲朋好友说，今天吃到了"海味"呢！特别是与"山珍"组成山珍海味固定词组时，其"海味"则更指珍贵者而言，确定无疑了。

其二，珍贵的"海味"，指的是哪些海产品？

说起珍贵的"海味"，鲍鱼、鱼翅、鱼肚（鱼胶）、海参、龙虾、干贝等等大致在列，当然各种说法很多。作家杨朔家住山东蓬莱，临近海边，他写的《海市》中就说："干贝、鲍鱼、海参一类东西，本来是极珍贵的海味。"古代菜肴有"八大珍品"之说，其食材都是山珍海味之类，品种繁多。其中提到的"海味"，比上面列举的要丰富。

其三，"海错"一词诞生最早，那么"海味"一词，产生是不是很晚?

不错,"海味"一词诞生是比"海错"晚,但也不是如某些人推测的那样出现得很晚,适应白话文写作的需要,才开始使用"海味"一词,取代了"海错"。某些史书、诗文证实,"海味"一词也很早就出现了。《南齐书·虞悰传》:"虽在南土,而会稽海味无不毕致(至)焉。"另外,《旧五代史·梁书四·太祖纪第四》:"福州贡玳瑁琉璃犀象器,并珍玩、香药、奇品、海味,色类良多,价累千万。"以上是史书中的两例。唐朝既有用"海错"入诗的,如上面提到的韦应物《长安道》"山珍海错弃藩篱"的诗句;也有用"海味"入诗的,如耿沣《送友人游江南》"潮声偏惧初来客,海味唯甘久住人"的诗句。耿沣这首诗是写江南景物的,但这两句诗,前句说"潮声",后句说"海味",很有江南海边特色。家住海边的明朝文学家胡震亨,讲过这样一段见闻:每有内地来的过客,到这里听到众人呐喊似的海潮声,必然奇怪地问"这是什么声音";请来客到家中品尝珍贵的海味,他们中竟有的皱着眉头,迟迟疑疑不肯下筷子——没见过,不敢夹,也难下咽啊!于是,他更感到唐朝流传下来的"潮声偏惧初来客,海味唯甘久住人"两句诗,写得太确切啦!——是啊,海边人不怕海潮巨响,听惯了;品海味,只有海边的"久住人",才有这个口福呀!以上事例说明,"海味"一词在古籍中也出现很久了。

最后,也是最重要的,笔者认为,"海味"的含义还很有拓展的空间。

如果说山珍海味中的"海味",是指珍贵的海产品,甚至用整个成语比喻为美味佳肴,都是毫无疑义的,它们都属于吃的食品范畴,表现的是人吃的口感、美味。但是,要把"海味"二字提取出来独立成词,其定义仍限于海产美味范围,那就太狭窄了,满足不了实际应用的需要,必须增加它的义项。

稍有遗憾的是,翻看目前书店发行的几部常用词典,对"海味"的解释,大都没有跳出"海产副食品""珍贵海产品""海产食品的总称"的圈子。那么,要增加的义项都是哪些呢?

其一:海味,大海特有的气息、气味。西北沙漠高原的女孩,第一次来到东南的大海边,她在海滩上尽情地享受着大海的洗礼,呼吸着有海味儿的空气,她发给男友的微信中这样说:"那阵阵海风,裹着潮润的、带有淡淡咸味和鱼腥味的海味儿,吹拂着我的长发,沁入我的心田,我真的陶醉了……"看,此"海味"独占一义,常在口语或文字中使用。

其二:海味,大海特有的风格、韵味。大海独有的这种味道,不是口味,也不完全是气味,而是"意味",即海的风格、精神、韵味。大海这样内含的、意义丰富的"味",陆地没有,江河没有,只能称之"海味"。古今中外多少作家、诗人,用最美词藻描写大海,写蔚蓝的海面,写波涛汹涌,写浪花拍打礁石,写远去的点点白帆……他们在描写中深深探索的,不仅是大海美丽的景色,更是大海蕴含的情趣、品格、哲理、精神!这就是"海味"!我国的海南省居于南海中一个独立的岛屿,四面大海环绕,笔者有一年到那里,看当地影视报纸书刊,强烈感觉其内容、风格显然不同于西北内陆省份的影视报纸书刊,它自然而然地浸润着、充溢着一种热带海岛风情,一股浓浓的海味。这种"海味",沁人心田,一时无法用最精当的语言把它概括出来。笔者曾阅读过两家与海洋题材很贴近的报纸,一家报纸副刊定名为《蔚蓝色》,由从小在烟台海边长大的冰心老人题写。一家报纸在头版开辟个言论栏目,专登尖锐泼辣的短言短语,栏目取名《螺号声声》。这些都可看出,编者在努力追求一种自家的特色——大海的风格、韵味。"把报纸办得有'海味'",成为这些报纸的办报宗旨之一。

以上二项,与目前词典上解释的"海味"为海产食品,无论所指对象还是蕴含的意义,都有很大不同,可以独立成"味"。

我国是海洋大国。让"海味"来得更浓烈、醉人一些吧!

# 海上逐臭

海上逐臭，可简称为"海上臭""逐臭"，还叫逐臭之夫或"逐臭夫"。其词虽不雅，却是古人常用的一个海洋成语典故。不少成语词典，已收入海上逐臭和逐臭之夫的词条。

其典出于《吕氏春秋·遇合》：

人有大臭者，其亲戚兄弟妻妾知识无能与居者，自苦而居海上。海上人有说（悦）其臭者，昼夜随之而弗能去。

《吕氏春秋》，是战国末期秦国丞相吕不韦集合门客，共同编写的类似于百科全书式的传世巨著，具有杂家特点。上述这段话的大意是：有个身上有奇臭气味的人，他亲戚、兄弟、妻妾、相识的人都知道他身上发出的这种臭味，不愿与他住在一起。他自己也非常苦恼，就远离亲友家人，独自搬到海边居住。没想到，海边有个非常喜欢闻他身上这种臭味的人，昼夜跟随着他，一会儿也舍不得离去。

后世就用"逐臭""逐臭夫"等，比喻嗜好怪癖、与众不同的人。也用此成语比喻怪异独行、追求低级庸俗趣味的人。

三国时魏国大才子曹植，与聪明异常、后被曹操忌恨杀掉的杨修友善，他在写给杨修的《与杨德祖书》（杨修字德祖）中，论述了人们的喜好、崇尚各有不同，个别人嗜好怪癖、观点异端，不足为奇。他说："人各有好尚。兰茝荪蕙之芳，众人所好，而海畔有逐臭之夫；咸池六茎之发，众人所共乐，而墨翟有非之之论，岂可同哉！"

兰、茝、荪、蕙（皆为古书上的香草）散发出的沁人心脾的芳香，人们都爱嗅闻，但海边却有个专门喜欢闻奇臭之味且追逐不舍的人；演奏《咸池》（相传是黄帝的乐名）《六茎》（相传是颛顼的乐名），人们都爱听且为之陶醉，而大名鼎鼎的墨家代表人物墨翟，却有批评指责它们的言论。人们的好恶，怎么会都一样呢？在这里，曹植恰切运用了"海畔有逐臭之夫"这一典故，阐明了自己的观点。

更有意思的是，元朝人王结写的一首诗中，有这么两句："海上逐臭人，掩鼻恶兰荪。"兰荪，香草，其香味人人爱闻。可是诗中说，那个海上逐臭之人，极其爱闻臭味，遇到兰荪散发的香味，反而掩鼻而过，极其厌恶这种香味！个别人的癖好，着实令人吃惊。

鲁迅在《花边文学》的集子中，有一篇《北人与南人》的杂文。这篇杂文的本意是，北方人与南方人互有优缺点，应该互相尊重，取长补短。文章是先从北方人看不起南方人谈起的："北人卑视南人，已经是一种传统。……《洛阳伽蓝记》中，就常诋南人，并不视为同类。"在鲁迅提到的《洛阳伽蓝记》这部著作中，北方人是如何诋毁南方人的？由此引出了哪些有趣的典故？典故中怎么又出现"海上有逐臭之夫"之语？

南北朝时期，南朝齐（都城在今南京）的高官王肃，因父辈受朝廷迫害，投奔北方的北魏。初来北魏时，他吃不惯北方人常吃的羊肉和奶酪汤汁，就常吃适合自己口味的鲫鱼羹，渴了就饮南方的茶，而且饮茶量很大。北魏高官刘缟很羡慕王肃好茗饮的高雅之风，专门学习他，也饮起茶来。没想到，刘缟的这一举动，被魏孝文帝的弟弟彭城王看到。彭城王素来认为北人高贵，南人低下，茶只能是奴仆的饮品，就讥讽刘缟说："卿不慕王侯八珍，好苍头水厄。海上有逐臭之夫，里内有学颦之妇。以卿言之，即是也！"因为彭城王权势很大，他说了这话之后，朝廷或者权贵们再摆宴席，虽也设茶饮，但北魏的官员没人敢碰了，饮茶的人仅限于那些新投奔北魏的南人。

彭城王讥讽刘缟的那几句话，是什么意思呢？说的是您（指刘缟）不羡慕我们北魏王侯宴席的珍贵的菜肴（"八珍"），却喜好上南人奴仆的饮茶！（"苍头"，指社会下层的奴仆；"水厄"，这里指嗜茶）海边有个专门追逐臭味的下贱人，里巷有个专门模仿大美女西施捧着心窝皱眉头的丑妇人（东施效颦）。如果把逐臭之夫和学颦之妇比喻为您，倒很合适的哩！

在彭城王眼里，你刘缟放下北魏高官的地位和身份，去追求南人饮茶那样低级下贱的习俗，你就如同逐臭之夫和学颦之妇！这几句，把刘缟真是挖苦讽刺得够狠了。

当然，饮食习惯可以改变，王肃几经时日也渐渐习惯了北方吃羊肉和喝奶的饮食，这是后话。

鲁迅和著名诗人、爱国民主人士柳亚子是好朋友，互赠诗作传为佳话。众所周知，鲁迅的《自嘲》诗，最初就是赠给柳亚子的，名句"横眉冷对千夫指，俯首甘为孺子牛"正出自这首诗。

柳亚子1931年给鲁迅的一首赠诗是："逐臭趋炎苦未休，能标叛帜即千秋。稽山一老终堪念，牛酪何人为汝谋？"（"逐臭"一作"附热"）

柳诗前两句，赞扬鲁迅大无畏的战斗精神。当时文坛一些无耻文人，纷纷卖身投靠国民党权贵，只有鲁迅高举反叛大旗（"能标叛帜"），勇敢战斗，鲁迅的精神和作为必将彪炳千秋！我们注意到，开头的"逐臭"，就是指逐臭之夫；"趋炎"，即趋炎附势。二词结合，活画出那帮子无耻文人热衷投靠的嘴脸和当时文坛的不良风气。诗的后两句，表达了二人深厚的情谊。"稽山"即会稽山，指鲁迅故乡浙江绍兴。"一老"，指鲁迅。意思是说，我始终挂念好友鲁迅您啊，您只知为国为民战斗、奉献，可又有谁惦念您目前有没有足够的牛奶（"牛酪"）等基本生活资料，帮您谋划解决生活中的困难呢？鲁迅一贯以"牛"自喻，故柳亚子最后一句也反扣一个"牛"字。

从以上几个事例，我们看到，海上逐臭、逐臭之夫，由最初的形容嗜好怪癖，观点迥异（都允许存在），逐渐演变成讽刺某些人追求低级趣味，甚至热衷投靠反动势力的明显的贬义性成语。但是，即使贬义应用占压倒优势的情况下，它有时也可以活用。比如，清代有个文人，写诗慨叹自己孤居无友，凄清寂寞度日，反而羡慕那个浑身奇臭躲到海边去的人——那个人还有个逐臭之夫白天黑夜形影不离呢，可惜如今我身边连个逐臭之夫都没有啊！看，这个逐臭之夫，不仅不令人厌恶，反而成了"香饽饽"。

海上逐臭是一则寓言故事，不会有人相信实有其人其事。但是有人声称，他相信是有这种人和事的！

宋朝有个人写了一部名叫《清波杂志》的书，书中说他相信有海上逐臭之夫。原来，作者记载了这样一件事：有个在江边住的人家，捕鱼很方便。但他们捕到鲜鱼后不吃，等鱼死了后，再放几天，几近腐臭，才烹着吃。有人问这家人，为什么不杀活鱼，烹吃鲜鱼，味道多好。不想此家人回答，鲜鱼有腥味儿，放臭了吃，味道才好哇！既然江边有不吃鲜鱼专吃臭鱼的主儿，那么作者说，我更相信海上有逐臭之夫啦！查阅古书的记载，外国人也有吃臭鱼的习俗。比如有个临海的国家，其国人"鱼不腐烂不食"。

《宋书》记载，南朝（宋）有个叫刘邕的官员，专门喜欢吃别人生疮封口后落下来的痂，他说吃疮痂，味似吃鲍鱼。他去一家拜访，主人正生疮，疮痂落到床上，他赶紧捡起来吃了。主人大惊，得知原由后，就把将要脱落下的疮痂揭下来送给他吃，后世还留下嗜痂之癖这个成语。唐朝人写的《朝野佥载》中，举了几个古人饮食怪癖的例子，其中就有刘邕的嗜痂之癖。作者由此联想起海上逐臭的故事，感慨说："是知海上逐臭之谈……何足怪欤！"

那么，问题来了：难道海边真有狂热追逐臭味的那个怪人吗？就连声称"信其有"的人也不会相信有。他们那样说或写，只不过借此打打比方，增点谈资罢了。

臭味相投——海上逐臭，两个成语倒有某些近似之处。

# 大海捞针
# 海中捞月

大海捞针，又称海底捞针，还叫东海捞针。

提起海底捞针，明朝冯梦龙《警世通言》辑录的小说《钝秀才一朝交泰》，讲了这样一个故事：

明代秀才马任，字德称，出身官宦之家，因志气远大，聪明好学，前途无量，很受乡绅子弟的追捧。但其父受朝廷大权在握的奸臣迫害，不仅被罢官回乡，更被诬"坐赃"万两白银，清官一世的父亲气得一病而死。官府逼交万两白银，马任只得变卖家产，一贫如洗，乡绅子弟远他而去，有的还落井下石。他投亲靠友，可惜都不被接纳。他到处乞食，有时到寺庙蹭斋饭度日。他到运粮船上为船主做点笔墨上的事，混碗饭吃，没想到河决口大水冲翻了船；他串村串乡卖字，没几个识货的农民掏钱买，难以糊口；好不容易有人介绍他到一当官的家中做教书先生，被教的孩子不幸发病身亡……不少人说他"是个不吉利的秀才"，给他起了个异名，叫"钝秀才"，人人躲着他走。多年来，他都在外乡过着"日不饱餐，夜无安宿"的日子。

终于时来运转。家乡与他早已订婚的富家小姐排除干扰，苦苦等他，还车马劳顿奔赴京城，派家人好不容易寻找到他。小姐出资，助其苦读赶考。此时，又逢当朝权奸被治罪抄家，他父亲的冤案得以昭雪，财产原数归还。不久，他又金榜题名，后来做到尚书一级的高官。他22岁落魄流离，至32岁开始交逢好运，整整十年。有四句诗赞曰：

十年落魄少知音，一日风云得称心。

秋菊春桃时各有，何须海底去捞针。

以上就是故事的梗概。

故事末尾的小诗，明白易懂。最后两句是说，运气每人都有，犹如桃花菊花各占春秋二时一样。运气尚未来临时，你何必苦苦求索，如同到大海海底去捞一根针呢？白费气力呀！这颇有点宿命论的味道，是古人思想的局限。

但是，这首小诗也给我们有益的启示。一个人的一生，不可能都一帆风顺，所谓"万事如意"，只是人之所愿，实际上不可能达到事事满意，甚至不如意事十有八九。关键是屡屡受挫、频遇倒霉之事时，不可放弃改变命运的奋斗。"钝秀才"是那种坐等运气的人吗？从小说看，他讨过饭，卖过字，求人找过多种工作，起码十年逆境中他顽强地活了下来。况且，他青少年时好学，得到未婚妻的资助后，更是发奋苦读，申明不金榜题名誓不完婚，更反映了他积极奋斗精神。总之，还是现在常说的那句话："机遇（也可说运气），总是留给有准备的人！"

说来说去，这首小诗涉及一个海洋成语：海底捞针。到那么广阔与深邃的大海海底捞一根绣花针，太不可想象了！比喻极难找到或办到。

海底捞针，或大海捞针，在明清小说中还有更多运用。

明代凌濛初的《初刻拍案惊奇》卷二十，就有这样一句话："一面点起民壮，分头追捕，多应是海底捞针，那（哪）寻一个？"

清代《红楼梦》第六十回，写探春命人调查，是谁调唆赵姨娘出来吵架打人的，下人当然不愿意干这种差事。媳妇们只得答应着，出来相视而笑，都说"大海里那（哪）里寻针去"。

清代《儿女英雄传》第十一回，写武艺高强的女侠十三妹，路过黑风岗的能仁寺。这个寺的和尚专门打劫过路行人的钱财，强占妇女，害人性命，无恶不作。十三妹为民除害，杀了十几个恶人，寸草不留，然后悄然离去，远走高飞。县官来寺破案，毫无线索，欲悬重赏派人四处捉拿凶犯。这时，手下一个颇有经验的掌案老吏，仔细勘查作案现场后，劝县太爷道："太老爷要拿这个人，只怕比'海底捞针'还难。……这起子和尚平日本就不是善男信女。至于这个杀人的，看起来也不是图财害命，也不是挟仇敌杀，竟是一个奇才异能之辈，路见不平作出来的。""比'海底捞针'还难"的分析，正反衬出十三妹是个"奇才异能"的侠女，县官赏钱再多，能抓得到吗！

  清代谴责小说《二十年目睹之怪现状》，更多使用大海捞针这一成语。第七回写了一个人在上海骗了大量银子后逃之夭夭，要找到他归案很难："这却是大海捞针似的，那（哪）里捉得他着。你晓得他到那（哪）里去了？"第十回写了一个叫述农的人，被缠着讲上海城里城外等故事，此前他已讲了不少，这会儿实在想不起来讲什么了，就说道："大海捞针似的，那（哪）里想得起来！"第一〇七回，又有这样一段语句："到了汶河桥之后，找一家店住下，要打听前任巡检太爷家眷的下落，那真是大海捞针一般，问了半天，没有人知道的。"

  现代人群中，使用大海捞针这一成语或俗语者，不可胜数：

  "这个在闹市街头冒着生命危险抢救车祸伤者的外地小哥，救护车来了之后就悄然离开，无影无踪，要找到他报答报答，如大海捞针呀！"

  "公司经理卷款出逃外国，逃往哪个国家还不清楚，将其缉拿归案，大海捞针呀！"

  "我3岁的儿子20年前就被人拐卖到了南方，我也到南方断断续续找了20年，就是大海捞针，我也一定把他'捞'上来！"

  海中捞月，又叫海底捞月，还叫水中捞月或水中捉月，总之都表达同一个意思：不可能实现，空忙一场。

  说起水中捞月，不禁想起阿姨们经常给幼儿讲的猴子水中捞月的故事。

一天晚上，一群猴子在树林中玩耍，一只小猴子跳到林地的井边，往井里一看，忽然惊叫起来："不好啦，不好啦，月亮掉到井里去啦！"

众猴听到叫声，纷纷趴上井沿往下看，都叫起来："糟了！糟了！月亮掉进井里去了！"

还是老猴有办法："我们得赶快把月亮捞上来！"

于是，老猴首先把自己倒挂在井上方的树杈上，双爪攥着另一只猴子的下肢双爪，就这样，猴子们依次倒挂成一条线，最下倒挂的是那只小猴子，让它去捞月亮。奇怪，小猴子伸爪到井水中一捞，圆圆的月亮就动荡成闪光的碎片。再捞，再碎；再捞，再碎，总也捞不上来……

这时，老猴有点支撑不住了，猛抬头看到，圆圆的月亮还挂在天上呢！它赶紧叫大家松套解散，倒挂在井中的都安全返回了地面——原来是虚惊一场白忙活！

水中捞月的故事最初来自佛教典籍。现在阿姨们给幼儿讲的故事，有的情节与原创故事不同。最大的不同是，原创故事说树枝不堪重负折断，捞月的猴子全掉进井里了。另外，原创故事说，倒挂的猴子们是互相揪着尾巴的，不是攥着下肢双爪。长久流传，无数人讲，情节就变来变去的了。

水中捞月，《西游记》第二回有一段生动描写。说的是孙悟空上山拜师学道，七年后，当祖师要给他传道时，他最关心的是学此门道能不能长生不死。听了几个道，他都说"不学不学"。当祖师要传给他"动"字门中之道时，孙悟空又关心能否长生。祖师道："此欲长生，亦如'水中捞月'。"悟空问："怎么叫做'水中捞月'？"祖师道："月在长空，水中有影，虽然看见，只是无捞摸处，到底只成空耳。"意思是，学此道，也不能保你长生不死呀！

除上面的水中捞月用例外，文艺作品或各种文章中，用海中捞月的也有不少，总之都表达同一个意思。《初刻拍案惊奇》卷二十七："临安府也没奈何，只得行个缉捕文书，访拿先前的两个轿夫。却又不知姓名住址，有影无踪，海中捞月，眼见得一个夫人送在别处去了。"

那么，大海捞针（海底捞针）和海中捞月（水中捞月）这两个成语，在运用中有什么异同之处吗？

在表达极难找到或做到时，二者可以混合使用，含义没什么区别。小说家依据情节选词造句，有时也不那么精细严格。比如本文引用的《初刻拍案惊奇》中的两个例句，一个说要寻找追捕对象，"多应是海底捞针，那（哪）寻一个"；一个说要寻找涉案的两个轿夫，真是"有影无踪，海中捞月"。这两处的海底捞针与海中捞月，没有含义上的区别，都是说没法找到。还有这样一句古语："水中捞月何曾有，海底寻针毕竟无。"此语，也是将二者的含义等同了。

但是，细究起来，这两个成语的含义和使用，还是有区别的。

道理很简单：大海捞针，大海里毕竟还有那么一根针，虽然极难找到、捞到，但从逻辑推理上看，是个"挑战不可能"的课题。也就是说，不是绝对不可能实现。我们可以畅想，遥远的将来，哪怕百年千年，科技高度发达了，那时掉进大海一根绣花针，说不定能很快找到并把它捞上来！当然，就目前来说，大海捞针，那还是极难的事情，几乎接近于不可能。

海中捞月，要在海面上把月亮的影子捞上来，那是绝对不可能的，是荒唐可笑的愚蠢举动。

笔者认识一位老者，他有个特殊的爱好，每周都要买两三次福利彩票，每次花钱不多，十多元吧。我开玩笑地对他说："老人家，您买的这种彩票，大奖中奖率据说几千万分之一，您每次花十多元的小钱去买，那不如同海中捞月吗？"

没想到，老人哈哈一笑："我不相信海中能捞月，但我相信大海能捞针！"

老人的回答，竟使我一时语塞。他不仅表意准确，而且很有咬文嚼字功底。试想，把那句话中两个海洋成语颠倒过来，他的回答就变成："我不相信大海能捞针，但我相信海中能捞月！"看，意思全拧了。

老人说的一点道理都没有吗？非也。事实上，还真有花十几元甚至几元钱买彩票，撞上个几百万元大奖的，大海中捞到了"针"。那就要看你的信心、耐力和运气了。但是，这种撞上"红运"、一夜暴富的人，犹如满天繁星中的一颗星，无边大沙漠中的一粒沙子，太难找了，太难碰了！绝大多数人买彩票，实质上就是利用手中一点闲钱，满足一下自己的消费兴趣，变相为国家捐款，支持国家募集社会资金投放于公共事业建设。比如，据说街头公园中安装的许多健身器材，就是国家用卖彩票的钱购置的。

对于二成语的区别，还是网友给出的解释最直白明了：

大海捞针，形容很难找到。

海中捞月，比喻去做根本做不到的事，只能白费力气。

大海捞针，难上难；

海中捞月，一场空！

# "瀚海",是浩瀚的海洋吗

每逢货轮离港远赴他国贸易,或者科考船离港远赴南极考察,或者水兵乘舰艇远航训练,大家都会投身于一望无际的浩瀚的海洋,有人还会诗兴大发讴歌一番。但是,若把"浩瀚的海洋"简称为"瀚海",它还是指浩瀚的海洋吗?

答案恰恰相反!

这个"瀚海",不仅不指浩瀚的海洋,反而是指与海洋相反的地理环境——浩广无垠的西北戈壁大沙漠。从蔚蓝色到黄褐色,从水浪到沙丘,从低平的海面到隆起的高原,不是截然相反吗?

翻查几部权威词典,没有把"瀚海"这个词解释为浩瀚海洋的,都肯定它是指戈壁大沙漠。

《现代汉语词典》:"瀚海,指沙漠:瀚海无垠。"

《现代汉语规范词典》:"瀚海,指沙漠。一片瀚海,茫茫无边。"

《中国古今地名大辞典》:"瀚海,古人称沙漠之名,言浩瀚如海也。亦作翰海,又称戈壁。"

《辞海》"翰海"词条,解释较详:"亦作'瀚海'。含义随时代而变。两汉六朝时为北方的海名。汉武帝时霍去病击匈奴左地,出代郡塞二千余里,登临翰海而还。唐以前人注释《史记》《汉书》,皆解作北方一大海名。据方位推断,当在今蒙古高原东北境,疑即今呼伦湖与贝尔湖;又今人岑仲勉考证,既云'登临',则是'山'而非'海','翰海'当即今蒙古杭爱山不同音译。《北史·蠕蠕传》数见'瀚海'一词,方位不一,其一与《史记》《汉书》所载同,其一当在高原北境,疑即今贝加尔湖。唐代为蒙古高原大沙漠以北及其迤西今准格尔盆地一带广大地区的泛称。……明以后专指戈壁沙漠。"

上述四部词典的解释，有的简略一点，有的详细一点。我们不妨顺着《辞海》的解释，了解个大概。

"翰海"出于西汉司马迁《史记》的《匈奴列传》和《卫将军骠骑列传》，都写到汉武帝时的霍去病率军北击匈奴，乘胜追击，"临翰海而还"，"登临翰海"。东汉班固写《汉书》，也写此事，沿用"翰海"。这个"翰海"，可能指今蒙古高原东北境呼伦湖与贝尔湖。但有专家考证，翰海非"海"，乃是今蒙古"杭爱山"的不同音译。这样，"翰海"出现两解，一解指海（湖），一解指山。到南北朝史书中，多次出现"瀚海"词。这个"瀚海"，一是仍可能指呼伦湖与贝尔湖，二是可能指更向北的今贝加尔湖。到了唐朝，"瀚海"的含义发生了很大变化，泛指"蒙古高原大沙漠以北及其迤西今准格尔盆地一带广大地区"。明朝以后，"瀚海"的含义进一步变窄，有了专指性，指"戈壁沙漠"了。本文开头故作的几句惊人之语，正是运用了明朝以后"瀚海"即戈壁沙漠的概念。

对于史书"翰海"（"瀚海"）究竟指哪里，学术界观点纷呈。有的说指"海"（湖），有的说指"山"，还有认为是指游牧土地的。本篇不是探究此词的学术论文，重点阐述的是"'瀚海'不是浩瀚海洋的简称"这一话题；当然，不可避免地会涉及"翰海"（"瀚海"）的含义，其解释只能直接依据辞书了。

说到今天的应用，依据众多词典的解释，一言以蔽之："瀚海，指西北戈壁大沙漠。"

展开地图不难看出，当今中国境内的戈壁荒漠，主要位于新疆、甘肃、宁夏、内蒙古等地区。

令人感兴趣的是，西北戈壁大沙漠，滴水罕见，为什么要用水字旁的"瀚海"，来形容概括？"海"字尚好理解，为什么把原来的"翰"也变成水字旁的"瀚"？

"翰海"，经过朝朝代代的频繁书写，或许有人感到，把"翰"

字也加上个三点水吧,与有三点水的"海"字相搭配,就渐渐演变成"瀚海"。这反映了古人写字用字的随意性,这种随意性往往一人写万人随,成了后世的约定俗成。这是"翰"演变成"瀚"的原因之一。正如《辞海》所说,到了南北朝时期,《北史·蠕蠕传》就"数见'瀚海'一词"。其实,在早于《北史·蠕蠕传》的《后汉书》(卷九十)中,就出现"瀚海"的写法了:"议郎蔡邕议曰:'……汉有阗颜、瀚海之事。'"笔者揣测,在"翰"向"瀚"的演变过程中,古籍相当一段时间可能会出现写法不一致的情况,最后定型为"瀚"。所以今人编著的词典,采取姑两存之的态度。在解释"瀚海"的时候,常标注为"亦作翰海";在解释"翰海"的时候,也常标注为"亦作瀚海"。

不可否认,"瀚海"一词定型后,司马迁、班固作史书用的"翰海",就淡化了。在唐诗中,更是"瀚海"的天下。"翰海"出现最早,"瀚海"应用最广。

唐朝人写的西北边塞诗,"瀚海"一词既增画面又壮声色。比如高适的《燕歌行》:"校尉羽书飞瀚海,单于猎火照狼山!"陶翰《出萧关怀古》,有四句颇为雄壮:"大漠横万里,萧条绝人烟。孤城当瀚海,落日照祁连!"

岑参是唐朝写西北边塞诗最多且成就最突出的一个,有人这样评价他:"躬践斯土,耳闻目见,得之亲历,故其记述吟咏不同凡响。"他写的"瀚海阑干百丈冰,愁云惨淡万里凝",已成名句。他还有一首《走马川行奉送出师西征》,写西北大漠即"瀚海"的恶劣自然环境和出征将士的艰辛,极为生动感人:

君不见走马川,雪海边,平沙莽莽黄入天。轮台九月风夜吼,一川碎石大如斗,随风满地石乱走。匈奴草黄马正肥,金山西见烟尘飞,汉家大将西出师。将军金甲夜不脱,半夜行军戈相拨,风头如刀面如割……

唐朝王维的名句"大漠孤烟直,长河落日圆",展现的也是"瀚海"的壮观图景。他写的这首诗叫《使至塞上》,是他作为朝廷命官,到西北戈壁沙漠边塞,慰问作战将士时所作。

从某种角度说,"瀚海"对唐朝边塞诗的形成,对唐朝著名边塞诗人的造就,乃至对中国古代诗歌的发展,也是颇有贡献的哩!

到了清朝,委派到新疆一带的官员、使者很多,这些人留下许多描写大漠戈壁的诗歌,常出现"瀚海"一词,有些诗干脆就以《瀚海歌》《过瀚海》作标题。

有个学者阅读了古代大量西域诗后指出,篇中凡有"天马""天山""寒庭""瀚海""沙碛""玉关""河源"等词者,都可认定是写西域的诗。

那么,"瀚海"究竟与大海、海水有没有一点关系呢?古籍浩如烟海,细心找,哪有找不到的呢!《三国志·魏书》就有这样一段记载:"倭人在带方东南大海之中,依山岛为国邑。……又南渡一海千余里,名曰瀚海……"这个"瀚海",就不是西北的戈壁沙漠,那是真真切切的一片海域了。但是,这个"瀚海",只是海域的名字,没有浩瀚汪洋的形容性用法。最关键的,常用的权威词典在收录"瀚海"这一词条时,解释中没有提及这个海名,仍坚持了"瀚海"是沙漠的定义。另外,我们阅读古今诗文,也偶见有人用"瀚海"这个词形容浩瀚的海洋的,不足为据。还要提示的是,虽然辞书认同"翰海"与"瀚海"可以通用,但是作为海域名称的这个"瀚海",是不宜写为"翰海"的。

那么,古人形容浩瀚的海洋用什么词呢?用"瀛海"。《辞源》对"瀛海"的解释是"浩瀚的海洋",并举有古书例句。

至此,我们可以说,"瀚海"有专指性,不是形容东南方浩瀚无际、波涛翻滚的大海大洋,而是指西北戈壁大沙漠。我们今天仍称西北大沙漠为"沙漠之海",称穿行于沙漠之海中的骆驼为"沙漠之舟",都带有"瀚海"的风味。

# 地名里面观大海

我国省、地、县的名称中，带山、川、江、河、湖、海字的都可以找到，海尤其是其中的一个亮点。笔者对我国31个省、自治区、直辖市的地名粗略梳理（截至2023年底，另港澳台地区暂未统计），发现许多带海字的地名，其构成很有历史渊源，蕴藏着深刻含义，有些还附以动人的传说故事。透过琳琅满目的地名，我们可以用另一种视角，观一观大海，欣赏一下大海的神韵，做一篇别有风味的海文章！

先说省和直辖市，有上海市、青海省、海南省带海字。

再说地市（州）级，那就更多了。如濒海的海南省的省会城市海口市，广东省的全国开放城市、旅游城市珠海市，广西壮族自治区的美丽风景城市北海市，山东省的旅游城市威海市。内陆的如内蒙古自治区的乌海市，青海省的海东市（该省另有带海字的3个自治州）。全国直辖市中，有带海字的地市级行政区，如北京市的海淀区等。副省级市所辖带海字的行政区，放到下面去说了。

县和县级市（区）带海字的，就更多了。沿海的、内陆的，能找到一大串。

带海字的乡镇、街道（有的是县处级）名，顾及不上，只能割舍了。

地名带海字最多的要属浙江省，8个。就宁波市（副省级市）来说，就有海曙区、镇海区和宁海县3个海字地名。其他5个有温州市的瓯海区，嘉兴市的海宁市、海盐县，舟山市的定海区，台州市的临海市。

出乎意料，带海字地名仅次于浙江省的，不是沿海省份，而是西部的内陆省份青海省。青海省因青海湖而得名。以青海湖为中心，四周都有以海字命名的地名。东有海东市，北有海北藏族自治州，南有海南藏族自治州，西有海西蒙古族藏族自治州；海北州有海晏县，海南州有兴海县。看，省名、市（州）名、县名，共7个，差点可与沿海的浙江省抗衡了！青藏高原的一个省份，其本身和辖区的取名，竟然这样热衷于海字，可算中华国土地名中的一大奇观了。

广东省是临海省，有珠海市，广州市（省会城市、副省级市）的海珠区，汕头市的澄海区，佛山市的南海区，江门市的江海区，汕尾市的海丰县，共6个。

江苏省是临海省，有南通市的海门区、海安市，连云港市的海州区、东海县，盐城市的滨海县，泰州市的海陵区，共6个。

海南省四面环海，省名带海字，省会城市海口市也带海字，双"海"重合，可谓海味浓浓，海风扑面，是全国省、自治区、直辖市中仅有的一景。另外，还有琼海市，三亚市的海棠区，全省共4个。

辽宁省是临海省，有大连市（副省级市）的长海县，鞍山市的海城市，锦州市的凌海市，阜新市的海州区，共4个。

内蒙古自治区是内陆省份，不甘示弱，也有4个海。仅乌海市，就占了3个。市名有海字，又有两个冠海字的区：海勃湾区、海南区。另外，呼伦贝尔市有海拉尔区。

带海字3个（含3个）以下的省份，不再赘述。

综上，带海字的地名大致有以下四种情况。

**一、因地而名。依据城市（或地区）所处的地理方位而命名。**

上海市。《中国古今地名大辞典》称："本华亭县地，曰华亭海。后以人烟富庶，海舶辐辏，遂成大市。"上海名称的由来，"以地居海之上洋，故名"。有一种具体说法，由于海岸东移，大船出入不便，外来的大船只得停泊在松江的支流"上海浦"。南宋在这里设上海镇，元代又在镇的基础上设上海县。这里兴建的城市，就因上海浦之名叫起，一直延续到今天的上海市。总之，上海因傍大海而得名。

许多人知道，上海简称为"沪"和"申"。既然我们这篇文章说海，就要提起上海还有一个略称，就是"海"。鲁迅杂文《"京派"与"海派"》："北京是明清的帝都，上海乃各国之租界，帝都多官，租界多商，所以文人之在京者近官，没海者近商，近官者在使官得名，近商者在使商获利……"这个"没海者"的"海"，对应"在京者"的"京"，指上海，即上海的略称。至于标题"京派"与"海派"，"京"与"海"的对应更明确。《辞海》《汉语大词典》在"海"字的条目下，都专列一个义项，指出是"上海的略称"。

海南省。位于南海。海南岛因"地处天南，孤悬海中"而得名，省名因之。

海口市。位于海南岛的东北部，北临琼州海峡，地处南渡江口，为入海之口，故名。

琼海市。海南古称琼崖、琼州。琼海，位于海南岛东海岸。古琼州东部沿海的这个城市，就叫琼海。

珠海市和广州市的海珠区。二者皆因位于珠江和南海而得名。珠海，位于珠江注入南海之处，而名珠海。不过，广州市的海珠区，名称还另有来头，源于古代广州珠江里的海珠石。所谓海珠石，即江中"石排涌出，其平如掌，形如海上浮珠，珠江即以此得名"。海珠海珠，江海明珠也。另据清朝屈大均所著的《广东新语》，广东当地人有"凡见水皆称为海"的方言土语："凡水皆曰海，所见无非海也。出洋谓之下海，入江谓之上海也。"据此，即使这里的珠江远离南海，当地人仍可将宽阔的珠江江面称为"珠海"，或者"海珠"，因为他们见水皆称海嘛。

北海市。位于广西壮族自治区伸入大海的一个半岛的尖头上，三面环海。它以古村落北海村而得名。这个小渔村恰恰北面临海，是天然的避风港，渔民世代靠这片海生活，因取北海为村名，其名一直延伸到现在的北海市。北海市不仅市名带海字，城区还有海城区、银海区带海字，它可谓是"海味"很浓的一个城市。

海阳市。山东省烟台市南部的沿海城市，因地处黄海之阳而得名。黄海之阳即黄海之北。中国位于北半球，北半球地理方位的"阳"：山的南面叫"阳"，水则相反，北面叫"阳"。举东西走向的山脉和河流为例。阳光首先照到山的南面，称为阳坡；水则不同，阳光首先照到的，是江河北面堤岸向南的斜坡及其水面，则水的北岸谓为"阳"。北岸为阳，南岸为阴，以此命名的城市能够找到。比如，黄海北岸有个城市叫海阳，而长江南岸有个城市则叫江阴。因为南岸为阴，江阴之名由此而来，即今江苏省的江阴市。

临海市（属浙江省），东海县、滨海县（属江苏省），不言自明，它们都因濒临大海而得名。

二、因意而名。虽仍依据于濒临大海，但名称中重在表达人们的意愿。

宁波市（浙江）的海曙区、镇海区和宁海县。这三个海，都各有含义。

海曙区，它的区名源于唐朝在这里建的一座鼓楼，又名谯楼，几建几毁，到了明朝万历年间，当地官员集资重建，取名海曙楼。海曙，天破晓，此楼最早迎来海上旭日云霞曙光也，也寓意抗倭胜利后的海定波宁。一般认为，它取自唐朝诗人杜审言一首诗的名句，即"云霞出海曙，梅柳渡江春"。

镇海区，这里历史上叫定海县，康熙年间，改名为镇海县了。定海——镇海，都含镇定、安定之意。

宁海县，则更有趣了。前两个字的"宁海"，与浙江嘉兴的海宁市的"海宁"，仅字序有别，但意思相同，"宁海"就等同于"海宁"。宁海县的"宁海"，与管辖它的宁波市的"宁波"，也仅"海"与"波"一字之差，但含义也相同，"宁海"不就等同于"宁波"吗！看，宁、宁、宁，3个地名都不离"宁"字！这，太有深意了。3个"宁"，饱含人们共同的祈愿：海波平静，境内安宁。顺便说说宁波，它本为古明州，是明朝洪武年间，皇帝朱元璋将明州改为宁波，取"海定则波宁"之意。

汕头市（广东）的澄海区。明朝置澄海县，上世纪90年代撤县设澄海市，今为汕头市的澄海区。澄海，取"海宇澄清"之意。明王朝还在福建设一海澄县，取"海疆澄静"之意。明王朝在粤、闽设的这两个县，一个名"澄海"，一个名"海澄"，都带一个"澄"字，是寄予波平浪静、止战澄平厚望的。不过，现在福建的海澄县早已是旧县名了。

海安市（江苏），古代因海水经常浸淹农田，取"大海安定，永不扬波"之意，故名海安。海晏县（青海），濒临西海即青海湖，取名明显含有海晏河清之意。

在北方山东半岛的东端，有一个名气很大的城市——威海市。它北、东、南三面濒临黄海，战略地位十分重要。明朝洪武年间，为防倭寇，在这里设威海卫；明朝永乐年间，建城。取名威海，寓"威震东海"之意。对于威海的战略地位，有人著文赞曰："卫治极山东之东，三面环海，一城负山，形胜险要甲于天下，盖海防一重地也！"可巧的是，几百年后，清朝光绪年间，中国近代史上最大的一支海军舰队——清朝北洋舰队，成立于威海卫刘公岛；中日甲午黄海大海战中国战败，北洋舰队又覆灭于威海卫刘公岛。沉痛的历史教训警示我们：必须富国强兵，才能真正威震海疆！

综上，以意取的海字地名，多用宁、定、安、澄、镇等，这是由于海边自古以来频遭风暴潮的危害，明朝开始又频遭日本倭寇烧杀抢掠的侵扰，天灾人祸，百姓不得安生，上述这些字很能表达沿海人民的美好愿望，当然也是历代王朝的企盼。沿海有一处地名，立意颇有威壮之气，这就是威海。威海威海，扬国威军威，卫中华大海也！

三、因物而名。**出产某种物品，带上了海字。**

乌海市。内蒙古自治区西部的新兴工业城市，地级市。地处黄河上游，矿藏富集，储煤、铁、铅、锌、石墨、石英等多种，其中煤储量最大，且品位好。它是由海勃湾市和乌达市两市合并而成。说起乌海市名字的由来，人们津津乐道周恩来总理定名的故事。那是20世纪70年代，内蒙古自治区报请国务院，将海勃湾市和乌达市两市合并，合并后的新市暂定名为海乌市。病中的周总理看到报告后，建议改为乌海市。这一定名，使乌海市成了煤之海、"乌金之海"，城市形象更为全国瞩目。我们看到，乌海市不是源于大海而得名，而是源于煤海而得名。

海盐县。属浙江省，以地处沿海、盛产食盐而得名。早在秦朝就置海盐县，不过此县几次移址易名，后来才固定现在的杭州湾西北部的位置上了。古籍说此县"海滨广斥，盐田相望"。斥即斥卤，指含有过多盐碱成分，不宜耕种的土地。可见，这块广大的海滨土地，最适合食盐生产了。我国沿海许多地方盛产食盐，多以盐城、盐都、盐田命名，独有此县带海字，以海盐命名。

**四、附以传说故事，人文色彩浓厚。**

海字命名的地方，许多都附有生动的传说故事和历史故事。随着旅游业的发展，当地更注重宣传这方面的特色以吸引游人。仅举三个地方为例。

*山海关*

位于河北省东北部沿海，明长城关隘之一。此关扼东北、华北之咽喉，军事重镇，号称"天下第一关"。它北依燕山、南濒渤海而得名，箭楼依长城而建，不愧"山海关，关山海"！有一副楹联云："雄关名中外，长城壮古今。"山海关区现为秦皇岛市的一个辖区，著名旅游地。传说有如下几条：

一是建关的由来及烽烟演绎。明洪武十四年（1381年），朱元璋派大将军徐达在秦皇岛东北设山海卫。徐达见这一带"枕山襟海，实辽蓟咽喉，乃移关于此，连引长城为城之址"，不久筑起山海关城。城楼"天下第一关"长匾，笔力凝重，骨气道健，为明代书法家萧显所写。相传萧显写完匾令人悬挂城楼之上后，突然发现"天下"的"下"字少了一点，正在众人慌无所措之际，萧显抓起一块抹布，揉成一团，蘸上墨汁，奋力向上一抛，恰好打到那个缺点儿的地方，"下"字成形，全匾更加气势非凡！山海关，历来为兵家必争之地，甚至关乎国家兴亡。历史，也是这样演绎的：明初在这里筑关，是为了固防；而明末守将吴三桂"冲冠一怒为红颜"，恰恰就在这个险要之地，跪引清军入关，从此清王朝在中国统治了二百多年。

二是孟姜女庙千古铭贞。秦始皇时期，孟姜女新婚不久的丈夫被征劳役筑长城，寒冬来临，孟姜女千里迢迢赶来为丈夫送寒衣，到工地才知，丈夫已冻、累而死。她悲痛欲绝，嚎啕大哭好几天，竟把长城哭倒八百里！原来哭倒长城八百里的地方，就是山海关这一带长城啊。不过还有一说，孟姜女哭倒的长城，是今山东的齐长城，齐长城是春秋战国时齐国依山修筑的。既然孟姜女哭长城的事儿早于秦朝，那么就与秦始皇和万里长城无关了。但是，比较一下，山海关这个地方孟姜女的形象太突出了，名气太大了，传说也太广了。城楼附近的山上，建有孟姜女庙，立有望夫石。渤海中两块礁石突出海面，相传是孟姜女坟。既然都是民间故事，我们又正说山海关的人文历史，不妨相信她哭倒长城八百里的地方，就在山海关吧！值得一提的是，孟姜女庙还有一副楹联："海水朝朝朝朝朝朝落 浮云长长长长长长长消"。"朝"和"长"都是多音多义字，用拼字断句法能组合出多副新联，联联都精彩。先人面对阔海云天，拟出如此叠字长联，似为孟姜女的不幸遭遇鸣不平，寄予深深的同情和慨叹。此联迷住了不少人，也"谜"倒了许多人，堪称中华奇联，它就出自山海关！

三是老龙头探海奇观。有关材料介绍：老龙头坐落于山海关城南4公里的渤海之滨，是明长城东部的入海处，入海石城犹如龙首探入大海，弄涛舞浪，因而得名老龙头。我们看到，老龙头天开海岳，惊现世间，不是古人心血来潮突发异想，而是有意将其纳入山、海、关、城为一体的军事防御体系并发挥重大作用。当然，清朝统一中国后，关里关外已连成一片，这里军事价值大大降低，转而成了帝王和文人雅士游览赋诗之处。

青海湖（西海）

此湖位于青藏高原，是我国最大的内陆湖，古称鲜水、西海，蒙古语"库库诺尔"，意为青色的海。它虽是内陆湖，直至今天，人们似乎还把它视为海。最有力的证据，湖的四周四大地市级行政单位，都以"海"打头命名，如海东市，海北、海南、海西3个自治州。就连省名，也取"海"而不取"湖"。西海传说很多，极具神秘色彩。

一是龙王之子西土造海的传说。老龙王有4个儿子，为了让儿子们接班治海，决定把海分开。大儿、二儿、三儿依次分到东海、南海、北海，分到老四即小儿子这儿，没海可分了。老龙王鼓励小儿子，自己去造个海吧！小儿子想，东、南、北没我的海了，就到西方去找！他驾起云头，向西而来，发现了西北高原有一块适合造海的地方，于是施展本领，汇集100多条河水，造出个浩瀚无比的西海来，足以同3个哥哥的大海抗衡。这就诞生了华夏大地的西海，也就是今天的青海湖。

二是西王母瑶池的传说。西王母是远古居住在昆仑山的神仙，慈祥大方，母仪天下，她也是这汪圣湖的主人。昆仑是西方仙山，此湖号称瑶池。瑶池是西王母开蟠桃盛会、宴请各路神仙的地方。当地流传着许多与王母娘娘有关的故事。

三是文成公主宝镜化湖的传说。1000多年前，唐朝文成公主远嫁吐蕃（今西藏）国王松赞干布。念她此去万里迢迢，临行前，唐王赐给她一个"日月宝镜"。此宝镜有种神奇功能，出门多远都能照出家乡景象。车马行至青藏高原，公主思乡心切，拿出宝镜一照，果然看见家乡长安和亲人，不觉泪如泉涌。但她牢记自己"唐蕃姻亲，永结和好"的使命，下定决心继续前行，便毅然决然将宝镜扔出手去。只见宝镜落地时闪出一道金光，化成今天的青海湖。后世在青海湖不远处的日月山，立有文成公主雕像。

舟山定海

舟山群岛是宁波海港乃至东海海岸的屏障和门户，从海上来的外敌要攻克宁波进犯大陆，必经舟山，此岛为历来兵家必争之地。定海今天是舟山市的一个区，但清朝舟山的名字叫定海。定海定海，岂是一片安定之海？

舟山群岛在明朝就是抗倭的主战场。明嘉靖年间，倭寇盘据金塘岛（今定海区境内），聚集于岛上的沥港。当时倭寇战斗力很强大。明朝抗倭将领奉命进剿，经过数年几十次战斗，生擒倭首，斩杀数百人，倭患基本平息。为纪念平倭大捷，朝廷在沥港立碑，以昭后世。

清朝也有两件大事。一是清初钦定定海山名称。清康熙年间，这里名舟山。但康熙帝认为，舟山舟山，"山名为舟，则动而不静"。也就是说，山应该是矗立不动的，而此山又名之为"舟"，舟在海上漂摇，则象征山也动荡不安稳。而朝廷希望的，是这一带波平浪静、稳定安宁啊！于是，康熙下诏，改舟山为"定海山"，并题"定海山"匾额。另外，清朝在这儿置定海县。可见，在取名上真是用心良苦啊！二是清末定海保卫战。先皇的良苦用心，在清末鸦片战争中被打破了，定海海面不安定了。1840年英国鬼子攻陷了定海（后退去），1841年英军再次组织大量军舰侵入定海海面，攻打定海城。定海数千清军在总兵葛云飞、郑国鸿、王锡朋带领下，奋勇杀敌，多次击退敌人进攻，血战六昼夜，无奈敌强我弱，定海再次陷落，三总兵和官兵们壮烈牺牲。官兵卫国牺牲的精神永垂史册。

地名毕竟是个符号，实力才是基础。当年康熙费尽心思将舟山改为定海，图个吉利，但海还是没"定"住，鸦片战争中这里发生大战，定海城被英军攻破。后人似乎不忌惮舟山这个地名，定海又被舟山取代。现在舟山市是地级市，定海是它所辖的一个行政区。

舟山，舟山，现在不是动荡之山，而是稳如泰山。我强大的海军舰艇部队和驻岛官兵，警惕守卫着祖国的海防，时刻准备歼灭一切敢于来犯之敌！

# 海字拾趣

前面漫话了多篇海洋成语名言典故，涉及许多有关海洋的传闻趣事。但是，言犹未尽。此篇《海字拾趣》内容，有的虽然前面已经谈到，但限于篇幅，未从其趣味性的角度深入发掘。取名《拾趣》，则表明进一步延伸其趣味性的触角，增加一些新鲜的内容。

## "海"的本义是什么

古人面对大海，究竟给"海"字下个什么定义？也就是说，什么才叫"海"？

概括最权威的，要数东汉语言文字学家许慎著的《说文解字》："海，天池也，以纳百川者。"

许慎说，"海"是什么？是上天用神力运作的、天然形成的最大最大的池子，是用来收归容纳陆地千百条江河流进来的水的！寥寥数字，给"海"下了一个"纳百川"的形象而准确的定义。

记得有位学者说过，当一个概念，你用什么词语表述对方都听不懂的时候，就用比喻的方法，比喻得形象、恰切，人们很快就懂了。许慎就是用打比方的方法，简明扼要而又形象地把"海"说清楚了。千百年来，许慎给"海"下的定义，一直被各种辞书所沿用。比如大型辞书《辞源》对"海"的解释是："百川会聚之处。"这完全沿用了《说文解字》"纳百川"的说法。《汉语大词典》《汉语大字典》也都沿用了《说文解字》对"海"的解释。举《汉语大词典》的解释为例："百川会聚之处。后指大洋靠近陆地的部分。"前一句显然是套用了老祖宗许慎下的定义，后一句则是用现代概念解释海。这后一句许慎是说不出来的，因为他生活的东汉时代，人们认为天下最大的水域就叫"海"。

东汉另一语言文字学家刘熙在其著作《释名》中，则对"海"作了这样的解释："海，晦也，主承秽浊，其水黑如晦也。"细思起来，百川注海，携带大量泥沙浊物，大海主要就是收容它们的，所以海的特点就是"晦浊"。从今天环保观点来看，大海真有"宁愿一身脏，换来万方洁"的风格呀。这一点，我们应给"海"字一个点赞。

"海"不仅指水，也指僻远之地。我国最古的一部辞书《尔雅》，在其"释地"篇中说："九夷、八狄、七戎、六蛮，谓之四海。"这里的夷、狄、戎、蛮，都指离中原很远的少数民族居住的偏僻之地，那里就称"四海"。

最初的"海"，是指今天东方波涛滚滚的大海吗？否。这涉及"海"的造字，年代或许更久远了。

有专家考证，"海"字的本义，原来是指西北沙原中面积大的低洼之地。这些低洼之地逢雨则贮水成大大的水池或沼泽，草木生长，形成绿洲，牧民前来生活和放牧；等天不下雨，"海"就干涸了，牧民纷纷迁徙而去。"海"字由"三点水"与"每"组成。"三点水"代表水，不用多说了；这个"每"字，可有讲究，上半部的一撇一横，是草字头儿长期书写的变形，原来的草字头儿，即草或灌木的本字。因此，"海"最初就是指西北有水有草的大的"低洼之地"。专家还指出，周朝以前，海用来表示民族部落。总之，那时的"海"，没有今天"大海"的含义。著名地理著作《禹贡》成书之后（注：成书时间有多种说法，比如西周说、战国说等），"海"字才有今天"大海"的含义了。这是从"海"的造字及其含义演变的角度考证"海"。我们谈及"海"字的趣闻时，聊备一说。

更有趣的是，用新的理念，能对"海"字的结构作别出心裁的解析。比如海军南沙守礁水兵天天面对大海，对"海"产生特殊的感情。多年前，在他们的先进事迹报告中，水兵们就赞同这样对"海"字的破解："海"是由"三点水"加上横写的"人"再加上"母"组成，即"水—人—母"，它的含义就是"水是人之母"！水是人类的母亲，也就构字成了"海"。水兵守卫辽阔的大海，如同守卫人类赖以生存繁衍的水的摇篮，无上光荣啊！这种解字法，虽不是古人创造"海"字的本义，但谁又不连声称奇，击掌赞叹！

另有一种解字法，金文"海"字左边为"水"的象形字，表示河流；右边的"每"字本义指戴有头饰的妇女，即为母亲。这样"水（流水）+每（妇女，母亲）"，就可以把"海"的字形，理解为"水的母亲"了，也可以说"海是众水的母亲"。

两种解字法，即南沙水兵"海"字的解字法和专家金文"海"字的解字法，构思稍异，答案却基本相同，它们都是在"水"字和"母"字的结合上做文章。"海是人类的母亲"——"海是众水的母亲"，大海，融汇众水，养育人类！

说来说去，"海"字的本义，当然要以当代权威辞书的科学定义为准。但对这个"海"字，也可以尽兴想象发挥，再三玩味，其内涵是可以大大拓展的！

## "海"的别称知多少

海的别称之多，陆地上任何涉水的江、河、湖、瀑，都不可比。

先说别称中海的近亲字，也可以说是同义词或近义词，有5个：溟、瀛、沧、渤、洋。

溟。《现代汉语词典》（以下简称《现汉》）对溟解释只有一个字：海。《辞海》给出的义项也是指海。可以说，溟、海不分。古人认为，东西南北都有海（参见本书《纵横古今说"四海"》），故也可写成东溟西溟南溟北溟。

瀛。《现汉》给出的解释只有两个字：大海（作为姓氏的瀛除外）。《辞海》《辞源》的主要义项也指大海。

沧。《现汉》给出的解释是，指水的青绿色。例词只与海搭配。据《辞海》，此青绿色多用于海水。《辞源》认定沧是青色，与苍同义，"海水苍色，一望无际"，故称沧海。

渤。据《辞海》《辞源》等，这个字的本义为"水涌貌"，没有更多的含义，组成的词大都与海关联。

洋。据《现汉》《辞海》等，这个字有多种含义。洋是地球表面上被水覆盖的广大地方。洋同海联系太紧密了，海是洋靠近陆地的部分，洋就包含着海。

那么，组成两个字或两个字以上的大海的别称有多少呢？尽管可以列出不少，但也不能说都囊括了。

带溟字的：溟海、溟渤、溟涨、重溟。

溟海，唐朝高适诗《同群公出猎海上》："层阴涨溟海，杀气穷幽都。"《辞源》："溟海，神话中的海……也泛指大海。"

溟渤，唐朝李白诗《同族弟金城尉叔卿烛照山水壁画歌》："却顾海客扬云帆，便欲因之向溟渤。"《辞源》："溟渤，溟海和渤海，泛指大海。"

溟涨，隋朝虞世基诗《奉和望海》："清跸临溟涨，巨海望滔滔。"此句溟涨与巨海，是同一个意思。另，清人王挺《观海篇》："溟涨无端众水归，尾闾泄之如漏卮。"《辞源》："溟涨，大海。"

重溟，东晋孙绰《游天台山赋》："或倒景于重溟，或匿峰于千岭。"重溟，《辞源》的解释只一个字："海"。

带瀛字的：瀛海。

瀛海，《辞源》："浩瀚的海洋。"

带沧字的：沧海、沧溟、沧瀛、沧渤、沧瀚。

沧海、沧溟、沧瀛，据《辞源》，皆指大海。

沧渤，《汉语大词典》："东海和渤海。泛指大海。"

沧溟，《汉语大词典》："沧海，大海。"

带池字的：天池、潮汐池。

天池，东汉许慎《说文解字》："海，天池也。"

潮汐池，唐朝宋务光诗《海上作》："旷哉潮汐池，大矣乾坤力。"天池指大海，潮汐池是说天池中有潮汐，唯海水有潮汐运动，则更指大海了。

带王字的：水王、百谷王。

水王，古籍云："海为水王。"

百谷王，出于老子《道德经》，指低洼善下的大海，容纳百条流水。

带壑字的：大壑、巨壑。

壑，坑谷，深沟。古籍云："水归其壑。"所以，大壑、巨壑指大海。

大壑，《庄子·天地》："夫大壑之为物也，注焉而不满，酌焉而不竭。"古人较早用大壑称大海或大海最深处。据《列子·汤问》，大壑也叫归墟。

巨壑，北齐祖珽诗《望海》："登高临巨壑，不知千万里。""临巨壑"就是临大海。

还有一些称谓，简述如下：

积水，春秋时期著作《文子》："积石成山，积水成海。"战国时期著作《荀子·儒效》："积土而为山，积水而为海。"积水，成了海的代称。

天牝，语出西汉扬雄《太玄经》。注释家说："牝，谷也。天牝，谓海也。"

尾闾，古代传说中海水归宿之处，又是泄海水之处。古人注释说："尾闾，水之从海水出者也，一名沃焦，在东大海之中。尾者，在百川之下，故称尾；闾者，聚也，水聚族之处，故称闾也。""尾闾，海水泄处也。"

沃焦，《辞源》引注释家的话说："《玄中记》曰，天下之大者，东海之沃焦焉，水灌之而不已。沃焦，山名也。在东海南，方三万里。"也有注家说："在扶桑之东有一石，方圆四万里，海水注者，无不焦尽，故名沃焦。"沃焦是海中温度极高的巨石山，大量海水不停地扑向它，扑上来就被灼烧得化为无有，以此来消化百川不停注海后多余出来的海水，使大海总是保持水量的平衡。有一传说，尧时十日并出，尧使羿射掉了九个太阳，九个太阳落下来化为了沃焦山。九个太阳的热量汇聚于此山，可见山的热量之高，大量扑上来的海水被它灼焦而化。

归墟，《辞源》："指大海最深处，为众水所归。……也作'归塘'。"

除上面大海的通称外，古时的东、西、南、北海及渤海还各自有别称。

东海——东溟、东瀛、沧海、左海。

东溟、东瀛，古诗文中常见。沧海，既是大海的通称，又专指东海。左海，东方为左，故称东海为左海。

西海——西溟。

唐朝陈子昂诗《感遇》："仲尼溺东鲁，伯阳遁西溟。"注家说："西溟谓西海。"仲尼指孔子，伯阳指老子。孔子欲乘桴出海，从山东向东面的大海；而老子骑青牛（一说乘青牛板车）出函谷关，向西消遁于西海。

南海——南溟、涨海、溟涨、桂海、朱冥（溟）。

南溟，指南海。我国自古以来也称南海为涨海，《辞源》："涨海，南海的别名。"南海有时也称溟涨（与海的通称重叠）。桂海，古人说："南海有桂，故云桂海。"有人曾用"南桂北瀚，东瀛西溟"概括南、北、东、西四个海。朱冥（溟），据《辞源》，南海也称朱冥（溟）。

北海——北溟。

《庄子·逍遥游》："北冥（溟）有鱼，其名为鲲。"北溟即北海。

渤海（勃海）——渤澥、少海、幼海。

古渤海（勃海）大致相当于今渤海。渤海又称渤澥。汉朝司马相如《子虚赋》："观乎成山，射乎之罘，浮渤澥，游孟诸。"渤海又称少海、幼海。《辞源》："少海，渤海。也称幼海。"

## 湖也可以叫"海"吗

陆地上的湖，可以叫它"海"吗？按照古书《说文解字》对海字的解释，那是不可以的。因为海有一个重要特征，是"纳百川"。容得下千百条江河注入的水量的，才能叫"海"。而湖，再大的湖，也没有那么大的水容量啊！

但是，内陆的人看到一片水，那么广阔，就夸张地叫它"海"吧！于是，我国内陆大大小小的湖泊，有的叫湖，有的叫海，湖、海并称，人们也习以为常了。

宋朝有人写了《北边备对》一书，写了西北好多个"海"："有西海、柏海、青海、蒲类海、蒲昌海、居延海、白亭海、鲜水海，皆尝并海立称矣（都曾以海立名）；然要其实致（至），则众水钟（聚）为大泽如洞庭、彭蠡之类，故借海以名之，非真海也。"作者说，西北那么多"海"，其实真到了那儿，就是像洞庭湖、彭蠡湖（今鄱阳湖）那样的湖泊。它们借海以名之，非真海也！

查阅中国地图，发现一个规律，我国中部和东部，有不少大的湖泊，比如洞庭湖、鄱阳湖、太湖等等，没有一个叫海的；而我国西部、北部和西南部的高原地区，由于地壳变迁形成的一些湖泊，当地人却世世代代、口口相传叫它们为"海"了。笔者揣测，因为这里离大海太远，长年干旱少雨，能见到大片的水域，也太珍奇了。"大海一样的湖！""这片湖水就像大海！""我们这儿也有海！"一个"海"字，蕴含着当地人多大的盼水渴望啊！寄托着他们的大海梦！

先说青藏高原的青海湖，这是中国最大的内陆湖。青海湖古时没有那个"湖"字。汉代叫西海，北魏称青海，以后又经历了若干朝代，才加上个"湖"字。就是加上个"湖"字，原来的那个"海"字也很突出呀！起码是"湖""海"并称！

再说北部的内蒙古高原。在内蒙古自治区境内，冠海字的湖有好多个，什么乌梁素海、居延海、岱海、哈素海等。

云贵高原叫海的湖也不少。有旅游者调侃说："云南一大怪，把湖叫成海。"云南大理的洱海，是个至今把湖叫海的响当当的水域，著名风景区。此外，云南第一大湖滇池，又称滇海。四川与云南交界处有亮海，亮海是俗称，古称鲁窟海子、左所海，今名泸沽湖。至于贵州，也有一个以海命名的高原天然淡水湖，那就是草海，又称八仙海。

北京把湖叫海就更有意思了。海有今北海公园的北海，北海南面有中海、南海（合称中南海），北海北面有前海、后海和西海（积水潭），北面的这几个海又称什刹海。

为什么北京的海那么多，有两个说法。第一种是蒙古族人在今北京地区建元大都，居北方的蒙古族人见到大水面十分新奇和喜欢，方言称"海子"，北京湖、潭的水面，叫"海"的就多起来了。第二种说法是有几处水面营造的是皇家殿阁园林，好多是仿照海上仙山仙境建造的，称水面为湖或池，太不匹配，就叫它海，既有仙境神秘感，又有皇家气派。

就水面讲，北京是个海、湖、潭、池并称的都市。海不用说了；湖有昆明湖、龙潭湖，潭有玉渊潭，池有莲花池等。这一汪汪清澈的水面，像一颗颗碧绿的宝石，镶嵌在红墙黄瓦古皇城的版图上。它们大小不等，形状各异，闪闪发光，给北京的古都风情增添了不少色彩。

## 海姓源自"指海为姓"

中国的人的姓极为繁多,每个姓都有来历。那么有一个族群姓海,他们的姓氏来源真跟大海有关吗?

有!这要追溯到2500多年前春秋时期,卫国一个大臣的故事了。

卫国是个小国,位置大致在今河南省北部一带。国君卫灵公有个大臣叫海春,现在姓海的很多人是海春的后代。卫国与东边的齐国相邻,海春本是齐国人,齐国位于山东半岛,濒临大海,他曾在海边居住。海春原来的名字就一个字——春,他就指海为姓:"我就姓海啦!"于是,他的名字就叫海春了,后世也就有了姓海的族群。我们可以想象2500多年前的这位古人,他对大海是多么地热爱、向往和崇拜啊!是他,指海为姓,给中华民族创造了一个海姓!对此,明朝人著的《万姓统谱》说到海姓时指出:"卫灵公臣海春之后,盖指海为氏焉。""氏"即是姓,姓氏姓氏,二字同义。清朝人著的《姓氏考略》在考证海姓时也说:"卫灵公臣海春之后,盖指海为氏。望出薛郡。"所谓"望出薛郡",就是说海姓的名门望族聚居在薛郡这个地方,这个地方姓海的人很多。薛,周初分封诸侯,封一薛国,战国时为齐所灭。秦始皇统一中国后,分天下为三十六郡,薛郡是其一。其故地,都在今山东一带。这里海姓族人的堂号就叫"薛郡堂"。

海姓源于大海还有另一个说法。相传远古的黄帝有多个儿子,其中有个儿子叫禺阳,他被封为东海之神。而禺阳的儿子叫禺强,禺强又被封为北海之神。那么,禺阳和禺强的子孙后代,以自己的祖先被封为海神为荣耀,就改姓为海了。黄帝本姓公孙,后改姓姬,无姓海一说。可见,黄帝的这一支子孙,确实是自作主张改姓为海了。如果此说成立,那么比春秋时期海春始创海姓,不知又早了多少年!但是,黄帝其人见于史书,《史记》中的《五帝本纪》有记载;其儿子、孙子相继被封为海神,属于传说。所以,海姓的来源,仍以海春"指海为姓"可靠,很多姓海的人都尊称海春为始祖。

另外，我国历代少数民族人群中，例如回族，也有一些姓海的，不详说了。

海姓在中国姓氏排名中，不是靠前的大姓，但它却是非常古老和富有传奇色彩的姓。海氏门中有不少出类拔萃的人，为中国姓氏增添了光彩。

最有名的是彪炳青史的明朝清官、忠耿之臣海瑞。海瑞，明朝广东琼山人（琼山今属海南省），字汝贤，号刚峰。他一生经历了正德、嘉靖、隆庆、万历四朝。他当官不怕死、不爱钱，极为清廉，刚直不阿，为民请命，严惩贪官，为腐败的明朝官场所不容，仕途很是坎坷。他中举后当县的学校教官时，就敢于与众不同，对上面来视察的大官不下跪磕头，理由是这里为教书场所，不是官府衙门。任知县时，推行清丈田亩、均平赋役，颇有政绩。特别是任户部主事时，敢于冒死上疏，批评世宗（嘉靖皇帝）迷信道教，不理朝政，因此被捕下狱。世宗死后获释，在隆庆朝官复原职并不断高升。后受朝廷高官排挤，被革职闲居多年。到万历朝复出为官，不久病死。民间流传着海瑞"备棺上疏"的故事。海瑞知道斗胆上疏批评皇帝，必遭杀身大祸，就预先买好棺材备在家中，安排好后事。世宗看到批评自己的尖利言词后，果然大发雷霆之怒，要杀掉他；后反复读，觉得说得在理，又放过了他。但是不久，还是把他抛入了监狱。海瑞自号"刚峰"，死后朝廷给他的谥号是"忠介"，很符合他为人为官特点。百姓都说，宋朝有个"包青天"，明朝有个"海青天"！

另外，唐朝有撰《草经》一卷的学者海鹏，知名于当时。唐朝还有个高僧海顺，以道行纯洁著称，有《三不为篇》传世。清朝有个人叫海兰察，乾隆时从征西域，屡立奇功，封一等超勇公，死后谥号"武壮"。他可谓海氏门中一武将。

带海字的地名多姿多样，姓海的族群人才辈出。大海，就是这样同华夏大地紧密联系着！

# 从海棠的"海"字说开去

海棠，是中国许多地方都可栽培的观赏性小乔木，花朵粉红色或白色，很美丽；果实球形，大多紫红色，也有黄色的，味酸甜，可以吃。海棠一是指树，二是指花，三是指果实。有意思的是，海棠为什么带一个"海"字？

明朝李时珍在其巨著《本草纲目》解释可入药的"海红"（海棠梨）时，写了这么一段话："按：李德裕《草木记》云，凡花木名海者，皆从海外来，如海棠之类是也。又李白诗注云，海红乃花名，出新罗国甚多。则海棠之自海外有据矣。"

"海红"，既指海棠果，也指海棠花，都是长在海棠树上的。李德裕，唐朝宰相，《草木记》是他写的一部杂著。李时珍这段话的意思是，《草木记》上说，凡是花木名字中有海字的，都是从海外传过来的，比如海棠这类花木就是。还有，为李白诗作的注解上也说，海红这种花，新罗国出产的最多（新罗国在朝鲜半岛）。以上两条说明，海棠从外国传来的说法，是有根据的。

查李时珍说的李白诗，是《咏邻女东窗海石榴》。明朝李时珍看到的李白诗版本虽很难找到了，但清朝王琦注的《李太白全集》，在这首诗的标题下确有一行注："《太平广记》：新罗多海红并海石榴。唐赞皇李德裕言：花名中带'海'者，悉从海东来。"从此段注的引文看，可能与当年李时珍看到的注基本相同。

现代大文学家鲁迅也有认同感。他在《看镜有感》一文中写道："古时，于外来物品，每加海字，如海榴，海红花，海棠之类。海即现在之所谓洋，海马译成今文，当然就是洋马。"

海棠带"海"，是从海外传过来的，唐朝李德裕这么说了，后人也肯定。这种在我国种植广泛的花木，究竟最初来自海外，还本是国产，植物学家可以用先进的科技手段，作进一步求证。

鲁迅"海即现在之所谓洋"一语，倒揭开了一个与海有关的新话题。

古代说外来的物种，重点用海的概念，即海外的意思；也有用番的（番薯），也有用胡的（胡桃、胡瓜）等，那时洋的概念是很模糊的。清朝以来，特别是近代，洋的概念越来越明确，对外交往和贸易中，洋渐渐代替了海和其他旧的称谓。比如称外国货为洋货，外国人为洋人，外国文字是洋文，中国人到外国留学俗称"留洋"。仅洋货又可具体到多种：洋火（火柴）、洋钉、洋灰（水泥）、洋车、洋枪洋炮等等。至于花木果蔬，有洋槐、洋梨、洋葱等。其实，更多洋货的名字并不带"洋"字。比如清代《红楼梦》第九十二回，写一个叫冯紫英的人对贾政说，"带了四种洋货"，而他介绍的这四种洋货名，每一种都不带"洋"字。可见，好多带"洋"字的洋货，其"洋"字是中国人给加上去的。对外来品为什么用洋不用海，可能是洋更能表现其来自遥远的外国的意思。因为洋代表的水面远远大于海，洋面可以连接外国，到大洋彼岸。而海，只局限为大洋靠近陆地的那部分水域。随着国与国之间的货物贸易走水路极为频繁，特别是来自遥远西方的外国货、舶来品增多，人们就习以为常地用"洋"字来称谓了。

但是，海在这方面的表义并未完全消失。例如，人们现在仍在说的海外、海归，国际船舶往来也都说航海，没有说洋外、洋归、航洋的等等。洋，还不能全部取代海。